把中国资本市场建设成
国际金融中心，
是我一生的梦想……

吴晓求

吴晓求 ◎ 著

The Theoretical Logic of China's Capital Market

中国资本市场的理论逻辑（第四卷）

吴晓求演讲集（Ⅱ） 2014—2017

中国金融出版社

责任编辑：王效端　王　君
责任校对：孙　蕊
责任印制：陈晓川

图书在版编目（CIP）数据

中国资本市场的理论逻辑.第四卷，吴晓求演讲集.Ⅱ，2014~2017/吴晓求著.
—北京：中国金融出版社，2020.12

ISBN 978-7-5220-0756-4

Ⅰ.①中… Ⅱ.①吴… Ⅲ.①资本市场—中国—文集 Ⅳ.①F832.5-53

中国版本图书馆CIP数据核字（2020）第185997号

中国资本市场的理论逻辑.第四卷，吴晓求演讲集.Ⅱ，2014—2017
ZHONGGUO ZIBEN SHICHANG DE LILUN LUOJI.DI-SI JUAN，WU XIAOQIU
YANJIANGJI.Ⅱ，2014—2017

出版
发行　**中国金融出版社**

社址　北京市丰台区益泽路2号
市场开发部　（010）66024766，63805472，63439533（传真）
网上书店　http://www.chinafph.com
　　　　　　（010）66024766，63372837（传真）
读者服务部　（010）66070833，62568380
邮编　100071
经销　新华书店
印刷　保利达印务有限公司
尺寸　170毫米×240毫米
印张　21.25
插页　1
字数　301千
版次　2021年3月第1版
印次　2021年3月第1次印刷
定价　69.00元
ISBN 978-7-5220-0756-4
如出现印装错误本社负责调换　联系电话（010）63263947

编选说明

一、本文集共六卷，主要收录作者 2007 年 1 月至 2020 年 3 月期间发表的学术论文、评论性文章、论坛演讲和专业访谈，共计 225 篇。其中，学术论文 21 篇，评论性文章 50 篇，演讲 101 篇（其中有一篇演讲稿作为总序收入），访谈 52 篇，附录 1 篇（纪念性文字）。在专业学术期刊发表的，具有中英文摘要、关键词、注释和参考文献等元素的均归入学术论文类，其余纳入评论性文章系列。在收录的 21 篇学术论文中，其中 1 篇虽未在学术期刊上发表，但由于其学术性较强且篇幅较长，在作了必要的格式统一后归入学术论文类。本文集收录的所有论文、演讲、访谈均已公开发表或在网络媒体转载，评论性文章中的绝大部分也已公开发表，只有很少几篇，由于某些原因没有公开发表。

二、与以往大体一样，在 2007 年 1 月以来的 13 年时间里，作者思考和研究的重点仍然在资本市场。稍有不同的是，这期间，研究资本市场主要是从金融结构及其变革的角度展开的。金融结构、金融体系、金融功能和金融脱媒，成为这一时期作者研究资本市场的主要理论视角和常用词。无论是学术论文还是演讲、访谈，大体都在说明或论证资本市场是现代金融体系形成的逻辑基础，以及在中国发展资本市场的战略价值。这一理论思路既是以往学术理论研究的延续和深化，更预示着过去朦胧的理论感悟似已日渐清晰。正是基于这一特点，作者把本文集定名为《中国资本市场的理论逻辑》（以下简称《理论逻辑》）。

三、2007年1月至2020年3月，中国金融发生了巨大变化，这些变化推动了中国金融的跨越式发展。这期间，中国金融发生的最深刻的变化，就是基于技术创新而引发的金融业态的变革，其中互联网金融最引人注目。作者在重点研究资本市场的同时，在这一时期的一个时间段，相对集中地研究了互联网金融。在《理论逻辑》中，与互联网金融相关的论文、演讲和访谈有近20篇。在这近20篇文稿中，对互联网金融的思考和研究，不是基于案例分析，而是寻找互联网金融生存的内在逻辑，是基于"市场脱媒"之后金融的第二次脱媒的视角。

四、在这13年中，除资本市场、互联网金融外，《理论逻辑》收录的文稿内容主要侧重于金融结构、金融风险、金融危机、金融监管和宏观经济研究。这一时期，由于作者曾在不同时间段分别兼任过中国人民大学研究生院常务副院长、教育学院院长等职务，继而发表了若干篇有关高等教育特别是研究生教育的论文和演讲，在此，也一并收录其中。这是作者学术生涯中非专业研究的重要历史记载。

五、为使《理论逻辑》具有专业性、时效性和阅读感，文稿按照"吴晓求论文集""吴晓求评论集""吴晓求演讲集""吴晓求访谈集"顺序编排。每一集文稿的编排顺序按由近及远的原则。第一卷"吴晓求论文集"，第二卷"吴晓求评论集"，第三卷至第五卷"吴晓求演讲集"，第六卷"吴晓求访谈集"。为便于阅读和查找文稿信息，在每一卷最后以附录形式附上了本文集其他各卷的目录。

六、《理论逻辑》与13年前由中国金融出版社出版的《梦想之路——吴晓求资本市场研究文集》具有时间和思想上的承接关系。不同的是，由于时间跨度大，《理论逻辑》研究内容更为复杂，研究范围更加广阔，篇幅也更大。

七、《理论逻辑》中的论文，大多数是作者独立完成的，也有几篇是与他人合作完成的。在合作者中，既有我的同事，也有我不同时期指导的博士生或博士后。在这几篇合作的论文中，有他们的智慧和辛劳。在大多数我独立完成的论文中，我当年指导的博士生在资料的收集和数据整理中，亦做了重要贡献。他们的名字，我在作者题记和论文注释中都一一做了说明。

八、按照忠实于历史和不改变原意的原则，对收入《理论逻辑》的文稿，作者重点审读了"吴晓求演讲集"和"吴晓求访谈集"的内容，并对演讲（讲座、发言）速记稿、访谈稿的文字做了必要的规范和技术性处理。在收录的101篇演讲稿中（包括作为总序的那篇演讲稿），除在两个严肃而重要场合的发言、讲座照稿讲外，其余99篇演讲（讲座、发言）稿均是无稿或脱稿演讲后的速记稿，故内容口语化特征比较明显。在收入的101篇演讲（讲座、发言）稿中，均删去了开篇时的"尊敬的……"等称呼词和客套语。"吴晓求访谈集"中52篇访谈稿的文字均由访谈主持人或记者整理。收入本文集时，作者做了必要的文字校正，有关情况在《作者题记》中已有说明。

九、由于作者在某一时期相对集中地研究某一问题，故在同一时期的学术论文、评论性文章、演讲和访谈内容中，有时会有一些重复和重叠的内容。为保证内容的连贯性和真实性，作者在编辑时，未作删除。

十、文稿的收集和选取是一项非常艰难而复杂的工作。《理论逻辑》的整理工作起始于 2019 年 5 月，耗时一年。由于文稿时间跨度太长，原始文稿收集很困难，阅读和文字校正工作更困难，作者曾一度有放弃整理的想法。新冠肺炎疫情，让我有较多时间审读和校正这些文稿。中国人民大学中国资本市场研究院赵振玲女士以及中国人民大学财政金融学院刘庭竹博士、2018 级博士生方明浩、2017 级博士生孙思栋为本文集原始文稿的收集、筛选、整理、分类、复印、文字录入和技术性校对等工作，付出了辛劳和心智。他们收集到这期间作者的文稿、演讲、访谈多达 400 多篇，作者删去了近 200 篇内容重复、文字不规范的文稿。他们卓有成效的工作是本文集得以出版的重要基础。非常感谢赵振玲女士等所作出的卓越贡献。

十一、《理论逻辑》所有文字稿形成的时间（2007 年 1 月至 2020 年 3 月），是作者一生中最繁忙、最快乐和学术生命最旺盛的时期。白天忙于学校有关行政管理工作，晚上和节假日则进行学术研究和论文写作。中国人民大学宽松而自由的学术环境，中国人民大学金融与证券研究所（中国人民大学中国资本市场研究院的前身）严谨而具有合作精神的学术团队，中国人民大学不同时期学校主要领导的信任和包容，以及同事、家人和不同时间节点的学术助手的支持和帮助，是作者学术研究得以持续的重要保障。

十二、《理论逻辑》的出版，得到了中国金融出版社的大力支持，中国金融出版社组织了得力而高效的编辑力量。

吴晓求

2020 年 5 月 3 日

于北京郊区

作者简历

姓名：吴晓求（吴晓球）（Wu Xiaoqiu）

性别：男

民族：汉

出生年月：1959 年 2 月 2 日

祖籍：江西省余江县

学历：

1983 年 7 月　毕业于江西财经大学　获经济学学士学位

1986 年 7 月　毕业于中国人民大学　获经济学硕士学位

1990 年 7 月　毕业于中国人民大学　获经济学博士学位

现任教职及职务：

中国人民大学　金融学一级教授

中国人民大学　学术委员会副主任

中国人民大学　学位委员会副主席

中国人民大学　中国资本市场研究院院长

教育部　中美人文交流研究中心主任

曾任职务：

中国人民大学　经济研究所宏观室主任（1987.7—1994.10）

中国人民大学　金融与证券研究所所长（1996.12—2020.1）

中国人民大学　财政金融学院副院长（1997.5—2002.1）

中国人民大学　研究生院副院长（2002.8—2006.7）

中国人民大学　校长助理、研究生院常务副院长（2006.7—2016.7）

中国人民大学　副校长（2016.7—2020.9）

曾任教职：

中国人民大学助教（1986.9—1988.6）

中国人民大学讲师（1988.6—1990.10）

中国人民大学副教授（1990.10—1993.6）

中国人民大学教授（1993.6—2006.7）

教育部长江学者特聘教授（2006—2009）

中国人民大学金融学学科博士生导师（1995年10月至今）

中国人民大学二级教授（2006.7—2016.12）

学术奖励：

教育部跨世纪优秀人才（2000）

全国高等学校优秀青年教师奖（2001）

北京市第六届哲学社会科学优秀著作一等奖（2000）

北京市第七届哲学社会科学优秀著作二等奖（2002）

中国资本市场十大年度人物（2003）

首届十大中华经济英才（2004）

北京市第八届哲学社会科学优秀著作二等奖（2004）

中国证券业年度人物（2005）

北京市第十届哲学社会科学优秀成果二等奖（2008）

北京市第十二届哲学社会科学优秀成果二等奖（2012）

北京市第十四届哲学社会科学优秀成果二等奖（2016）

北京市第十五届哲学社会科学优秀成果一等奖（2019）

第八届高等学校科学研究优秀成果三等奖（人文社会科学）（2020）

专业： 金融学

研究方向： 证券投资理论与方法；资本市场

学术兼职：

国务院学位委员会应用经济学学科评议组召集人

全国金融专业学位研究生教育指导委员会副主任委员

全国金融学（本科）教学指导委员会副主任委员

中国教育发展战略学会高等教育专业委员会理事长

中国专业学位案例专家咨询委员会副主任委员

国家社会科学基金委员会管理科学部评审委员

国家生态环境保护专家委员会委员

中国金融学会常务理事

中国现代金融学会副会长

北京市学位委员会委员

代表性论著（论文及短文除外）：

著作（中文，含合著）

《紧运行论——中国经济运行的实证分析》（中国人民大学出版社，1991）

《社会主义经济运行分析——从供求角度所作的考察》（中国人民大学出版社，1992）

《中国资本市场分析要义》（中国人民大学出版社，2006）

《市场主导与银行主导：金融体系在中国的一种比较研究》（中国人民大学出版社，2006）

《变革与崛起——探寻中国金融崛起之路》（中国金融出版社，2011）

《中国资本市场 2011—2020——关于未来 10 年发展战略的研究》（中国金融出版社，2012）

《中国资本市场制度变革研究》（中国人民大学出版社，2013）

《互联网金融——逻辑与结构》（中国人民大学出版社，2015）

《股市危机——历史与逻辑》（中国金融出版社，2016）

《中国金融监管改革：现实动因与理论逻辑》（中国金融出版社，2018）

《现代金融体系导论》（中国金融出版社，2019）

著作（外文，含合著）

Internet Finance：Logic and Structure（McGraw-Hill，2017）

Chinese Securities Companies：An Analysis of Economic Growth，Financial Structure Transformation，and Future Development（Wiley，2014）

《互联网金融——逻辑与结构》被翻译成印地文和哈萨克语出版。

文集

《经济学的沉思——我的社会经济观》（经济科学出版社，1998）

《资本市场解释》（中国金融出版社，2002）

《梦想之路——吴晓求资本市场研究文集》（中国金融出版社，2007）

《思与辩——中国资本市场论坛 20 年主题研究集》（中国人民大学出版社，2016）

演讲集

《处在十字路口的中国资本市场——吴晓求演讲访谈录》（中国金融出版社，2002）

教材（主编）

《21 世纪证券系列教材》（13 分册）（中国人民大学出版社，2002）

《金融理论与政策》，全国金融专业学位（金融硕士）教材（中国人民大学出版社，2013）

《证券投资学（第五版）》，"十二五"普通高等教育本科国家级规划教材（中国人民大学出版社，2020）

中国资本市场研究报告（主笔，起始于 1997 年）

1997：《'97 中国证券市场展望》（中国人民大学出版社，1997 年 3 月）

1998：《'98 中国证券市场展望》（中国人民大学出版社，1998 年 3 月）

1999：《建立公正的市场秩序与投资者利益保护》（中国人民大学出版社，1999 年 3 月）

2000：《中国资本市场：未来 10 年》（中国财政经济出版社，2000 年 4 月）

2001：《中国资本市场：创新与可持续发展》（中国人民大学出版社，2001 年 3 月）

2002：《中国金融大趋势：银证合作》（中国人民大学出版社，2002 年 4 月）

2003：《中国上市公司：资本结构与公司治理》（中国人民大学出版社，2003 年 4 月）

2004：《中国资本市场：股权分裂与流动性变革》（中国人民大学出版社，2004 年 4 月）

2005：《市场主导型金融体系：中国的战略选择》（中国人民大学出版社，2005 年 4 月）

2006：《股权分置改革后的中国资本市场》（中国人民大学出版社，2006 年 4 月）

2007：《中国资本市场：从制度变革到战略转型》（中国人民大学出版社，2007 年 4 月）

2008：《中国资本市场：全球视野与跨越式发展》（中国人民大学出版社，2008 年 5 月）

2009：《金融危机启示录》（中国人民大学出版社，2009 年 4 月）

2010：《全球金融变革中的中国金融与资本市场》（中国人民大学出版社，2010 年 6 月）

2011：《中国创业板市场：成长与风险》（中国人民大学出版社，2011 年 3 月）

2012：《中国证券公司：现状与未来》（中国人民大学出版社，2012 年 5 月）

2013：《中国资本市场研究报告（2013）——中国资本市场：制度变革与政策调整》（北京大学出版社，2013 年 6 月）

2014：《中国资本市场研究报告（2014）——互联网金融：理论与现实》（北京大学出版社，2014 年 9 月）

2015：《中国资本市场研究报告（2015）——中国资本市场：开放与国际化》（中国人民大学出版社，2015 年 9 月）

2016：《中国资本市场研究报告（2016）——股市危机与政府干预：让历史告诉未来》（中国人民大学出版社，2016 年 7 月）

2017：《中国资本市场研究报告（2017）——中国金融监管改革：比较与选择》（中国人民大学出版社，2017 年 10 月）

2018：《中国资本市场研究报告（2018）——中国债券市场：功能转型与结构改革》（中国人民大学出版社，2018 年 8 月）

2019：《中国资本市场研究报告（2019）——现代金融体系：中国的探索》（中国人民大学出版社，2019 年 7 月）

总序：大道至简 ①

40 年来，中国发生了翻天覆地的变化。在庆祝改革开放 40 周年纪念大会上，习近平总书记代表中共中央对 40 年改革开放的伟大成就进行了系统总结。习总书记在讲话中特别强调的这三点，我印象非常深刻：

1.党的十一届三中全会彻底结束了以阶级斗争为纲的思想路线、政治路线。

2.改革开放是中国共产党的伟大觉醒。

3.党的十一届三中全会所确定的改革开放政策是中国人民和中华民族的伟大飞跃。

总结改革开放 40 年，核心是总结哪些理论和经验要继承下去。中国在短短 40 年取得如此大的成就，一定有非常宝贵的经验，这些经验一定要传承下去。

第一，解放思想。没有思想解放，就没有这 40 年的改革开放。党的十一届三中全会是一个思想解放的盛会，因而是历史性的、里程碑式的大会。思想解放是中华民族巨大活力的源泉。一个民族如

---

① 本文是作者 2018 年 12 月 20 日在新浪财经、央广经济之声联合主办的"2018 新浪金麒麟论坛"上所作的主题演讲。作者将其作为本文集的总序收入其中。

果思想被禁锢了，这个民族就没有了希望。思想解放能引发出无穷的创造力。在今天，解放思想仍然特别重要。

第二，改革开放。改革就是要走社会主义市场经济道路，开放就是要让我们的市场经济规则与文明社会以及被证明了的非常成功的国际规则相对接。融入国际社会、吸取现代文明是改革开放的重要目标。

第三，尊重市场经济规律。改革开放40年来，我们非常谨慎地处理政府与市场的关系。在经济活动中，只要尊重了市场经济规律，经济活动和经济发展就能找到正确的方向。哪一天不尊重市场经济规律，哪一天我们的经济就会出问题、走弯路。这句话看起来像套话，实际上，在政策制定和实施中，是有很多案例可以分析的。有时候，我们经济稍微好一点，日子稍微好一些，就开始骄傲了，以为人能有巨大的作用。实质不然。我们任何时候都要尊重市场经济规律。

第四，尊重人才，特别是要尊重创造财富的企业和企业家。如果你不尊重人才，不尊重知识，不尊重创造财富的企业家，经济发展就会失去动力。有一段时间，我们对是否要发展民营经济还在质疑。我非常疑惑。作为经济学者，我认为，这个问题在20世纪80年代就已经解决了。为什么到今天，这种认识还会沉渣泛起？这有深刻的思想和体制原因。

我认为，这四个方面是我们要深刻总结的，要特别传承的。

我喜欢"大道至简"。在这里，所谓的"大道"，指的是通过改革开放来建设社会主义现代化国家。到2035年，我们要建设成社会主义现代化国家，到2050年，要建设成社会主义现代化强国。这就是我们要走的"大道"。面对这样一个"大道"，我们要"至简"，也就是要尊重常识，不要背离常识。我们不要刚刚进入小康，就骄傲自满，甚至还有一点自以为是。

过去 40 年来，我们虚心向发达国家学习，这是一条重要的经验。我们人均 GDP 还不到 1 万美元，还没有达到发达国家最低门槛，未来的路还很漫长，未来我们面对的问题会更复杂，还是要非常谦虚地向发达国家学习，包括管理经验和科学技术。

在这里，"至简"指的就是尊重常识。

第一，思想不能被禁锢。思想一旦被禁锢，我们民族的活力就会消失，国家和社会的进步就会失去源源不断的动力。一个民族的伟大，首先在于思想的伟大。思想之所以可以伟大，是因为没有禁锢，是因为这种思想始终在思考人类未来的命运，在思考国家和民族的前途。

在面对复杂问题时，我们要善于找到一个恰当的解决办法。世界是多样的，从来就没有现成的解决问题的办法，没有现成的经验可抄。面对当前复杂的内外部情况，我们必须根据新问题，不断去思考，找到好的办法。所以，解放思想、实事求是仍然是未来我们所必须坚守的正确的思想路线。这是过去 40 年来最重要的经验。

第二，坚定不移地走社会主义市场经济道路。我们没有其他的道路可走，我们决不能回到计划经济时代，那种经济制度已经被实践证明了，是一个没有效率、扼杀主体积极性的制度。走社会主义市场经济道路，市场化是基本方向。

第三，坚持走开放的道路。习近平总书记在 2018 博鳌亚洲论坛上说："开放给了中国第二次生命，开放给了中国人巨大的自信。"这个自信，是理性自信，不是盲目自信，不是自以为是。开放给了中国经济巨大的活力，中国经济最具有实质性成长的是 2001 年加入世界贸易组织（WTO）之后。一方面，我们的企业参与国际竞争；另一方面，开放拓展了视野，形成了一个符合 WTO 精神的社会主义市场经济体制及其规则体系。开放是一个接口，它让我们找到改革的方向。什么是改革的方向？就是符合全球化趋势、国际化规则，这是我们规则接口的方向。过去40年特别是加入WTO之后因为我们走了这条方向正确的道路，所以，中国经济腾飞了。开放永远要坚持下去。

第四，要毫不动摇地发展国有经济和民营经济，要始终坚持两个毫不动摇。当前，特别要强调的是，要毫不动摇地支持民营经济的发展，因为在这一点上，有些人是动摇的、怀疑的。20世纪80年代已经解决了这种理论认识问题，也写进了《宪法》。尊重民营经济的发展，其本质就是要正确处理好政府与市场的关系。

这就是"大道至简"。只要我们坚守这些基本原则，我们就能够找到解决未来复杂问题的思路和方法。

目录

>>> 2017年的演讲

推动中国金融变革的力量

——在"大金融思想沙龙"上的演讲   3

科技力量将深刻改变中国金融业态

——在"第十三届中国电子银行年度盛典"上的演讲   10

重新思考中国未来的金融风险

——在"《财经》年会2018：预测与战略"上的演讲   16

如何构建现代经济体系和与之相匹配的现代金融体系？

——在"IMF 2017年《世界与中国经济展望报告》发布会"上的
主题演讲   22

继承"巴山轮"会议的学术情怀

——在"2017新'巴山轮'会议"上的闭幕演讲   27

推动金融学科在新时代的繁荣与发展

——在"中国人民大学金融学科第一届年会"上的演讲   33

未来五年中国应完成人民币自由化改革

——在第五届（2017）"华夏基石十月管理高峰论坛"上的演讲   41

网联不能成为新金融的寻租者

　　——在"2017中国普惠金融国际论坛"上的演讲　　47

中国金融体系正在过渡到双重风险结构时代

　　——在"第六届（2017）金融街论坛"上的演讲　　51

中国金融正处在重要的变革时期

　　——在"德州资本技术论坛"上的演讲　　56

要重视股票市场的财富管理功能

　　——在"中国投资50人论坛"上的演讲　　65

坚守初心，健康平安地到达人生的彼岸

　　——在2017届中国人民大学教育学院学位授予仪式暨毕业典礼上的

　　寄语　　69

学会人生的风险管理

　　——在2017届中国人民大学财政金融学院学位授予仪式

　　暨毕业典礼上的致辞演讲　　73

如不同星球的国家　何以走到一起

　　——在"金砖国家智库峰会"分论坛上的总结发言　　76

当前中国金融的若干问题：兼谈金融风险与中国的金融战略

　　——在江西省人大常委会组织的金融知识讲座所作的专题报告　　79

金融监管要有理论逻辑

　　——在"首届（2017）中国金融教育发展论坛"上的

　　主题演讲（摘要）　　105

我们已经进入资本监管与透明度监管并重的时代

　　——在"第二十一届（2017年度）中国资本市场论坛"上的

　　演讲（摘要）　　110

>>> 2016年的演讲

没有自由化就没有金融的便利和进步

  ——在首届"人民财经高峰论坛"上的演讲（摘要） 117

回归常识，把握中国金融的未来趋势

  ——在"第四届华夏基石十月管理高峰论坛"上的演讲 122

中国银行业面临哪些挑战？

  ——在"2016年中国银行家论坛"上的演讲 141

大学的情怀与责任

  ——在江西财经大学的演讲 145

如何构建新型全球关系

  ——在"2016年G20全球智库峰会"上的主旨演讲 166

影响中国金融未来变化的五大因素

  ——在"江西财经大学第三届金融论坛"上的演讲 171

大国金融与中国资本市场

  ——在"中国保险业协会"上的专题讲座（摘要） 174

未来影响金融变革的四个"不能小看"

  ——在"中国工商银行发展战略研讨会"上的发言 187

我们的大学为什么如此功利而信仰失守？

  ——在中国人民公安大学的演讲 190

对2015年中国股市危机的反思

  ——在"第二十届（2016年度）中国资本市场论坛"上的

  主题演讲 209

≫ 2015年的演讲

"十三五"期间，如何构建大国金融

    ——在"长江中游城市群首届金融峰会"上的主题演讲   219

股市危机之后的反思

    ——在"中国与世界经济论坛第25期讨论会"上的演讲   229

≫ 2014年的演讲

深化改革，扩大开放，促进中国证券市场的健康发展

    ——在第十二届全国人大常委会第十二次会议上的专题讲座   237

中国金融的现状、问题及深化改革的基本思路

    ——在国务院经济形势座谈会上的发言   255

我如何从一个乐观派演变成了忧虑派

    ——在"'新浪财经首届上市公司评选'颁奖典礼"上的演讲   259

中国金融的"三维改革"

    ——在中组部司局级干部选学班上的学术讲座   266

互联网金融的理论逻辑

    ——在"第十八届（2014年度）中国资本市场论坛"上的演讲   295

附录　《中国资本市场的理论逻辑》其他各卷目录   302

后记   317

2017 年的演讲

推动中国金融变革的力量

——在"大金融思想沙龙"上的演讲

【作者题记】

这是作者 2017 年 12 月 17 日在由中国人民大学财政金融学院、中国人民大学国际货币研究所、全球金融科技实验室联合主办的第 84 期"大金融思想沙龙"上的主题演讲。在此次演讲中，作者认为引起中国金融深刻变革的因素主要有三种：科技的力量、市场化的力量和国际化的力量。

中国金融正处在一个重要的变革时代。我认为，这种变革是不可阻挡的，引起中国金融深刻变革的主要有三种力量。

第一，推动中国金融变革最重要的力量是科技。科技对中国整个金融体系的影响是前所未有的，尤其是信息技术、通信技术植入传统金融体系之后，金融业态开始发生重大变化。由于被赋予了非常强大的内核，金融的功能变得非常强大。传统金融借助新的内核会发生脱胎换骨的变革，这种变革是可以看得很清楚的。曹彤作为这个领域的探索者和先驱者，对传统金融有深刻的理解，对传统金融的优势和缺陷有着清晰的认识。传统金融的缺陷是比较自私和自我，传统金融不是把客户而是把自己放在了至上的位置，因为它的很多理念和安全措施是以自我至上为目标的。

实际上，新技术注入传统金融后，传统金融的灵魂和结构发生了变化，传统金融的功能大幅度提升。科技金融克服了传统金融的时空约束和时空限制，这对中国金融变革非常重要。我们必须适应这种变革。当然，有些人看不到这种变革，甚至还有人总想回到传统而单一的金融业态。这种想法令人忧虑。有人总是试图让社会资金尽可能回归商业银行，这违背了金融变革的基本规律。我们必须顺应历史趋势，推动中国金融的结构变革和业态多样化。所以，我认为，科技对中国金融变革将会产生巨大的影响力。中国金融的弯道超车一定是在这个领域，不会在其他领域，其他领域要赶上美国非常艰难。未来，科技在推动中国金融进步中占据着特别重要的地位。比如，第三方支付推动了中国金融的深度变革，推动了金融的结构性转型，推动了中国消费模式的跨越。如果没有这些跨越，中国经济的转型将是困难的。

第二，中国金融变革的重要力量来自市场。市场的力量不仅让整个金融体系的管理机制建立在市场化的平台上，更为重要的是将会使中国金融的基础结构发生变化，这个基础结构指的就是金融资产结构。金融资产结构是中国金融体系最深层次的结构，市场的力量将会使中国金融体系最深层次的资产结构发生重大变化，市场的力量显然来自社会需求的变化。金融必须要满足无论是社会的还是机构或个人的多样化的、市场化的金融需求，尤其是当我国慢慢进入高收入阶段之后，人们对金融的需求是多样化的，更加明显而迫切，其中财富管理是最重要的金融需求。正是基于这样的趋势，在市场化力量的推动下，中国金融资产结构将会朝着证券化资产比重不断提升、规模逐渐扩大的趋势和方向发展。

以前我研究的金融资产结构是比较宏观的，比如金融体系内证券化资产的占比、证券化资产规模的扩张以及是什么原因推动了这个比例的上升等。实际上，我认为还必须了解证券化金融资产的结构是什么样的。中国金融体系的证券化金融资产的规模应该在120万亿元到130万亿元。把证券化金融体系的结构打开挺有意思，但相对困难的是债券部分，股票这部分相对比较简单。我最近花了一点时间研究债券部分结构，因为它涉及对整个中国金融体系结构的判断。2017年11月底央行公布的数据显示，托管类债券市场的余额大概是72.4万亿元。这个72.4万亿元包括什么？它对整个金融体系功能的改善能起到什么作用？只有打开这个结构我们才能有更清晰的认识。从一定意义上来说，我们正处在一个金融脱媒的艰难期。打开中国债券市场结构后，发现在72.4万亿元中，国债是14.6万亿元，地方政府债大概是16.8万亿元，金融债16.4万亿元，企业和公司债加起来大概是10万亿元，剩下的是企业短融债、中期票据、可转债、资本工具等。评价债券市场，流动性很重要，但是中国的债券市场作为金融市场重要的基石，流动性是有问题的，这是因为中国债券市场的结构问题。我们的金融债发展速度非常快，金融债既包括政策性银行债，也包括一般金融债，还包括商业银行的次级债等，这些东西融合在一起后流动性却非常差。地方政府债、国债的流动性也比较差。实际上作为资本市场非常重要组成部分的债券市场的流动性比较差，说明债券市场的功能是有重大缺陷的，数字虽然很好看，但里面的结构是有问题的。这些说明我们仅从宏观数字来看是看不清楚问题的，改革的核心是要把这部分的流动性提升。我认为债券市场改革的重点之一在银行间市场，如果债券市场主要是商业银行资产结构调整的重要机制，这样的债券市场是有缺陷的。在实践中，中国金融脱媒的过程相当艰难，但是市场化的力量将会从根本上推动金融的变革。

第三，中国金融变革的力量来自国际化。我认为，中国的金融是一个大国金融，从全球角度来看，中国要在世界上发挥重要的影响力，成为全球性的有影响力的大国。其中，金融在全球金融体系中发挥重要作用，是全球化、大国化的一个重要标志。与经济的影响力相比较，中国金融的国际影响力量是相对不足的。坦率地讲，目前中国金融很难说是国际化的金融，无论是从人民币国际化还是从中国市场外国投资者的结构和比例方面讲，都难以得出中国金融是国际化金融这一结论。但是中国金融今后一定会朝着这个方向发展，而且未来五年，中国金融将会在国际化方面迈出非常大的步伐。最近中国政府已经对外资放开金融机构的持股比例，由原来的49%放开到51%，三年以后，除商业银行以外不设持股比例限制，这是一个非常重要的信号，表示未来五年中国金融开放会大踏步前进。人民币自由化改革、金融市场的开放都是必须要推进的。我们曾经设想过，到2020年，上海要建设成为新的国际金融中心，现在看实现这个目标还是很艰难的。2009年国务院提出，到2020年要把上海建设成与当时中国经济相匹配的国际金融中心。我们是朝着这个方向走，但我们要做的事情还很多。

科技、市场和国际化这三种力量将会对未来中国金融产生深刻的影响。习近平总书记在党的十九大报告中专门提到了要守住不发生系统性金融风险的底线，这是非常重要的，表明了我们需要从战略的层面来思考未来中国的金融风险。

首先，"守住不发生系统性风险"这个判断是非常重要的。"守住"，意味着中国现在的金融已经出现了一定的风险，我们不要让它变成一个系统性的金融风险，实际上所有的改革、所有的结构设计都要有这样的基本目标。从金融角度看，我不太相信一个大国在开放特别是成为国际金融中心过程中以及之后，金融体系不会有任何风险、任何波动，这超越人的驾驭能力。从市场角度看，风险是一种机会，是一种提升市场免疫力的重要机制，一个没有风险的金融体系是没有免疫力的。我们都希望未来的中国金融体系非常安全。但是未来有一点风险不可怕，我们要做的是防止大的金融危机对我们金融体系的毁灭性影响，这就是底线。下一步通过改革，我们要建立起能够有效吸收风险、有效分散风险、有效组合风险的金融体系，一定要思考清楚，未来中国的金融结构怎么设计？要设计一个具有弹性的金融体系，没有风险的金融体系是没有弹性的，金融结构层面一定要有弹性，这个弹性来自资产结构。不同的金融资产结构，其吸收风险的能力及弹性是不一样的，弹性有助于市场在风险消失之后迅速恢复机能。

要设计一个有弹性的、能有效吸收风险的金融体系，意味着让金融体系在风险过后有很好的恢复能力，这个非常重要。美国是全球金融动荡甚至是金融危机次数最多的国家，1987 年"黑色星期一"之后，至少发生过 3 次较大的金融风险或危机，包括 2007 年的次贷危机。但是风险过后其免疫能力变得更强大，这启示我们，并不是风险最多的国家、危机最多的国家，金融体系更容易遭到破坏；相反，东南亚国家只发生过 1997 年一次危机，但金融结构完全被破坏。

实际上，这给中国一个非常好的启示。我也认为，未来中国可能会出现一些金融动荡。我们必须要分析未来的金融风险源在哪里。为此，必须清楚中国经济增长的结构，因为金融风险来源于经济增长。东南亚国家，其经济增长模式、经济增长结构、对外资的过度依赖，实际上暗示了其金融体系是极度脆弱的、没有任何弹性的。中国的经济增长，有必要从资本结构、增长模式以及与金融的关系去研究，所以最近有人提出经济周期和金融周期的关系，这是一个很大的课题，值得深入研究。作为一个金融学教授，这也是我最近一段时间反复思考的问题。必须研究清楚中国增长模式和结构以及与金融的关系，这也可以理解为经济周期和金融周期的关系。所谓的金融体系内生的脆弱性，实际上来源于经济增长的周期性，来源于增长乐观与金融乐观的顺周期关系。很多国家的金融都出现过危机，我们要总结这些危机，把这些危机出现的规律归结在一起，对于我国如何不出现系统性风险具有较大的借鉴作用。金融危机无非是货币危机、市场危机（股市危机）、债务违约危机、银行流动性危机四种危机的组合，单一危机也可以造成一个国家的金融危机。一般出现货币危机，其他危机都会出现，但出现股市危机，货币危机不一定出现。中国 2015 年股市危机没有扩散，是因为人民币没有全面开放，得不到验证；2007 年美国的次贷危机以致 2008 年全球金融危机，美元出现了短期的贬值，但这种贬值不能理解为美元危机。日本泡沫时代也没有出现日元危机。危机一定是出现了大幅度贬值，而且贬值达到了特别恐怖的地步，这才是危机；部分亚洲国家出现了综合式金融危机，以货币危机为先导，衍生出一系列的金融危机。未来中国会出现什么情况？会从哪里开始？对此我们应该有预判。对于未来真出现危机的"灰犀牛"，有人认为可能在互联网金融方面，实际上互联网金融风险并不特别重要，这一部分特别小，没有感染性，没有传递过程。最近有很多政策，比如现金贷、大资管。现金贷有什么风险？涉及一个概念——高利贷市场。我对此持有一种怀疑的态度，因为他们还是不理解金融结构的未来、金融结构的变化。我对大资管一半赞成一半批评，赞成是因为认识到了中国金融的风险结构发生了变化，过去以监管金融机构为主，风险来自资本不足，将资本充足率的监管放在首位，因为金融机构特别重要，通过监管机构来实现对金融风险外溢的对冲，这是对的。但是，现在金融结构发生了变化，透明度风险在迅速上升，很多理财产品包括证券化产品，其风险的核心是透明度，并不来源于资本充足与否。所以大资管监管条例有其可取之处，理解了中国金融今天的风险结构发生了变化，大资管把信息披露、透明度放在特别重要的位置，这是理论上的巨大进步。但也有重要缺陷，缺陷在于试图将这种具有财富管理功能的或者准财富管理功能的产品通过严格的监管并入传统金融体系中，而且想让风险提前爆发，这种做法非常值得怀疑。金融永远伴随着风险，金融监管者的责任不是引爆风险。金融体系是有免疫力的，对一些金融风险是可以免疫的。我们不能把它引爆，这个做法非常有问题，这损害了金融体系财富管理的功能，未来中国金融最重要的功能就是财富管理。

至于未来的风险点在哪里，我有些担忧的是人民币实现完全自由兑换之后，如何让人民币汇率在一个相对能容忍的范围内波动。商业银行在未来10年有无风险？会有风险，但风险是局部的，整体上没有流动性风险。债务违约风险肯定会存在，但主体部分不会出现危机。股市未来还会发生波动，但是波动的周期会拉长。这是因为2015年给了我们深刻的教训，让我们终于知道股市怎么管理，终于知道监管主要监管什么，也终于知道一个国家股市的危机和杠杆的顺周期有关系，明白杠杆的逆周期管理是非常重要的。因此，未来出现 2015 年这样的事件的概率会非常小。总的来说，我对中国的金融持比较谨慎乐观的态度，中国不会出现亚洲有些国家的那些情况，但是否会出现类似美国的情况？或许是有可能的，因为这是大国金融的基本特征。

科技力量将深刻改变中国金融业态

——在"第十三届中国电子银行年度盛典"上的演讲

【作者题记】

这是作者 2017 年 12 月 7 日在由中国金融认证中心（CFCA）及其成员银行举办的"第十三届中国电子银行年度盛典"上的演讲。

中国金融正在发生深刻的变革，变革的力量主要来自三个方面。

第一，科技的力量。科技又以信息技术、通信技术为代表，构建了AI（人工智能）和大数据平台。科技的力量将会改变中国金融的业态，会使中国金融的功能得到大幅度提升。

第二，市场化的力量。中国金融市场化的力量将推动金融结构的变革，提升证券化金融资产在整个金融资产中的比重。这将使中国金融发生深刻的变化。

第三，国际化的力量。国际化的力量主要来自人民币的国际化和金融体系的开放。

这三种力量将使未来中国金融发生重大的历史性变革。

今天我只讲第一个，就是科技如何改变中国金融。科技改变金融，主要表现在这几个方面。

1. 科技能够大幅度提升金融的功能

科技能够大幅度提升金融的功能主要表现在支付功能上，其他的功能也会有所提升。对金融产生颠覆性影响的是科技变革基础上的支付功能。金融有六大功能，其中支付是金融最基础的功能。传统金融支付经历了一个发展阶段，从最早期的以金属货币为载体的支付，到后来的纸币，再到卡支付、信用支付等，这些都是支付发展的过程。经济结构的转型，特别是消费模式的变化（消费模式的变化最重要的是电子商务），催生着新的支付业态的出现。消费模式的变化要求金融支付必须跨越时空限制，而传统支付方式具有严格的时空约束，是有载体的，是物质化的，所以要求脱支付的媒。

金融历史上发生过两次脱媒。第一次是基于资本市场的发展，市场脱了商业银行融资的媒。也就是说，在经济活动中，融资已经慢慢脱离金融中介，去中介化，到市场去融资，发行有效凭证，比如说发行股票、债券来融资，绕开主流融资体制，也就是商业银行，在商业银行的旁边成长起一个巨大的新的金融业态，这就是资本市场。所以，在漫长的100多年历史中，资本市场得到蓬勃发展，这是对传统金融的第一次脱媒。这个脱媒主要基于市场化改革，基于金融管制，基于传统金融利率限制。

到了今天，人们的消费模式发生了变化，所以要求新的支付业态跟进，否则的话，这种消费模式的变革难以实现，于是第三方支付出现了。第三方支付是通过新技术在脱传统金融支付的媒，这使金融的功能和效率得到了大幅度提升，也推动了金融的变革。中国金融今天如果有大家比较欣赏的，在金融变革中具有引领作用的，那就是第三方支付。基于移动互联的第三方支付，推动了中国金融的变革，极大地方便了客户，实现了支付革命。

金融创新最重要的标志是什么呢？便捷、快速、低成本、安全，这是评价金融创新最重要的标志。只要符合这些标志，所有的金融创新都应大力支持。这样的金融创新未来必有广阔的市场前途。所以，科技正在改变中国金融的业态，也在改变中国金融的基因。

2. 科技也使金融的普惠性得以扩展

中国金融的普惠性是不够的，也就是说，服务面是受限制的。这个限制一方面来自传统支付的时空限制，另一方面来自其商业原则。我们很长时间都在说小微企业融资难，还有中低收入阶层得不到相应的金融服务，得不到便捷的金融服务。

从这个意义上说，传统金融并不是普惠性金融，是大企业金融、是大客户金融。说是大企业金融，主要是融资侧重大企业，大企业有规模性、信息披露比较好，信用可查，这也符合传统金融的商业原则。传统金融不可能对那些无法进行信用评级的客户或者无法查询信用资讯的客户提供融资贷款，这是由其商业原则决定的。同时，规模性也决定了传统金融的服务半径。小微企业太小了，传统金融的链条很长，难以触及最基层的部分。所以，从融资端看，传统金融只会选择大企业、大客户。

中国经济的生命力来自小企业，小的企业是富有生命力的，大的企业已经发展成熟，成长性不如小企业。金融必须想办法让这些小企业成长起来，小企业成长起来就是经济增长的动力，这是金融业必须要思考的问题。当然，在传统金融架构下，实现这样一个普惠性金融服务困难很大。

从财富管理端看，也会发现传统金融更多的是为大客户服务，是有进入门槛的。可是金融的理想是普惠性，也就是说，在评价一个国家的金融质量和效率的时候，要看这个国家的金融体系能不能覆盖对所有人的金融服务，如果能够有效地覆盖所有的金融服务，每个人都可以有效地选择金融产品来实现金融需求，这个国家的金融就非常好了。

但是，中国的金融目前还达不到，所以要进行改革。我们现在一般都提倡普惠性金融，要达到普惠性金融这样一个目标，只靠政策，靠某些倾斜的政策是难以持续的。人民银行、银监会通过政策的倾斜和倡导，让一些大的金融机构增加对小微企业的贷款，这有积极意义，但范围有限。我们要创造一种机制，让所有金融机构能够自动地、非常乐意地为大众服务，为小微企业服务。

这靠什么？靠两个方面。一个是科技的作用，科技对传统金融的植入。另一个靠金融的结构性调整。

在金融变革的年代，我们首先要改变观念。我们要看一看金融是否真的在为实体经济服务，是否解决了一些人的金融需求，同时又没有破坏金融秩序。我们要正确地看待金融创新，不可以简单地、教条地、想当然地理解金融创新。在今天，金融已经高度科技化了，或者正在走向高科技化，信息对金融的影响越来越大，金融已经变成一个信息类产品了，金融的内核已经发生了变化。

什么是金融？答案似乎正在发生变化。过去说什么是金融，主要理解为融资。后来人们有了新的认识，加上了财富管理端。融资＋财富管理构成了现代金融的两端。实际上，今天的金融虽然也保持了这样一个特质，但更多的是信息的集合。因为这种理解，所以会发现很多标准、规则都要动态地去修改、去调整，否则的话，我们还用过去那些标准和概念去看待日益变化的中国金融，就会采取一些不利于中国金融结构性改革的措施。我们很多的措施，虽有些进步，但还是没有深度理解中国金融的变化，以及中国金融未来将会朝着什么方向发展，没有深度理解科技对金融将会产生什么样的影响。科技将会对金融的物理形态、时空限制、传统功能产生颠覆性的影响，也就是说，科技与金融的结合将使我们过去一整套的理论、理念、政策、规则都发生深度的变化。

简单而言，现在我们就不能拿资本充足率对新金融业态进行监管。我们对传统金融的监管，总是把资本充足率放在第一位，无论是银行还是非银行金融机构，资本充足率都是核心监管指标，与业务条线连在一起。把资本是否充足看成对冲风险的第一道防线，未来风险是要拿资本对冲的。存款准备金制度是要防止信用扩张，还要符合拨备覆盖率等指标。这些都是传统金融的监管思路。这个思路在那个年代对那些金融机构是正确的，因为那个年代最重要的风险来自机构风险，所以必须对机构的各种风险点进行约束，这是有逻辑的。

到了今天，你会发现这些监管指标对新的金融业态就没有什么针对性了。因为今天的金融和过去的金融有重要的变化，风险结构不一样、风险来源不一样、风险性质不一样，同样是流动性风险、信用风险，背后产生的原因就不同。

比如说，对第三方支付怎么监管？所有的金融活动都需要监管，但是监管的重点在哪里？这需要深度研究。金融业态发生变化后，中国金融的风险结构也发生了变化。过去的风险以资本不足为主，今天虽然资本不足仍然是非常重要的风险，但是有一种风险日益变大，这就是透明度风险。透明度风险和资本市场有密切的关系，因为资本市场最重要的风险来源于透明度。所以对资本市场的监管，重心是透明度，而不是其他。在中国金融资产结构中，证券化金融产品比例在不断上升，规模也越来越大，对透明度的监管变得日益重要。所以，中国金融风险因为科技进步、脱媒快速，已经从资本不足风险过渡到资本不足和透明度风险并存的时代，这个时代已经来临。风险结构已经多元化了，这就要求监管必须调整。

最近出台一个大资管条例①。从未来金融的角度去研究大资管条例，有对的，也有不对的。首先说对的。对的就是大资管条例真正理解了中国金融的未来，包括对透明度的监管。因为理财产品、证券化产品的比重在提升，所以大资管产品监管的核心是要求加强信息披露，这是正确的。不正确或者

---

① 指 2018 年 4 月 27 日中国人民银行发布的《关于规范金融机构资产管理业务的指导意见》。

不足的，就是没有正确理解中国金融功能在发生变化，我们不可以通过一个严格的要求，让金融回归到以融资为主的时代。

中国金融正在从以融资为主的时代走向融资和财富管理并重的时代。随着中国金融结构的变革，特别是资产结构的变化、证券化金融资产比重的提升，中国金融的财富管理功能日益重要，会缓慢地变得比融资功能更重要。这一点非常重要。如果一个条例的出现将扭转这种功能的进步，这就不好。所以，我说我们要深度理解中国金融的未来，不要把它逼回传统金融的框架中。我们很多人是站在工业化时期去看待中国金融的未来的，这会出问题。我有时候甚至不理解，为什么要通过各种方式限制科技金融和新金融业态，并试图让社会资金都回归到商业银行，这是一种落伍的观念。如果资金都回到银行，中国金融不知道如何发展。中国金融必须走市场化的道路，无论是融资还是财富管理都要越来越多地通过市场来完成，通过市场完成占比越高，金融体系进步的速度越快；如果市场占比越来越小，那就是中国金融的倒退。

重新思考中国未来的金融风险

——在"《财经》年会2018：预测与战略"上的演讲

【作者题记】

这是作者 2017 年 11 月 30 日参加"《财经》年会 2018：预测与战略"论坛时的演讲。

习近平总书记在党的十九大报告里，关于金融有一段论述，最后有句话，就是"要健全金融监管体系，守住不发生系统性金融风险的底线"。从理论界来看，我们要思考健全监管体系。在党的十九大之前，成立了国务院金融稳定发展委员会，健全监管体系的核心，目的还是要守住不发生系统性金融风险的底线。"守住"是什么意思呢？我的理解，就是现在金融体系已经出现了某种风险，没有说防范。说守住，就是说在某些领域已经出现了一些风险，让这些风险不要系统化，这些风险不能相互感染，发生系统性风险。系统性的金融风险，实质上就是金融危机。守住不发生系统性风险的底线，没有说局部性的风险也得守住，从地方来看，当然要守住，最重要的还是不要相互感染，演化成全面的金融风险，乃至于危机。这实际上体现在我们要做一系列的改革，要切断这些已经出现的风险的传染渠道。同时，我们要思考，现在风险在哪些方面，未来有可能在哪些方面风险会比较大。

当然，作为一个金融理论研究者，我非常希望构建一个既能够有效地吸收风险，又能有效地分散金融风险的体系，使中国改革开放40年来的财富得到有效的增值和保值。社会财富的增值或保值，要通过一个恰当的金融体系才能完成。如果没有一个相匹配的金融体系，它是保不住的，因为现在的资产、财富都证券化、金融化了。构建一个有弹性的、既能够吸收风险又能分散风险的现代体系，变得十分重要。要达到这个目标，我们必须要推动中国金融的改革和开放。因为某个风险的出现，就要回到一个传统的金融时代，这肯定是个不正确的思路。中国金融有三个基本方向或基本特征，是我们要深刻理解的。

第一，中国金融的结构正在发生历史性的变化。这个变化是谁也主导不了的，中国金融的结构主要指的是中国金融的资产结构，发生了重大的变化。金融结构的分类非常多，其中最重要的分类是资产结构。资产结构里面，其中有一个分类很重要，就是证券化金融资产和非证券化金融资产之比。在中国的金融资产结构中，证券化金融资产的比重在逐步提升。从一个最狭义的口径来说，从居民部门持有的资产的角度来看，证券化金融资产占比已经达到50%。债券，加上股票的市值，大约在120万亿元，其中股票60

万亿元，债券 60 万亿元。狭义上的金融资产大约有 240 万亿元，最大口径是 360 万亿元，中间还有一个中等口径是 270 万亿元。这个比重未来还会进一步提升。

这个变化暗示了两条内容：一是中国金融的功能发生了变化，开始由以融资为主慢慢过渡到融资和财富管理并重，证券化的金融资产主要用于财富管理，它的资产管理特性是非常鲜明的。二是这种金融资产结构的变化，意味着中国金融风险体系也发生了变化，这对我们理解守住不发生系统性金融风险的底线非常重要。我们过去是防范金融机构的风险，监管重点主要放在金融机构的资本充足率上，要求所有的金融机构达到相应的资本充足率，通过相对充足的资本，对冲风险外溢。这个思路显然是对的，因为过去风险主要表现在机构风险上，商业银行还有其他的指标，包括拨备覆盖率、商业银行存款准备金率等，它的目标都是要收缩风险。可是现在，我们整个金融资产的结构发生了变化，基础发生了变化，风险已经不仅仅表现为金融机构的风险，越来越多地表现为市场风险，表现为证券化金融资产的透明度的风险。也就是说，因为这些资产的占比越来越大，而且这些资产多数都会变成机构的资产，透明度的风险会越来越大。透明度的风险主要表现为市场的风险，我想这个趋势还会加剧。

我认真学习了"一行三会"颁布的大资管条例，这个条例有某些技术性的问题，但总的方向是对的，因为它要加大对这类产品透明度的监管。虽然大资管的产品还没有覆盖所有的金融资产，但它毕竟占了一个比较重要的位置。我想说的意思是，中国的金融体系正在发生微妙的变化，监管部门也已经意识到。

第二，中国金融科技化的趋势非常明显。科技的力量对中国金融颠覆性的影响越来越明显。传统金融植入了新的科技芯片，会使得金融业态发生深刻性的变化，使金融风险发生了变异，其中互联网金融是一个典型的方式。科技对金融体系的渗透是未来相当长时期的一个基本的方向。也就是说，新的金融业态占比会越来越大，不能因为新的金融业态的出现，出现新的风险特质，就否定新的金融业态的作用，因为它已经嫁接了一个巨大的内核——

科技的力量，金融的效率会更高，金融服务的面会更广，金融服务的成本会下降，时间和速度会加快。同时，它会对普惠性金融的实现有助推作用，也就是说新的金融业态是个进步的力量，我们不能还停留在工业时代的金融思维。相当多的金融思维是工业化时代的，受物理的影响非常大，受时空的限制也很大。今天的金融已经开始非物理形态化了，跨越了时空限制。大家熟知的就是第三方支付，它是对传统支付的革命，这种革命将会极大地推动中国金融的进步，推动中国消费模式的变革，而消费模式的变革会引导中国经济结构的调整。

第三，国际化的程度会越来越高。未来五年或更长时间，是中国金融开放的时代，重点在国际化。前几天看到有关的新闻，中国金融体系对外开放的步伐在明显加快，除商业银行以外的金融机构，外资持有股权的比例已经放到51%，或者正在放到51%，这和原来限制49%有本质上的差异。据有关报道，3年以后，除商业银行以外的金融机构，对外资不进行股权限制。我觉得这是个信号，中国金融体系对外开放的步伐会加快。中国的对外开放和国际化，看来是从机构开始的，而没有从市场开始，也没有从人民币国际化开始。但是，在机构慢慢开放之后，还有两个开放是要推进的：一是人民币的国际化（人民币可自由交易的改革），这个改革对中国金融体系来说，具有战略意义。从全球的发展来看，一个大国的形成和崛起有很多标志，其中一个最显著的标志，就是这个大国的货币是国际化的，是国际货币体系里面重要的组成部分，是完全可自由交易的货币。在不会太长的时间内，我们将稳步实现人民币可自由交易的改革，而且可自由交易改革只是我们的中间目标，未来人民币将会成为国际货币体系里一种非常重要的储备性货币。虽然国际货币基金组织（IMF）给人民币特别提款权（SDR）的份额达到10.9%，未来还会超过这个比例。二是中国金融体系的对外开放，特别是金融市场的开放。到那时候我们将不会再搞什么通了，无论是深港通还是沪港通都没有了，我们将会全面开放，在遵守中国法律的情况下，外国可以到中国市场来进行投资。这个战略目标一旦实现，中国的金融市场成为全球非常重要的国际金融中心的目标就渐行渐近了。

在这三个趋势下，我们要思考未来中国金融的风险，如果关起门来是另外一条思路。关起门来是不可能的，所以，推动改革和开放仍然是我们的基本国策。在我说的三个基本趋势的前提下，要研究未来的中国金融风险，这是前置条件。在这个前置条件下，我们应如何守住底线。金融风险是由四种风险单独或交织组成的，金融风险的四种形态：一是货币危机。本国的货币在开放的条件下，出现了严重的贬值，这个贬值是塌方式的，称之为货币危机。货币危机从 1987 年"黑色星期一"之后，发生了多次，最典型的是 1997 年、1998 年的亚洲金融危机，"四小龙"（新加坡、韩国、中国台湾和中国香港）的货币出现了大幅度的贬值，那个贬值称之为货币危机。货币危机进一步衍生，在相当大的概率上会变成全球性的金融危机。二是债务违约危机，它会严重影响到这个国家的信用，它会起连锁反应，美国的次贷危机里暗含这种因素，到期不能兑付，无论是初始的债务还是衍生品的债券。三是银行的流动性危机。因为周期性的影响，因为过度的扩张，可能在一定条件下出现银行的流动性支付危机，老百姓取不出来钱，这种情况在发生过金融危机的南欧出现过。四是市场危机、股市危机。股市出现大幅度的波动，这个波动是有标志的，比如 7 个交易日指数下跌超过 20%。

一个国家的金融危机要么是以这四种危机结合体的形式出现，四种危机交织在一起，要么就是一两种危机的组合，比如日本泡沫时代就是两种危机的组合。还有单一的危机。从案例来看，小国通常会发生综合性的金融危机，就是相互交织，相互感染。东南亚国家就出现了四种危机的交织，出现这种危机的国家有个特征，一般是从货币危机开始的，这种国家的增长模式非常外向，对外资的依赖程度非常高，外国资本大规模的进入，推动了这个国家短期金融的繁荣。像南美的巴西和阿根廷，出现了类似的情况，特别是巴西。像美国是金融危机最频繁的国家，但很难出现全面的金融危机，都是一个或两个结合体。比如 2007 年美国次贷危机引发的 2008 年全球金融危机，可以看到美国的市场出现了危机，但美元没有出现危机。甚至 1990 年日本泡沫经济时代，日元也没出现危机，虽然银行不良率大幅度提升，股市出现了危机。

中国也是大国，中国的经济增长模式从现在看并不过度依赖外资，我们不会出现像东南亚国家那种状况。通过外资大量的进出影响人民币汇率稳定的概率非常低。当然我们要思考的是内生变量，比如很多人赚了钱，通过换汇汇出去了，当然这个前提也不太可能存在，因为中国正在走向法治，法治中国是未来相当一段时间重要的任务，对人民财产的保护日益重视。同时，经济增长模式的转型，使我们的生态环境正在发生变化，这是一个非常重要的判断。至于债务违约，局部出现债务违约完全是可能的，而且也应当允许它存在。中国的债务市场，特别是债券市场，会出现局部的违约，但不会出现全面的违约，其原因是中国政府的国债是有信用的。银行流动性的危机、支付危机，我认为 10 年之内不会存在，因为商业银行的各种指标都非常好；除了一些小银行，大多数银行无论是资本充足率还是拨备覆盖率，都是非常好的，不至于出现流动性风险。股市的波动，2015 年我们出现了股市危机，未来还会不会出现？概率在下降，因为我们监管的重点在发生重大的变化，我们正在理解什么叫监管者的职责。之所以会发生 2015 年的股市危机有很多原因，其中两个是至关重要的，一是我们顺周期地应用了金融杠杆，这是金融体系脆弱性的根源，二是我们忘掉了金融监管的职责。这两个问题我们正在反省，我们正在调整杠杆使用的原则，杠杆正在沿着逆周期的方向变革。我们终于明白了，监管者主要是保证市场的透明度，而不是推动市场价值的成长或指数的成长。当然，说未来一点也没有也很难说。

从开放的角度来看，无论是监管还是市场的运用，必须建立起逆周期的理论框架，逆周期是个核心的概念，有时候可能理解，但是很难做到，有时候理论很明白，实际上却做不到。还要加强监管。我个人认为，在充分认识了中国金融未来并有一个清晰的逻辑之后，我们在推动改革开放的同时，有信心守住不发生系统性金融风险的底线。

如何构建现代经济体系和与之相匹配的现代金融体系？

——在"IMF 2017年《世界与中国经济展望报告》发布会"上的主题演讲

【作者题记】

这是作者2017年10月31日参加中国人民大学国际货币研究所（IMI）和国际货币基金组织（IMF）驻华代表处主办的"国际货币基金组织2017年《世界与中国经济展望报告》发布会"上的主题演讲。在此次演讲中，作者系统阐述了中国所构建的现代经济体系的五大要素。

今天，我主要讲两个方面的问题：一是如何构建现代经济体系？二是与现代经济体系相匹配的金融体系是什么？

中国与美国的贸易规模差不多，但是经济规模却相差甚远，目前不到美国的 2/3。如果能够成功构建现代经济体系与现代金融体系，未来中国的发展空间会更大。也就是说，中国经济要实现可持续增长，必须改造我们的经济体系，构建现代经济体系。

一、未来中国如何构建现代经济体系

中国未来所要构建的现代经济体系，我认为至少应有以下几个重要的构成要素。

第一，现代制造业、现代装备业以及体现现代产业进步的新兴产业，必须要在现代经济体系中占据主导地位。如果用传统的第一、第二和第三产业这种简略的划分方法，我认为中国制造业即第二产业的后端部分一定是越来越发达的，服务业也是非常发达、占比很高的。也就是说，在这样一个产业体系结构中，第二产业后端比重会迅速提升，而后端部分就是科技含量很高的现代制造业和装备业。这样的产业结构将更富有竞争力，传统工业社会的产业比重将会大幅度下降，对资源过度依赖的产业比例主体会大幅下降，产业的科技水平将会更高，经济结构将更加合理。

第二，现代经济体系一定是绿色的、能体现出生态文明的经济体系。过去 40 年来，中国经济保持了高速增长，这个高速增长的一个显著特征就是它的外延性，对自然资源的过度消耗和过度使用。自然资源和人口红利以及我国制度改革所焕发出来的动力等多方面因素共同推动了中国经济增长。其中自然资源和人口红利对经济增长的推动作用是明显的、不可否认的。中国正在进入一个老龄人口占比相对较高的国家行列，随着时间的推移，人口老龄化程度会越来越高，人口红利已经消失或即将消失。当然，我们也没有必要因为人口红利没有以前那么明显或者不再存在就对中国经济很悲观，因为中国经济增长也不完全依靠劳动力优势。人工智能能在一定程度上弥补劳动力短缺问题，科技会在一定程度上弥补劳动力相对短缺的负面作用，也就是说高科技会在一定程度上缓解人口问题对经济增长造成的负面影响。过去很长时间里，我们的一些主导产业与自然资源高度相关。现在的中国已经不能够承受如此大规模经济体对自然资源的消耗，这种经济发展模式使得我们的生态环境、生存环境受到了严重破坏和威胁，所以绿色的、与自然环境相协调的、生态文明的经济体系是现代经济体系的第二个构成要素。

第三，未来中国经济体系应该更多地追求经济增长质量而不是数量，也就是说现代经济体系追求的将是质量和效率。党的十九大报告对到2050年中国的发展战略制定了两步走的战略，其中没有使用过去的百分之多少或者翻几番的增长目标。这表明，我们需要一个相对稳定的增长，更需要一个高质量、高效率的经济结构和经济体系。现行经济体系的社会福利水平需要改善。我们过去一方面追求GDP的增长速度，另一方面追求税收、财政收入的增长。虽然财政收入增长对一个国家非常重要，但是社会在经济增长中享受到的福利水平更重要。所以，我们所追求的经济增长应该提升全社会的福利水平，使全社会享受到经济增长所带来的生活改善和生活质量提升。实际上，这就暗含着经济体系中与人民生活密切相关的产业，比如养老、健康、医疗、教育等，应该有更好的发展。简单追求增长速度而使我们的生活环境恶化，肯定不是我们所需要的。

第四，中国所要构建的现代经济体系一定是市场化的，而不是政府主导的。我们不能回到计划经济时代，计划经济制度没有任何优势，计划经济严重扼杀了经济活力。所谓的基于大数据的计划经济作为一种经济制度同样是不可取的。现代经济体系一定是市场化的、相互竞争的，同时也是开放的。中国所构建的现代经济体系绝不是封闭的，它会沿着更加开放的方向使中国经济与全球经济融为一体，成为全球经济中的重要组成部分。从某种意义上说，未来中国经济应该对全球经济起着某种引领作用。

第五，在现代经济体系中起基础作用的是以现代制造业与现代装备业为代表的实体经济，但起核心作用的一定是现代金融体系。我们所要构建的现代金融体系与以前传统金融体系的差别在于，现代金融体系在中国现代经济体系中的作用将会比以往任何时候都更重要，金融在现代经济体系中的核心作用将更加突出。现在我们还不能说中国金融业已经成为中国经济的核心，而且即便成为核心，也不意味着中国金融可以脱离实体经济而发展。在整个经济运行和资源配置过程中，现代金融发挥主导性作用，但是金融创新不能脱实向虚、自我循环、虚假繁荣。同时，现代金融体系对中国经济持续稳定增长、对降低中国经济风险会有很好的促进作用。现代金融体系的核心是分散和管理风险，使实体经济和金融风险处在一个合理配置的状态。

二、如何构建与现代经济体系相匹配的现代金融体系

上述五个方面是我对现代经济体系的理解，这些都是我们所要构建的现代经济体系的核心元素。同时，作为现代经济体系核心和基石的现代金融体系，我认为主要有三个方面的特征。

第一，现代金融体系是高度市场化的，金融资源越来越多地通过市场来配置，而不是通过机构来配置，当前金融体系中金融脱媒的力量比以往任何时候都更加强大。金融不脱媒，中国金融的现代化就完成不了，只有通过市场的力量才可以实现金融的脱媒和现代化。金融体系现代化的重要标志就是在全社会金融资产结构中，证券化金融资产的比重不断提升，证券化金融资产的规模不断扩大，这意味着金融体系将从原来的以融资为主要功能逐步过渡到融资和财富管理并重的时代，这是现代金融体系功能演变的基本趋势。我们现在的金融体系之所以还不是现代的，是因为功能上是落后的，财富管理的功能非常弱，证券化金融资产的规模和比重都相对较小。所以，要通过市场力量，通过脱媒的力量提升中国金融的功能，使金融从相对单一的融资功能过渡到融资与财富管理并重。

第二，现代金融体系一定是高科技的金融体系，科技对金融的渗透将会比以往任何时候更加强烈、更加明显。金融与科技的结合具有无比强盛的生命力和强大的效益。如果没有高科技的植入，全球将永远停留在传统阶段。例如，取款必须要拿着身份证到银行去核查之后才允许，金融服务会受到时空的约束；当科技介入之后，取款转款只需按一下手机就可以了，这就是科技的力量。未来科技对中国金融的渗透将会比以往任何时候都更加明显。现

在我们已经看出了这种趋势，科技已经或正在改变中国金融的业态，改变金融的基因，甚至改变传统金融理论的分析架构。也就是说，我们过去二三十年学习的那一套理论架构到了今天你会发现有一半都可能没有用了，因为金融的业态和功能发生了变化，金融的基因（DNA）发生了变化。例如，金融风险虽然与以前从表象上看很相似，但实际上DNA发生了变化，就如同普通感冒与H7N9病毒一样，表现都是流鼻涕、发烧、咳嗽，外在症状相似，但是病毒发生了根本变化。科技的介入将会使得原来一些最基础的概念，比如什么叫货币，谁来发行货币，货币怎么来划分等都发生了变化。所以科技的力量是构建现代金融体系的重要因素。

当前，中国金融在全世界最有影响力的就是科技金融，或者说基于移动互联网的第三方支付。科技使得中国金融体系中的支付业态发生了革命性改变，这种变化推动了中国经济结构调整，加快了中国经济结构的转型。我们不能认为科技融入金融后风险就增大了，没有证据表明新金融比传统金融的风险更严重，新金融也不可能回到传统金融。人类社会进步的动力就是科技。

第三，现代金融体系一定是开放的，这与现代经济体系是一样的。从某种意义上来说，中国金融是全球金融体系中最具有增长功能的一极，中国金融市场特别是资本市场成为国际金融中心，也是中国构建现代金融体系的题中之义和必然要求。2009年5月，国务院提出到2020年，要把上海建设成与中国经济和金融环境相匹配的国际金融中心。这意味着届时人民币可自由兑换一定实现了。人民币自由兑换、自由交易，也是构建现代金融体系的应有之义。2016年10月1日，人民币正式加入SDR货币篮子，权重为10.92%，超越英镑和日元，居于第三位，但是作为全球储备货币真正的市场份额没有这么高的比例，未来我们一定有信心超过这一比例。随着人民币国际化、国际金融中心的形成，外国资本可以在遵守中国法律的前提下进入中国资本市场进行投资，开放的、发达的、具有良好流动性的债券市场、股票市场是人民币国际化后的重要回流机制，人民币国际化和国际金融中心的形成是中国构建现代金融体系的第三个必备要素。

继承"巴山轮"会议的学术情怀

——在"2017 新'巴山轮'会议"上的闭幕演讲

【作者题记】

    这是作者 2017 年 10 月 28 日在中国人民大学世纪馆举办的"中国经济与国际合作年会暨新'巴山轮'会议·2017"上所作的闭幕演讲。本次会议主题为"十九大后的中国与世界"。本次会议由中国人民大学、新"巴山轮"论坛、国家发展改革委国际合作中心主办。

我们度过了快乐的一天半，从昨天下午4点钟开始到现在，实际上累计12个小时。这12小时对我们来说是非常愉悦的，是智慧的盛宴、快乐的海洋。我很少集中听12小时的演讲，但是这一次听下来，觉得受益非常大，拓展了我的知识面，也让我对我们中国学界抱有很大希望，对中国的未来抱有很大的希望。中国是一个欣欣向荣的国家，这里有很多标志，其中论坛多、会议多、爱说话的人多、学者多、听众多、媒体多，世界上有哪个国家像中国这样有这么多的论坛，还有这么多的人在听，这么多的学者在讨论。一个国家的兴旺发达与人民智慧碰撞有密切关系，所以从论坛的热烈程度，从这样一个侧面，我们看到了中国未来的希望。

新"巴山轮"会议（2017），我们实际上想试图继承当年"巴山轮"会议的精神。在32年前，1985年9月2日，当时中国正处在经济体制改革的艰难时期，那个时候正在探索未来中国建立一种什么样的经济体制，要构建什么样的经济模式。当时中国刚刚改革开放，我们还受到某种僵化思想的约束。当时经济理论界讨论最多的是东欧模式。1985年我正在人民大学读研究生二年级，1985年的"巴山轮"会议给我们这一代人影响很大，也形成了很多研究成果，对我们这一代人，也包括我们上一代人的思想解放起了重要作用。那个时代，社会整体思想并不是十分活跃，可以借鉴的东西也比较少，同时又受到某种意识的约束，当时在长江巴山轮上召开6天的理论研究会，思想非常活跃，对后面经济理论界对中国要建立一种什么样的经济体制起了重要的启发作用。

现在信息发达，大家从百度里可以比较详细地了解到1985年9月2日"巴山轮"会议的内容以及主要参加人员。薛暮桥、安志文、马洪、刘国光、高尚全、吴敬琏、张卓元、周叔莲、赵人伟等著名学者参加了会议，少壮派的项怀诚、楼继伟以及郭树清等人也参加了会议。当时主要邀请了一批国外的经济学家，其中有1981年诺贝尔经济学奖获得者托宾，还有布鲁斯，在20世纪80年代，我上研究生的时候，布鲁斯理念对这一代人影响很大，他主要总结了当时东欧改革的一些经验。还有《短缺经济学》的作者科尔奈，还有凯恩克劳斯、小林实、林重庚。他们在一起共同探讨未来中国的经济改革方向和模式，为党中央改革政策提供政策建议。

32 年过去了，我们为什么还要办新"巴山轮"会议呢？项怀诚部长和曹文炼主任可能有更加精确的概括，但是我想很重要的一点是要继承"巴山轮"会议的那种中国学者的家国情怀，那样为天地立心的理想，为国家负责，关注国家的命运。新"巴山轮"会议已经开了三届，这三届新"巴山轮"会议也想探索今天中国的经济改革和发展模式，研究未来中国在经济发展中可能会遇到哪些问题。今天我们讨论的问题，与 1985 年讨论的问题显然是不一样的。1985 年讨论的是中国的经济改革方向和发展模式，如何摆脱贫困，如何让人民富裕起来，如何让经济充满活力，这是当时的目标。今天我们离小康目标不远了，到 2020 年全面实现小康社会是完全可能的，人民的生活水平有了极大的改善，中国也完全建立起符合中国国情的社会主义经济体制，但我们面临一系列新问题、新矛盾、新任务。

刚才有专家说，中国的制造业是美国制造业的 160%，可见有多么强大的能力，这就是我们近 40 年来改革开放取得的伟大成就，也就是说从社会整体看，我们解决了社会贫困问题，虽然我们仍有贫困人口。作为整体目标，今天与 1985 年完全不同。今天我们要思索、要讨论未来中国的经济发展模式、道路、问题、困难以及解决的方案，以及在这些基础上所形成的基于中国实践的理论体系。我相信我们这一代人是有理想、有智慧的，是勤奋的。在党的十九大报告里，习近平总书记对未来中国五年乃至更长时间的发展道路、发展模式、指导思想、战略目标，都做了非常清晰的阐述。十九大报告是指导中国未来经济发展的纲领性文件，但作为学者需要对这些重大事项细化研究。2017 新"巴山轮"会议，我们紧密联系十九大提出的关于经济方面的一系列重大的提法、设想、理念、原则和目标。当然十九大报告涉及面非常广泛，我们这个小论坛，12 小时难以都涉及到，但是我们更多的还是从经济、金融、国际关系以及人类命运共同体这些主题上展开讨论。

这一天半，有 30 多位专家学者参与了这场讨论，其中有斯洛文尼亚前总统达尼洛·图尔克先生，他昨天发表了非常重要的一个演讲。新"巴山轮"论坛的主席项怀诚部长，对这个论坛的指导思想、重点内容，以及如何紧密联系十九大报告，提出了重要的指导性意见。中国人民大学对这次 2017 新"巴山轮"会议非常重视，人民大学党委书记靳诺教授和校长刘伟教授都亲临论坛，靳诺书记昨天下午会见了重要的来宾，参加了昨天下午的讨论，刘伟校长今天上午做了一个非常重要的致辞。我和刘元春副校长主要负责落实这次会议。我给项怀诚部长和曹文炼主任讲，在人民大学召开这个会议尽可放心。人民大学有强大的实力，我们有 660 多位教授，个个都是精英。像王文院长、王义桅教授都是这里面非常优秀的，我们这 660 多位教授都像他们一样优秀。同时我们还有很好的会议策划能力，无论多么大的会议，多么重要的会议，我们都能在非常短的时间内办成国际一流的论坛。这个论坛筹备的时间很短，我们 20 天时间就落实好了，会议办得很成功。

更为重要的是，人民大学拥有高水平的听众。到现在会议大厅还坐得满满的。所以这个论坛是非常成功的，吸引了听众。这是第一点意思。

第二，我还是在想未来新"巴山轮"论坛如何进一步办下去。好像我是新"巴山轮"论坛的一个成员，这个论坛的成员在 2015 年的黄金号游轮上好像有十五六个人。我们要脚踏实地地研究中国的问题，中国的学者要研究中国的问题，无论是海外归来的还是中国本土培养的，都要关注中国的发展，关注中国的实践，研究中国的问题。中国有丰富的实践活动，无论是经济还是社会都处在快速变革的时期，把中国的社会、经济问题研究清楚了，对人类社会 80%~90% 的问题也就研究清楚了。中国社会是一个历史源远流长，人口众多，结构比较复杂的社会，人类社会所呈现出来的问题、矛盾、现象、规律，在中国都能找到。

我经常给我们学校海外留学回来的年轻学者讲，你们有很好的研究方法，但是你们需要认真了解中国，深刻思考中国的问题，你们的论文一定要研究中国的问题，不要拿美国的数据来说明普遍的规律，它并不具有普遍性。把中国社会研究清楚了，在全球应该有更大的共性。我们的研究必须扎根中国大地，你的研究也好，工作也好，不扎根中国大地，试图拍拍脑子从网上抄一抄外国的东西来糊弄人，这个不行。当然，不同的声音也是学术发展的重要条件，但是批评必须是善意的，建设性的，不是一个误导性的。我希望有批评的声音，但应该是建设性的。

我们今天的选题很好，包括现代经济体系"两步走"战略，人类命运共同体等，这些对我们来说是大题目。未来中国现代经济体系的架构是什么？上午的学者们做了自己的探索。它一定有别于我们以前的经济体系，一定是生态环保文明的经济体系，一定是高科技的经济体系，一定是为社会和老百姓带来更高福利水平的经济体系，一定是开放的、市场化的经济体系。这些元素一定是存在的。它一定不是一个简单地追求 GDP，简单地追求地方财政收入增加的经济体系，一定不是把政府部门房子建得那么好的经济体系，那不是我们的追求，一定不是过度损害自然资源和环境的经济体系。这些都是我们需要认真思考的。我们现在提的新时代社会的主要矛盾，通过这个社会主要矛盾的表述能够得出很多政策结论，包括政策趋势。不充分不平衡发展，包含了如何解决未来贫富差距的问题。改革开放最终的目的是要让所有人富起来，最终目标不是说让少数人富起来，少数人富起来是一个阶段性目标。在这次论坛上，我们还谈到如何吸取 2008 年金融危机的经验教训。金融对一个国家来说至关重要。不设计好金融体系，辛辛苦苦几十年，一夜回到解放前，是完全可能发生的。我们要吸取历史的经验教训，要探索与中国的社会结构以及与中国经济体系相匹配的现代金融体系。现在的金融体系是有严重缺陷的，至于什么样的金融体系能够推动中国经济持续成长，又能够让老百姓的存量财富有效增长，这是我们面临的很大课题，同时又不能出现金融危机，这是我们必须深度思考的。

新时代的"两步走"战略，有其独特之处，它没有数量概念，有数量目标就会急于求成。过去我们要脱贫，要解困，所以需要速度，需要明确的目标。那个时候的那个目标是对的，我们不能说那个时候的数量目标是错的。但是到今天，我们需要一个高质量的经济增长，不需要破坏环境的增长目标。"两步走"是一个非常精练的提法，我们也涉及了包括人类命运共同体这样的大话题，实际上，这方面王义桅教授、王文院长是专家。人类命运共同体，我觉得它是过去经济全球化在新时期的新概括。经济全球化有某种利益的博弈，有某种分工，你是低端就是低端，你是高端就是高端，有这个意思。人类命运共同体可能体现更多的是相互支持、相互理解、相互合作。我想这些主题都是非常重要的，对中国的对外关系，具有重要的基石作用。

大国关系与全球治理是重要话题，因为中国是一个大国，现在和未来还是一个非常重要的大国。我不是研究国际关系的，人民大学让我管了一段时间的重阳研究院，我经常与他们讨论国际问题，觉得挺有意思，有一些兴趣。新"巴山轮"论坛的主题可以在党的十九大报告中寻找，那里有很多新内容。这说的是第二个意思，也就是新"巴山轮"论坛的主题。

第三，感谢大家。非常感谢新"巴山轮"论坛的组委会，感谢国家发展改革委国际合作中心对人民大学的信任，把这次论坛交由我们来主办。当然我也非常感谢中国人民大学发展改革研究院、重阳金融研究院的同事们，他们对这个论坛做了很好的筹备工作。他们有很强的信息传播能力。

我要非常感谢我们30多位专家学者，包括主持嘉宾、致辞嘉宾和演讲嘉宾。当然我还得感谢我们到会的媒体朋友，你们对2017新"巴山轮"会议做了很好的报道，很正面的报道。我们要善于与媒体朋友沟通、做朋友，要善待媒体。最后，要感谢包括昨天和今天坚守了一天半的各位专家、各位听众、各位同学。非常感谢大家！

推动金融学科在新时代的
繁荣与发展

——在"中国人民大学金融学科
第一届年会"上的演讲

【作者题记】

这是作者 2017 年 10 月 21 日在"中国人民大学金融学科第一届年会"时的演讲。本次年会以"全球视野下的金融学科发展"为主题。"中国人民大学金融学科年会"是作者倡导设立的。

中国人民大学金融学科第一届年会，是在一个特殊的时期召开的，是在一个特别的背景下召开的，正值党的十九大隆重召开之际。10 月 18 日，我们专门收看了十九大召开的盛况，收听了习近平总书记的报告。在习近平总书记对人民大学校庆 80 周年的贺信发表之际，在人民大学校庆 80 周年之际，在人民大学被国家明确为"双一流"建设的大学之际，在这么四个极其重要的背景下，我们召开了第一届中国人民大学的金融学科年会，背景深远、意义重大。

金融学科首届年会的目的是：厘清人民大学金融学科的发展现状，发现问题，找出差距，明确目标，把握学科建设的重点，推动人民大学金融学科的繁荣和发展。

一、人民大学金融学科的传统与优势

人民大学的金融学科，是人民大学过去八大系所确立的重点学科之一，也就是说人民大学在创校之际就有了金融学科，当时的财政信用系是人民大学的八大系之一，其中这个系非常重要的一个专业，就是今天的金融专业，这个专业在人民大学已有 67 年的时间。67 年来，人民大学金融学科的发展伴随着我国社会主义建设、改革开放的历史进程，是与我们国家同呼吸、共命运，一块儿成长起来的。我们最早是通过学习借鉴苏联的理论和经验，后来也学习借鉴西方国家的货币、银行、金融理论，以此为基础，结合不同时期中国的实践逐步形成了我们自己的金融学理论。这其中，具有代表性的学术成就之一，是《社会主义财政金融问题》，它是由黄达、陈共、周升业、韩英杰等前辈著述的一部教材。这部教材对我们这一代人包括在座的王国刚教授、贝多广教授在内的相对年青一代学者的影响非常大，在一定意义上说，奠定了我们这代人货币银行学的一些基本概念。当然，那个时代人民大学金融学的巅峰之作，当属黄达教授所著的《财政信贷综合平衡导论》。黄达老师这部理论著作，我认为是在那个时代、那种金融结构下对财政金融关系，特别是货币、银行金融运行做了极其精致、科学、准确的概括，是那个时代货币金融理论的结晶。黄达老师那本书我反复研读，除了读内容，更重要的是学习其中的研究方法、分析框架。他创造了一个时代的辉煌。

随着中国经济体制改革逐渐深入，中国的经济结构、经济形态发生了根本性的变化，社会主义市场经济体制逐步建立起来了，以市场为基础、为核心来配置资源的机制开始形成，其中市场化的金融在资源配置中开始发挥核心作用，金融结构悄然地发生重大变化。金融的市场化进程明显加快，中国金融的开放也在有序地推进，科技对金融的影响力前所未有地显现，中国金融的结构、业态、功能都在发生重大变化。在这种背景下，中国人民大学金融学科的教师紧密联系实际，关注中国的变化，迎来了一个多元的繁荣发展时期。人民大学金融学科多元的繁荣发展，得益于中国丰富的经济活动和改革实践，得益于这样一个大的变革时代，给了我们这样一个富有内涵、具有巨大研究价值的对象。中国人民大学的金融学科比中国任何一所大学金融学科都更具有多元化发展的特征。多元性是学科繁荣的基石，也是学科繁荣的标志，因为有差异才会有进步。中国人民大学的金融学科跟上了时代前进的步伐，没有落后，不像某些学科在20世纪80年代还非常著名、非常有影响力，但由于它们没有跟上时代的步伐，还固守那套过时的理论，所以落后了、落伍了。学科没落的根源在思想的僵化。理论研究必须坚守两条：一是解放思想，跟上时代前进的步伐；二是了解中国不断变化的现实，在丰富的社会经济活动中寻找新的规律。经济理论之树常青，源于吸收丰富经济实践的养分。

人民大学金融学科适应了时代的变化，已经进入多元发展的时期。我们不但进一步完善了货币银行理论，也形成和发展了资本市场理论。货币银行理论是我们的传统优势。现在的货币银行理论与30年前和20年前不一样了，货币形态、货币功能、货币发行、货币政策的传导过程都不一样了，甚至什么是货币，如何划分货币都发生了重要变化。货币银行理论、信用理论等，这些过去都是人民大学金融学科的传统优势，它们没有停滞，没有僵化，而是与时俱进，内容在不断完善和丰富。与此同时，由于金融的市场化趋势，金融结构和金融功能发生了重大变化，金融功能已由过去主要以融资为主，渐进过渡到融资和财富管理并重的时代，金融的结构层面发生了重大变化，通过金融市场来完成投融资趋势非常明确，证券化金融资产的比重在逐步提高。所以，在人民大学的金融学科中，对金融市场特别是资本市场的理论和政策研究，已经走在了全国高校的前列。

与此相适应，对金融衍生品的理论研究也有了长足的进展，包括资本资产定价、衍生品定价、风险管理等领域都有了新的研究，弥补了人民大学金融学科在这方面的不足，进一步完善、丰富了人民大学金融学科的内容。回想起来，这完全得益于人民大学金融学科的学术自由，得益于人民大学宽松的学术环境，得益于黄达老师的包容精神，得益于社会宽大的胸怀。对此，我深有感触。虽然今天我们用国际一流标准看，人民大学金融学科还有很多不足，但在不断地完善学科结构、进一步丰富学科内容方面，这是确信无疑的。没有学科结构和内容上的完善，人民大学金融学科很难有实质上的进展。

人民大学金融学科横跨四大学院、三个研究机构，在人民大学几乎没有任何一个学科能有如此宽广的横跨面。这种现象，一方面说明金融学科是显学，另一方面也是学科繁荣发展的标志。财政金融学院是人民大学金融学科的主体，经济学院、商学院、汉青研究院和重阳金融研究院、金融与证券研究所以及普惠金融研究院的金融研究从不同方向丰富了我校金融学科，提升了我校金融学科的竞争力。这些身在不同学院和研究机构的金融学者相互支持、相互切磋、相互尊重、共同进步。同时，我校创造宽松的学术环境，鼓励学科在院系、结构和内容上多元发展。所以，人民大学金融学科才会有今天这样百花齐放的局面。

二、人民大学金融学科的不足和现代金融理论的发展趋势

我刚才讲了人民大学金融学科的成就。成就固然要讲，讲成就是为了鼓信心，但是我们不能沉浸在过去的成就之中、满足于现状，要看到人民大学金融学科的地位受到了越来越严峻的挑战，我们在一些研究领域已经不具有优势，这些领域甚至可能是未来金融学发展的重点。对人民大学来说，金融学科在全国理应处在领先的地位，这是学校"双一流"建设给金融学科赋

予的任务。如果人民大学金融学科都不能在建设世界一流大学、一流学科中发挥独特作用，如果人民大学的金融学科不能在我国高等院校金融学科中处于领先地位，那就是我们这一代人的失职和无能。所以，我们必须清醒而深刻地看到问题所在，把握金融学科未来发展趋势，深入研究未来金融改革的实践。

把握未来金融学科发展趋势很重要。我和财金学院的一些老师会经常沟通，听听他们想什么，研究什么，从这当中看看他们的研究是不是停顿了。有些老师很长时期的研究内容似乎没有变化，似乎仍停留在 20 世纪 80—90 年代，几乎没有任何进展。实际上，现在的金融已经发生了翻天覆地的变化，不能固守那些落后、陈旧的理论。刚才刘伟校长在他的致辞里面专门提到，诺贝尔经济学奖在最近 20 年差不多有一半是授予与金融有关或者直接授给金融学教授的，从这一点可以看到金融学在整个经济学中的地位。现代金融理论在经济学理论体系中的作用越来越大，金融对经济社会的影响越来越大。现代金融现象复杂而变幻莫测，值得研究的问题很多，在金融结构高度市场化之后更是这样。

我记得，1981 年诺贝尔经济学奖授给了托宾（Tobin），那时的金融理论还是传统意义上的金融。到了 1990 年，诺贝尔经济学奖授予了马柯维茨（Markowitz）、夏普（Sharpe）和米勒（Miller）三位教授，开启了现代金融理论的新时期，现代金融理论进入快车道。之后越来越多的诺贝尔经济学奖授予了金融学或者跟金融学有关联的教授，内容与公司金融和市场定价有密切关系。例如，1997 年诺贝尔经济学奖分别颁授给罗伯特·默顿（Robert C. Merton）和迈伦·斯科尔斯（Myron S. Scholes），他们的主要理论贡献是期权定价理论。2013 年诺贝尔经济学奖分别颁授给尤金·法玛（Eugene Francis Fama）、彼得·汉森（Lars Peter Hansen）和罗伯特·席勒（Robert James Shiller）。虽然法玛的有效市场假说和席勒的资产价格实证分析在理论框架上完全不同，但似乎从两个完全不同的方向解释了资产价格及其变动。2016 年诺贝尔经济学奖分别颁授给奥利弗·哈特（Oliver Simon D'Arcy Hart）和本特·霍姆斯特罗姆（Bengt Robert Holmström）。2017 年诺贝尔经济学奖颁授给理查德·塞勒（Richard H. Thaler）。其中，霍姆斯特罗姆和塞勒被认为是行为金融学的重要奠基人。行为金融理论或者说新金融理论是金融理论的重要发展方向，但在最优决策、充分竞争、信息透明、理性假设和一般均衡等基础上构建的现代金融理论似乎仍在金融学界处于主流地位。有时我也在思考，一般均衡是非均衡的特殊状态，还是非均衡是一般均衡的特殊状态。在我们的研究中，一般均衡是常态，是理论研究的前提。但现实中，金融危机实际上偏离了这个所谓的常态。在市场有效假设看来，金融危机只是一个例外。多数金融学家的研究似乎都遵循一般均衡的理论分析架构，获奖的多数也是沿着这个理论架构去做研究。但是，包括希勒（Shiller）、塞勒（Thaler）在内的行为金融学者的研究，显然已经抛弃了一般均衡的分析框架，试图解释一种特殊的状态。

我想说什么呢？我想说，这就是金融理论发展的基本态势。关注风险的发生，研究风险的定价，分析风险定价的逻辑和因果，研究是什么因素推动价格的偏离，这些都是金融学者们十分关注的问题。

现在和未来，或许科技与金融的结合是我们研究的重点。我认为，两大力量推动着现代金融的变革：一是市场力量，也就是金融脱媒的力量；二是科技的力量。科技的力量是更高级的脱媒力量。市场和科技共同推动了金融结构的变革，这就是金融未来的基本趋势。沿着这个基本趋势会衍生出一系列新问题。传统金融理论，包括今天所构建出来的基于一般均衡的金融理论，可能无法解释那种现象，因为金融的基因发生了变化。当高科技内置于金融体之后，整个金融的基因会发生重大变化，这个对我们今天已经形成的金融理论会提出全面挑战，包括最基础的货币理论。什么是货币，今天已经有一些模糊了，或许会有新的定义，至少对货币的划分层次这个标准已经发生了动摇。传统金融学教科书上关于 M_0、M_1、M_2 的划分标准是清晰的，但现在模糊了。这些最基础的概念开始发生了变化。还有，对金融赖以生存的信用的内涵、外延也已发生了变化。什么是信用？如何观测信用？如何度量信用？信用的边界在哪里？这些都将或已经发生了根本性的变化。我的意思是，金融研究一定要与时俱进，一定要关注中国金融的深刻变革。把中国金融的问题研究清楚了，实际上也就把金融领域中 90% 的问题研究清楚了。

我非常不喜欢金融的"八股风"或"洋八股"。我们有一些海外归来的学者，有先进的研究方法，我特别希望他们用这些先进的方法，去研究中国金融改革开放中遇到的问题，研究中国日益复杂的金融结构，不能只停留在用一系列美国的数据研究金融问题，以此说明金融的一般趋势。中国学者不研究中国问题，不会有太大的前途。

三、未来中国金融的三大特征

人民大学的金融学者要关注中国金融改革开放和发展的实践。我认为，未来中国金融的发展趋势有三大基本特征。

一是证券化。中国金融结构的证券化是一个不争的事实，过去有人不赞同这种看法，事实上，趋势已经非常明显。从融资和投资两个方向看，证券化金融资产的比重在提升，证券化金融资产的规模在增加。这种趋势必然改变现行的金融结构，必然改变金融风险结构。金融不关注风险，必然走上不归路。但是关注风险不是静止地关注，而要关注结构变革引起的风险结构的变化。中国金融监管体制改革不是空穴来风。

二是科技化。科技对金融的渗透比以往任何时候都要广泛而深刻。中国金融在全球实现弯道超车的一个典型就是科技金融。以第三方支付和支付宝、财富通为代表的支付革命，对中国金融变革作出了重大贡献，我对此给予高度评价。科技改变金融业态，提升金融效率。

三是国际化。中国金融要成为全球金融体系中的重要组成部分，这是基本趋势。中国金融要成为国际金融的重要组成部分，中国资本市场成为国际金融中心，只是时间问题。人民币成为完全可自由交易的货币，成为国际货币体系中具有储备功能的国际货币，只是时间问题。这是中国金融国际化趋势的核心内容。中国是个大国，我们必须通过金融市场来配置全球资源，为我所用。

进一步发展人民大学乃至中国的金融学科，丰富金融理论，对此，我们已经有了很好的条件，现在不能说没有必要的硬条件。教授们都有自己独立的研究室，有相对充裕的科研经费，有丰富的金融活动，有宽容的学术环境，具备了繁荣发展人文社会科学包括金融学科的基础硬条件，剩下来就是要解放思想、刻苦钻研。我们不能消极地等待时机，要善于观察时机，主动捕捉时机。解放思想、刻苦钻研现在对我们非常重要。现在请老师们出国学习、研究比以前难了，不少人都不太愿意出国学习了，出国学习似乎变成了苦差事。以前出国争名额，现在有点贪图享乐了。

人民大学金融学科人才济济，涉及四个学院、三个研究机构，有 100 多位专职教师，加上兼职研究人员，有超过 120 人的人才队伍，其中有 50 多位教授，25 位海外博士，8 位二级以上教授，7 位长江学者特聘教授，2 位杰出青年，3 位千人计划人才和万人计划人才等。有了这些人才，我们一定可以创造人民大学金融学科的新辉煌。

中国金融学科乃至中国人文社会科学要以探索真理、报效国家为己任，两者是统一的。我们一定要为我们国家金融的改革、开放和发展贡献自己的智慧，努力推动社会进步。习近平总书记对人民大学 80 周年校庆的贺信中有一条要求：扎根中国大地。这个要求对我们金融学科非常重要。所以，我们一定要深入研究中国的问题，解决中国改革开放遇到的金融问题，为决策提供咨询。高质量的、负责任的咨询一定来自高品质的科学研究，源自深厚的理论功底，没有深厚的理论研究作支撑，咨询也好，智库也好，都是误事、误人、误国。所以，首先要把学问做好，为国家咨询才能做得更好。我相信，中国人民大学金融学科在新的历史时期，在中国特色社会主义新时代一定能够创造新的辉煌。

未来五年中国应完成
人民币自由化改革

——在第五届（2017）"华夏基石十月
管理高峰论坛"上的演讲

【作者题记】

这是作者 2017 年 10 月 28 日在第五届（2017）"华夏基石十月管理高峰论坛"上的主题演讲。

非常荣幸能够参加这样一个管理学界的盛会。时间转瞬即逝，上一次华夏基石的十月论坛，似乎才刚刚过去。这说明我们大家都过得非常快乐、充实，也说明大家都生活在一个快乐的时代、一个梦想的时代，而不是在痛苦中忍受时光的流逝。

从 1978 年至今，改革开放已经走过了 40 年的时间，比起当初，中国已经发生了翻天覆地的变化。40 年来，我们遵循邓小平同志的解放思想、实事求是和改革开放的总路线，把一个贫穷、落后、封闭的国家建设成了一个富裕的、开放的、有理想的国家。当前，我们又在进入一个新的时代，新的时代会为我们带来无限的遐想。

我也在反复思考，新的时代到底新在哪里？很多学者正在做很好的研究和概括。首先，政治上反腐败已经成为一种常态。经济上，会更加自由、活跃，人们创新和创业的积极性已经达到了一个新的高度。所以，新的时代一定会更加开放，未来的中国将会日益接近世界舞台的中央，日益成为在全球发挥重要作用的国家。而要想成为经济意义上的世界强国，金融是一个绕不开的话题。

在现代经济生活中，金融是一个国家的命脉，是国家经济的核心和基石。有人会认为，这一论调没有体现出对实体经济的重视，所以我还要再加上一句话，就是金融的发展是以实体经济为前提的。离开了实体经济，金融就会泡沫化。所以，金融的天职是为实体经济服务。在党的十九大报告中，有关金融的阐述包括："深化金融体制改革，增强金融服务实体经济能力。"这个定位非常明确，即金融必须为实体经济服务，并且这个服务必须要以深化改革为前提。

未来五年，我国要实现小康生活的目标，我相信这一目标到 2020 年会实现。目前，中国的人均 GDP 是 8 600 美元，到了 2020 年，这一数字将会达到 1 万美元。尽管听起来仍然没有达到世界公认的发达国家的水平，但是已经迈入了中等收入偏上的小康社会，是一个相对富裕的国家。所以，这五年将是一个非常重要的阶段，我们会为未来构建现代化的国家，为实现全面小康生活奠定基础。

我们国家的更长远的目标是要在 2035 年实现社会主义现代化。未来的五年将是中国不断开放的五年，尤其是中国金融将处于不断开放的状态。可以观察得到的是，我们有很多领域都实现了较高的市场化水平，应该承认，改革开放是非常成功的。但是在金融这个最为重要的领域，我们的市场化程度还相对滞后，开放程度也比较有限。在未来 5 年，大家将会看到，中国的金融将会发生比以往任何时候都要大的变化，甚至可能是极其重大的变化。

变化的力量来自哪里？我认为，主要来自两点。

一、市场化的力量

市场化的力量主要来自实体经济对金融多样化的需求，进而推动中国金融市场化变革。

市场化变革最核心、最重要的标志，来自市场配置金融资源的作用会显著增强——这是我们必须要看到的基本趋势。具体地说，就是国家利用证券化工具和产品来完成融资和投资过程的规模化比例将会提高，无论是融资还是投资，证券化金融资产的规模和比例在现有金融资产中的比重将会提升，这是市场的力量。

因为党的十九大报告的涉及面非常之广，金融所占的版面不可能过多。但是，它所提到的每一句话都非常重要，包括"大力发展直接融资"。尽管这句话并不是最新的提法，但是在如此重要的场合重申，其内在的逻辑是非常强的。我认为，它所强调的是：市场在配置金融资源中的比重要提高，要通过发行股票债券等证券化的产品完成融资，实现投资的过程。从这个意义上说，中国金融的结构会发生重大的变化。

在过去 10 年，也就是 2008 年全球金融危机以来的 10 年，中国的金融结构，或者更进一步地说，中国的金融资产结构已经发生了重大的变化。10 年来，在中国的金融资产结构中，证券化金融资产的规模已经达到了 110 万亿元到 120 万亿元，全社会金融资产从狭义口径来说，已经达到了 210 万亿元到 220 万亿元，中口径达到了 260 万亿元，宽口径是 360 万亿元。无论是窄口径、中口径还是宽口径，证券化金融资产已经从过去的 10%、20%、30%

发展到了 30%、40%、50%。这个进步是明显的，推动的力量来自脱媒、来自市场化。市场化推动了中国金融的进步。融资和投资活动越来越多地与金融中介脱离，投融资活动正在走向市场化。过去，在相当长的时期里，市场对金融脱媒的作用是非常有限的，受到了抑制。我们试图维持一个以传统商业银行为核心的金融体系，并且认为这种金融体系是非常有效率和安全的，但实则不然。我们对金融风险的理解非常狭隘，以为价格有波动就是有风险，所以，在管理现代金融的时候将主要的目标聚焦在了对价格的调控上。实质上，价格的波动是现代金融的基本特征，是风险的释放而不是风险本身。所以，我们要高度理解市场对中国金融变革的重要性。

建立在这样的理解上，不少人希望推动资本市场的发展，或者说通过市场发展推进中国金融结构的变革。未来的 5 年，会是资本市场发展的 5 年，这是有逻辑支持的，并不是一句虚无的口号。

大力发展资本市场有没有其必然性呢？当然有。必然性主要来自市场的力量，来自市场对融资脱媒的力量，来自居民多元化的金融需求，特别来自居民收入增长之后，要求社会提供丰富、多样、可以自由选择的金融资产的要求。这是金融的任务，必须创造这些具有流动性和透明度的金融资产。

二、科技的力量

对中国金融而言，科技从来没有发挥过如此大的渗透力，从来没有产生过如此颠覆性的影响。金融有很多特质，需求面广，人人都会跟金融打交道，产品容易标准化。更为重要的是，金融领域的覆盖面非常广阔，有着丰厚的利润，这些都能够吸引高科技的关注和介入。所以，高科技和金融的结合将会改变金融的 DNA，会改变金融的业态，传统的金融理论将无法解释科技金融的现象，并颠覆人们的认知。因而，我们需要重新认识现代金融。

科技对金融的渗透是中国实现金融弯道超车的重要力量，是中国金融变革最重要的推动者。这其中，最为重要的力量是互联网金融。虽然，今天的互联网金融被污名化了，被各种"马甲"所污染和亵渎，但实质上，互联网金融最具代表性的是基于移动互联的第三方支付。第三方支付改变了中国金融的支付业态，推动了中国金融的支付革命。如果说，资本市场的发展使中国的融资发生了革命性的改变，使其走向了市场、走向了直接融资，那么，第三方支付就是中国金融支付业态的革命。金融有三种最基础的功能：融资、支付和财富管理，中国金融在这三种基础功能方面正表现出根本性的变化。

因为这两种力量推动了金融的变革，从而在未来5年，中国金融的第三方支付从传统金融的状态中抽离出来，克服种种缺陷，满足现代经济运行的要求，进而推动了中国金融的进步。也正是由于金融的变革，未来5年的中国金融发生重大变化的逻辑是成立的。

未来金融的变化主要会表现在这么几个方面。

1. 中国金融的功能将会发生根本性的变化，将由原来的以融资为主过渡到融资与财富管理并重的时代，这意味着资本市场的作用会大大提高。

2. 人民币在未来5年内一定会完成自由化改革，成为完全可以自由交易的货币，为未来人民币成为国际储备货币奠定基础。

国际货币体系的改革也是未来5年的重要任务。其中，人民币在国际货币体系中的作用和比重会明显提升。这不仅仅指在国际货币基金组织特别提款权中的比重，而是在贸易结算、国际储备市场中都会发挥重要的作用。人民币实现国际化，成为一种国际性的、重要的储备货币是中国的金融梦想，希望有朝一日，我们怀揣人民币，到非洲、欧洲和美洲的任何地方都可以自由兑换成你所需要的货币。但这需要我们作出认真思考，人民币在国际化的进程中，需要处理好哪些问题？

人民币的国际化不会是一帆风顺的，还会碰到很多内部和外部因素的约束。内部因素主要在于如何维护人民币的长期信用，如何让全球投资者觉得人民币是可信赖、可保值和稳定的。对此我们要作出很多努力，包括改善我们的法制环境、提高法治水平；包括维护人民币的信用基础，不能通过多发货币来维持本国经济的短期增长；要在维护短期经济增长和维护人民币长期信用之间作出平衡；等等。这些都是在人民币国际化的过程中，始终需要处理好的问题。

我们现在 M₂ 规模很大，广义货币达到了 166 万亿元人民币，接近 170 万亿元。到 2017 年中国 GDP 大约达到 80 万亿元，比例是比较高的。这个比例在全世界主要经济体里面是最高的。美国当前的 GDP 是 17 万多亿美元，M₂ 是 14 万亿美元，比例大约在 0.8。所以，摆在我们面前的现实是，如何消化过大存量的 M₂，如何平衡与疏导过大存量的 M₂ 对资产价格和人民币汇率的压力。

同时，人民币国际化外部也存在很多压力，其中最大的压力来自美元。人民币在未来将成为国际重要的储备性货币，但不会取代美元，仅仅会在国际货币体系里面占据应有的地位。

3. 完成中国金融体系的国际化，要把中国市场构建成全球新的金融中心，这是中国作为一个大国的必备要素。世界上任何一个周期性大国的金融都是全球性的，中国在未来的发展过程中，其金融体系、金融市场应成为全球新的金融中心。这个金融中心将在上海和深圳，是人民币计价资产的交易中心和配置中心，是全球两大资产配置中心之一。这些都是我们未来的战略目标，要实现这一系列目标，前途非常光明，但是有诸多非常繁重的事情要做。

总结地说，我们将要进入具有中国特色社会主义的新时代。从金融的角度解读，会发生三个变化：一是金融结构的重大变化，资本市场将被建设成为透明、多样、流动性好的财富管理市场；二是初步实现人民币国际化；三是中国的金融市场或资本市场成为新的国际金融中心，将和纽约、伦敦相提并论，成为全球三大国际金融中心之一。让我们为此而努力。

网联不能成为新金融的寻租者

——在"2017 中国普惠金融国际论坛"上的演讲

【作者题记】

这是作者 2017 年 9 月 22 日在"2017 中国普惠金融国际论坛"上的开幕演讲。

中国金融改革到了一个关键的时候。我们经过这些年的市场化改革，中国金融结构性改革的时代已经来临。有时候要想一想，金融是做什么的，金融最终的目标是什么。金融一个非常重要的功能就是要提高社会的福利水平，提高金融的福利水平，最广泛地服务于社会。通过这种最广泛地服务于社会来提高金融的效率，推动经济的增长。这其中包含了金融要为社会的公平和效率作出贡献。

中国金融经过这些年的改革，取得了很大成就，在普惠金融方面也获得了很大发展。但是，从总体上看，离普惠金融的目标还有一定的差距。刚才易纲行长说了，普惠金融六个方面的内容有：汇款、存款、贷款、支付、保险和征信，可能还要再加一个就是财富管理。也就是说我们在汇存贷和支付以及财富管理方面，中国金融对中低收入阶层以及小微企业的服务水平还有待提高。由于中国金融市场化的程度不是很高，过去相当长时期里，主要还是服务于大客户，服务于富人，特征比较明显。现在我们离普惠金融的目标有较大的差距。要达到普惠金融的目标，我们必须推动中国金融的结构性改革。

这里，结构性改革的重点主要表现在这么几个方面。

第一，推动中国金融市场化改革。没有市场化改革，就没有竞争，没有竞争就没有压力，传统金融的长尾客户的服务就达不到。所以说，市场化改革仍然是中国金融结构性改革的重要内容。

第二，推进中国金融资产结构的调整。普惠金融必须通过相应的金融工具来实现其对客户的服务。没有相适应的金融工具，服务就到不了长尾客户，所以，推动中国金融在工具或者资产方的改革，是推动中国金融结构性改革的重要方面。为此，要加大金融工具的创新，推动中国金融资产证券化规模的扩大和比例的提高，这与金融市场化改革是匹配的、一致的。

第三，金融结构性改革的有效途径是业态改革。过去的业态，是基于物理和时间空间的约束。实际上，金融服务应该跨越时空限制，这就要改善中国金融的业态。业态的变化必须通过科技的力量。没有科技的力量，金融跨越物理和时间约束的改革是难以完成的。所以，我们必须重视科技对金融的作用。在中国金融业态的调整和改革中，得到大家一致赞同的是第三方支付。互联网金融虽然在发展过程中出了某些问题，但是它对推动中国传统金融业态的改革还是起了重要作用，尤其对理念的改革和调整起了极其重要的作用。

在互联网金融业态中，最成功的也是对传统金融产生重大影响的是支付业态的变革。在存、汇、贷、支付和财富管理五个方面，互联网金融在"贷"上只是一种补充，不可能对传统金融起到颠覆性的作用。至于支付清算的功能，新金融业态对传统金融可能会产生颠覆性影响。虽然现在占主导作用的仍然是传统金融的支付，但这是在受到约束的情况下。第三方支付、新金融支付业态，实际上无形地或者有形地受到了某种政策约束。稍微松松，就会对传统金融的支付功能产生颠覆性影响。

中国金融跨越了西方金融的一些发展阶段。中国传统金融正在"脱媒"，这从金融资产占比变化、证券化资产规模的不断增加中得到了印证。也就是说，传统意义上市场脱媒中国也在进行，只不过相对慢一点。但是，更为重要的是，新的脱媒形式出现了，即对传统支付形式的脱媒在加快，在这个方面，超越了西方金融的发展速度。也就是说，在中国，科技的力量，特别是信息技术的力量把传统金融支付的功能正在网络化、信息化。而这正是推动中国金融进步和经济增长模式转型的重要力量。电子商务、网上消费与支付业态的变革有密切关系。消费模式的变化是中国经济增长模式转型的推动者。所以，在这方面，中国与美国、欧洲、日本相比，应该说实现了某种意义上的弯道超车。

中国有着悠久的历史。现在中国农村都已经开始慢慢进入无现金社会，或者说现金支付占比很低，卡支付的比重也在迅速下降，这是普惠金融的重要表现。老百姓在金融服务中能否享受到快捷、方便、安全、高效和低成本的金融服务，是能否实现普惠金融的核心标志。支付服务，第一要便捷。传统金融支付为什么受到了挑战，是因为它不便捷，很烦琐。第二是要安全。没有证据表明，新的支付业态的风险会大于传统支付。第三是低成本。最近我看到了要成立网联，我对网联持观望态度。2018 年 6 月 30 日就要成立，我不知道网联的成立对消费者支付的成本是提高了还是下降了，如果它一样能做到便捷、安全、低成本、高效率，那就是好的改革。如果提高了成本，网联成为寻租的机制，那就有问题了。评价金融制度创新的标准，就是看金融服务是不是便捷、安全、低成本和高效率。如果能做到这些，那就是真正的金融创新。金融业态的改革是中国金融结构性改革，从而迈向普惠性金融的重要途径。

我认为，普惠性金融是金融服务的新境界。中国金融要为中低收入阶层、小微企业提供安全高效的金融服务，这是中国金融改革的重要目标。在公平和效率之间，金融要寻找到平衡。如果只重视效率而忽略了公平，金融的普惠性就会受到伤害。一定要在两者之间找到平衡，让社会各个阶层、各类企业都能享受到与其风险相匹配的金融服务，这是我们发展普惠金融的根本宗旨。

中国金融体系正在过渡到
双重风险结构时代

——在"第六届（2017）金融街论坛"上的演讲

【作者题记】

这是作者 2017 年 9 月 15 日在"第六届（2017）金融街论坛"上的演讲。

一、关于中国金融风险结构

中国金融正处于关键的结构性转型时期，金融结构正在发生重大变化。这一变化最重要的标志就是金融资产的结构发生了变化，无论是从宽口径、中口径还是窄口径来看，证券化金融资产的占比这些年都有明显的提升。从窄口径看，差不多占到 50%，从中口径来看，占到 40%，从最宽的口径来看，也占到 30%。中国金融资产最宽的口径规模是 360 万亿元人民币，中国证券化的资产规模大约 110 万亿元人民币，股票市值加债券余额，110 万亿元左右。这个指标表明，金融体系的功能正在发生重大变化，开始从融资为绝对主导的功能转向融资和财富管理并重的双功能时代，这符合现代金融发展的趋势。

由于金融的基础结构发生了变化，金融的风险结构也在悄然发生变化。过去证券化金融资产占比较低，规模较小，金融体系以融资为主导，财富管理的功能比较弱，金融机构特别是商业银行占据绝对主导地位。

当然，今天中国的商业银行也占据着非常重要的地位，从这个意义上说，过去谈风险主要看金融体系中的金融机构，特别是商业银行的资本是否充足。所以，在中国金融监管指标体系中，资本充足率是最基础性的指标，其他的指标都是由此衍生出来的。这种监管重心与风险结构是匹配的。其监管的逻辑是，通过资本充足来对冲未来潜在的不确定性，以此衰减和冲销金融机构风险的外溢，用充足的资本来对冲金融机构的风险。这个思路当然没有问题，从《巴塞尔协议Ⅰ》到《巴塞尔协议Ⅲ》都是沿着这样的思路展开的。

但是，这些年来我们发现，中国金融资产结构发生了重大变化，与此同时，风险结构也发生了相应变化。大家都知道，证券化金融资产的风险主要来自透明度，来自产品的信息披露。由于资产结构发生了变化，中国金融体系的风险正在由过去的资本是否充足为主，慢慢过渡到资本是否充足和市场是否具有透明度并重的时代，从单一风险结构时代开始过渡到双重风险结构时代，这预示着中国金融体系的进步。

由资本不足风险转向资本不足、透明度不足并存的双风险结构，意味着金融体系的风险开始流量化了，这是非常有趣的现象。

我们有时谈金融监管改革谈得比较多，其中一个重要的问题是没有找到推动金融监管改革的原因。之所以要推动金融监管改革，一定是原来的监管架构难以覆盖新的风险，难以阻止新风险的外溢，难以使新风险衰减。只有对基础资产的结构以及风险结构的变化有了透彻的了解，才能找到金融监管改革的逻辑。

现在科技对金融的影响日益明显。科技与金融的结合改变了金融的业态，甚至改变了金融的 DNA，风险虽然形式上一样，但内涵和源头完全不一样。这就如同科技对金融的渗透改变了风险的内在特质，以为还是普通感冒，实际上已经变成了 H7N9 了，这就是科技对金融的影响。我们必须深刻理解科技与金融的结合对金融意味着什么。

如果对金融结构变动趋势和科技与金融结合的意义缺乏深度理解，所有的风险防控都会套用落后、原始的指标和方法。这将会阻碍中国金融的进步，会将其拉回到传统金融架构中，将使新金融业态的发展受到严重阻挠。我们要厘清金融发展的逻辑。

我经常会思考，面对新金融业态，风险防控指什么？有什么新准则？比如说，互联网金融的风险标准是什么？监管准则又是什么？因为风险的性质与传统金融相比，完全不同了。我想说的是，我们必须对中国金融基础部分所发生的深刻变化有深度的理解，这个课题才能做好。

二、关于中国金融人才培养

组委会要我讲讲中国金融人才的培养。中国金融的战略目标非常清晰，就是要建设现代金融体系，要建设新的国际金融中心，要使人民币成为全球有影响力的国际货币，要使中国金融市场特别是资本市场成为全球重要的资产配置中心，这是中国金融改革的蓝图和目标。但是，从这个目标来衡量，中国的金融人才严重不足，中国金融教学比较落后。我本人担任了全国金融专业学位教学指导委员会的副主任委员，我们每年都要开会，要勾画出一些改革重点。

其中最难的是什么呢？第一，是师资。金融师资的知识结构非常老化，多数还停留在传统时期，停留在商业银行占绝对主导地位的时期，漠视市场的发展，漠视金融结构发生的重大变革。现实要求师资的金融知识结构要进行重大转型，仅靠原来传统的货币理论，传统风险类型的认识，是不够的。

我曾经和其他专家一起写了一本教材《金融理论与方法》。这本研究生教材，从古典金融理论到现代金融理论，都收纳进去了。这本教材写得很辛苦，提纲就写了半年，因为要从最基础的金融学理论写到最前沿的知识，并把它们逻辑地连在一起。这本教材写完后，有一位教授同我讲，这本教材一个人是讲不了的，最少也得三个人讲，因为跨度大。一是要了解金融的发展，中国金融的未来，金融结构的变革趋势，特别是科技与金融的结合意味着什么。二是要了解金融理论的发展。三是要了解中国金融的现实。对师资来说，这是一个挑战，所以每年我们都要培训师资。

第二，观念的束缚。一些大学的金融学院的教学方案是相当陈旧的，不适应金融的变化。他们把商业银行作为特别重要、最核心的课程。对货币和银行来说，我认为仍然是非常重要的课程，但是金融市场、资产定价、风险管理，显然是现代金融最核心的内容。在中国金融的教学中，这些内容被边缘化了，占比非常小。

第三，在金融人才培养中，对科技的把握，对科技与金融结合的理解，更是不够。很多朋友咨询我，他的小孩想学金融，问我从哪里开始学。我大体上都会说，必须从数学开始，数学、统计学是要学好的。同时，要有扎实的宏观经济学知识，不要从本科就学金融，那是没有出息的。金融学中还有非常多的内容，从货币理论到信贷理论，到资本市场理论，到定价、风险管理等。中国金融人才的培养有一种急于求成的想法。实际上要把数学学好，统计学学好，后面的事就好办了。

第四，很重要的就是国际视野。中国金融是要开放的，这是大势所趋。中国金融市场成为国际金融中心是时间问题。如果没有国际视野，没有对国际金融市场规律的把握，很难适应未来的发展。

第五，一定要有风险意识，不能有赌徒心态。所有从事金融研究或者学习金融的人，首先不能有赌徒的心态。银行家和投资银行家有重要区别。对银行家来说，风险控制绝对排在第一位。对投资银行家来说，开放、创新和敏锐变得非常重要。对这两类人员的要求是不一样的。

第六，道德底线和法律意识。中国现代金融人才的缺乏，是中国金融现代化最主要的瓶颈之一。人民大学金融学科的综合实力在全国高校处于领先地位，我们将作出表率，培养出更加合格的现代金融人才。

中国金融正处在重要的变革时期

——在"德州资本技术论坛"上的演讲

【作者题记】

这是作者 2017 年 8 月 3 日在"德州资本技术论坛"上的演讲。

非常荣幸参加中国德州资本技术交易大会。我参加的论坛非常多，这个名称非常有意思，叫资本技术交易大会。我还问过组委会的同志，怎么理解资本技术交易大会，是指资本和技术交易大会，还是资本技术的交易大会，后来他们告诉我，是资本和技术的交易大会，这个面就非常宽了。

中国的经济发展，四个元素非常重要，"融资融智融天下，创新创业闯天下"，这两句话非常重要，把未来中国经济发展所需要的四大元素都体现出来了。

一是人才。人才在任何时候对中国来说都是至关重要。我们过去叫劳动力，生产要素的三要素中，劳动力放在第一位，劳动力更重要的是人才，就是我们所说的融智。人才在今天的中国生机勃勃，他们需要舞台（平台）、合适的制度安排，要是没有舞台（平台）、没有合适的制度安排，人才也难以发挥作用。

二是融资。融资是指金融或者资本的价值，也就是金融或者资本也是经济发展的第二个元素，所以资本技术交易大会在这个意义上说起着非常重要的作用。

三是技术。中国的产业相对落后，经济发展需要的是技术。供给侧改革的核心是结构改革，而结构改革的核心是提高整个中国经济技术的含量。推动技术到产业的转化，是供给侧改革非常重要的内容，所以新技术变得非常重要。

四是制度。制度的改革、体制的改革，实际上就是创新、创业，我们说的创新、创业，就是双创。创业非常重要，创业要打破传统体制，建立新的观念，创业显而易见是要推动制度变革的，是要推动我们政府的职能转型。所谓的"放管服"核心是"放"，只有"放"，才能有创业，才能有创新，没有"放"一切都没有。我们理解的"放管服"，"管"很重要，我们这次改革"管"绝对不是唯一重点，"放"也是重点，实际上是为我们的双创提供了一种环境平台。

以上是我就大会的论坛的主题发出的感想，看到两句话感触很大，这两句话把中国经济未来的重点讲得非常清楚。今天我主要是讲一讲关于金融的问题，特别结合全国金融工作会议和总书记的讲话，谈一点自己的意见和理解。我们这次在一个非常特殊的时期，召开一个非常重要的全国金融工作会议。会上强调了三点，也是提出了三项任务。

金融机构要为实体经济服务的第一个含义是，金融不能规避实体经济，金融的天职就是为实体经济服务，没有实体经济也就不需要金融。我们不需要游戏的金融，我们也不需要以自我服务为主的金融。当然在一定条件下，金融机构也会有一些风险控制的措施，它的核心、主体是为实体经济服务的，实体经济的强大是金融强大的基石。金融机构有时候太保全自己，它会忘掉它的基石，所以强调这一点，在当前的情况下、条件下非常重要。当然我们如何理解金融要服务于实体经济，这是关键，因为每个人有不同的解读，不同的解读会得出不同的政策。我觉得要全面、系统、深刻地理解金融要服务于实体经济这句话，我们不能望文生义，简单粗糙地理解成金融经济在任何时候都要为实体经济融资，我们有时候做了一个过分狭窄的理解。实际上，供给侧改革过程中，很多企业都会被淘汰，其中相当多的是国有企业。民营企业本质上没有供给侧改革，它在不断地调整自我，而国有企业灵活性是较差的，所以供给侧改革很重要的一方面是国有企业的改革，使国有资本更加有效地符合市场要求，更加具有市场竞争力，而不是做表面文章。供给侧改革要改掉这些表面文章，解决这些要淘汰的、作为改革的对象。我认为这不是金融要服务的对象，特别是金融不能为它提供融资，因为它本来就要被淘汰的。

我们不能简单地将此理解成我要钱你就必须给钱的，这会加大金融的风险，这会延缓整个经济体制改革，这使得我们供给侧改革的效率大幅度降低，这是一个很不正确的理解。金融就是要为那些有生命力的、代表未来的、有充分竞争力的企业、行业提供融资，无论是直接融资还是间接融资，无论是银行还是资本市场，都要为这些企业服务。我们就是要为技术高、能够代表未来的企业服务。金融要为实体经济服务，除了要为这些有竞争力、代表未来的，同时也是国家基石的企业提供融资服务以外，金融还要提供并购服务。因为好多企业需要融资安排，但是更多的时候需要并购，显而易见就是要发展并购市场，资本市场是并购的基础平台，没有发达的资本市场就没有并购的机制，也就没有形成并购的价格，就会出现大量的腐败现象。在资本市场进行并购，我们不能说没有腐败，但腐败的概率会降低，公平性会提高。在这个意义上来说，在未来，特别是资本市场，资本要提供融资服务，要 IPO，不能因为市场的某些变化就停止 IPO。我们应该想到资本市场在提供金融服务的时候，并购是它的最核心功能，我们的企业需要大量的并购服务，我们在资本市场规则设计安排上要鼓励并购、安排并购，而不是约束并购。当然也有人说，中国市场的有些并购都是虚假并购，那是另外一个问题，我们要打击他，所有的虚假并购和内幕操纵交易市场行为，都是法律严禁的，任何时候法律都要打击违规违法行为。我们倡导的当然是有利于企业竞争力提升的并购，资本市场最重要的功能就是对存量资源的重组功能，我们的银行和类银行体系对存量资源没有功能，难以实现存量资源的再重组。所以，为什么资本市场能够发展到今天，生生不息，而且对传统金融提出了越来越多的挑战，是因为大量的实体经济需要并购服务。如果实体经济仅需要简单的融资服务，商业银行就足够了，我们不可以把资本量看得那么大，就是因为横向并购和纵向并购有时候变得比融资更重要，这是金融机构要为实体经济服务的第二个含义。

金融要为实体经济服务的第三个含义，就是要为社会，无论是个人、居民，还是机构投资者提供财富管理的一种功能。因为经济发展了，老百姓收入增加了，他会有一种强烈的需求，希望剩余的收入所形成的存量资产，既能够避险，又能够有很好的收益。在资本市场不发达的国家，这种希望一般条件下就变成买房子了，因为这个社会没有提供一种理财的机制，所以在中国有一段时间，老百姓有了钱，通过银行按揭就一味地买房子。房子成为老百姓的重要资产，一方面加大国家的金融风险，另一方面也说明国家的市场化程度很低，效率低下，金融落后。在发达国家很少有有钱人买很多的房子，房子在本质上是有巨大风险的，它没有流动性，一般条件下，它的价格是相对稳定的。但在中国，老百姓对房价预期很高，形成了房地产领域的恶性投机，严重破坏了中国经济的生态环境。它使得中国的经济没有未来，它使得我们的年轻人没有未来，它使得我们的生活成本很高，它使得我们的生产成本也很高。这只能说明中国的金融落后，我们没有能力提供足够多的让居民、机构来配置的金融资产。这次全国金融工作会议提到要深化金融改革，改革对中国来说永远在路上，我们不能停。我们有太多落后的东西，我们一旦停止，落后的东西就会以几何的速度回潮。我们不允许落后的东西回潮，中国一定要迈向现代化。这是第三层含义，我们要满足人民多样化的、越来越迫切的财富管理需求，为此我们就要推动证券化资产的过程，提高证券化资产在整个资产的比重，因为只有证券化的金融资产才是老百姓可以管理的财富，才是老百姓资产管理的基石资产。老百姓说把钱放在银行做储蓄管理，这不是财富管理，这是延期消费，把利息收益作为财富收益那肯定不是财富管理，我们的财富一定是有风险的，收益一定是高于它的，风险和收益是匹配的，人民是可以忍受的，所以这方面我们还有很长的路要走，我们提供的金融资产太少了。

第四个含义，我们的经济活动越来越经济化了，其中突出的是网络化，包括我们的消费模式（电子商务—网上消费、网上购物）。从消费端来看，已经发生了巨大的变化；从生产方式来看也在发生变化，通过互联网的功能，对它的生产端进行改造，甚至变成了无库存的社会。这预示着中国整个经济结构在发生深刻变革，其中科技的力量是最重要的。科技的力量以通信技术、互联网技术为核心，这些变化预示金融要跟上，如果金融不跟上，要么金融被淘汰，要么就影响中国经济转型的速度。幸好中国的金融在中国经济转型的这一时期里跟上了，而且也推动了中国经济的转型升级。这里最富有代表性的是第三方支付。基于移动、互联的第三方支付，极大地推动了中国经济结构的转型，这个是科技在金融领域应用最典型的标志，也是中国金融引以为豪的。支付宝、微信支付是基于移动互联第三方支付的新的金融业态的典型代表。我们必须顺应科技对金融渗透的基本趋势，因为金融领域非常的庞大，利润丰厚，市场巨大，同时它的产品容易标准化，所有这些东西都是科技渗透的对象，因为它会极大地提高金融领域的效率。所以说科技对金融的渗透，特别是金融技术对传统金融的渗透，脱离了原有的物理空间的约束，我们过去存款、提款要到物理网点去，相对麻烦、落后，现在哪里都不用去，打开手机什么问题都解决了。

中国金融在支付业态上已经跨越了卡的时代，这个在很多国家，像美国和欧洲一些发达国家还处于卡的时代，但中国已经跨越卡的时代，意味着中国金融正在进行第二次脱媒。第一次脱媒是资本市场发展脱传统金融融资的媒，资本市场与传统金融相比较，是具有更高效率的交易方式，供求双方在市场平台上的交易透明、公平。如果通过中介来完成交易，实际上可能会是一个不公平的交易，而且成本大。所以，从这个意义上说，中国的金融迟早会进入一个新的时代，一个脱媒的时代。很多人可能不同意这种判断，传统金融主要指以传统业务为主体的商业银行，将会受到全方位的挑战，我们刚才说过其融资会受到资本市场的挑战，如果允许发债、发股票，实际上很多人不会到银行融资的，去银行融资非常麻烦，前期、后期都比较麻烦，它还会在莫名其妙的情况下让你还钱。如何理解防范金融风险，防范金融风险不是把潜在的风险现实化，而是说这笔钱有可能有风险，所以它会想办法要提前，想办法要冻结，想办法要保全，其实这是在扩大风险。特别是对民营企业，它可能存在风险，还未变成现实风险，这个时候对民营企业采取过分的措施，你一旦冻结它就会变成现实风险。我们防范金融风险是让潜在的风险慢慢地非现实化，这是防范的核心要义，不是说让潜在的风险提前爆发，来保全自己。现在有些企业没有出现什么大问题，各大银行就扑上去，要它还贷，这怎么得了。像华为这样杰出的企业，你这样搞它也会倒闭。所以说，防范金融风险不是说让潜在的金融风险现实化。金融和风险与生俱来，从来没有无风险的金融，无论哪种产品，都是有潜在风险的。不能因为有某种非常小的概率，而采取提前的措施，挖风险点，这个金融风险点不难挖，说实话，那些100%的潜在风险最后能够变成现实风险的只有2%左右，这就是为什么我们的银行不良率一般是1%~2%。我们要尊重大数规律，不要一天一个号召、一天一个政策，我们就一哄而上，尤其是对民营企业。大力发展国有经济、大力发展民有经济，是我国的一项基本国策，至今还没有看到有哪个金融机构对特大型的国有企业进行围剿，哪怕它财务状况恶化，哪怕连续亏损几百亿元，金融机构也不采取措施，这就根深蒂固地反映了我们的一些观念。从金融要服务于实体经济的本质意义来说，我们不能对支付方式采取层层阻挠的方式，让所有的支付方式都回到卡时代，回到纸时代，人人都拿着支票、汇票去支付，多么落后啊！有人很喜欢实体店，很怀念那个时代，就像我们在工业社会怀念农业社会一样，那是一种怀旧。逛逛实体店，是一种情趣，但是它会占用很多时间，而且也不符合年轻人的习惯，年轻人喜欢快捷、便利、迅速、成本低，网上购物极大地提高了购物的效率，提高了消费者的福利水平，同样的东西在实体店 2 000 元，网上购物也就 400 元，但质量完全一样。网上购物极大地提高了信息透明度和价格的对称性。

企业家必须要创造一种与这种消费模式相适应的支付方式，而这种支付方式推动了中国经济结构的转型升级，我们看不到这一点，甚至还想拉回来，并设置重重障碍。评判金融服务好坏、改革是否好坏唯一的标准就是老百姓是否得到了实惠，金融服务的接受者是否觉得这种新的金融服务模式是否更加便捷、有效、安全、低成本。如果符合这个标准，我们就大力支持它，这些都是关键。设置限额多少，这明显的就是歧视，钱是人家自己的，人家即使融资，这个钱也是可以还你的，信用卡可以融资，为什么这个不可以融资。所以金融服务实体经济，要从这四个方面全面了解。

这次会议体现的一个重要任务就是防范金融风险。金融发展到今天，结构发生了重大的转型，对金融的理解也要有个动态、深刻的演化，不能用过去的角度看今天，要用未来看今天，才能看得清楚。从过去看今天到处指责，从未来看今天才有信心。要正确理解金融和风险的关系，不要以为我们采取什么样的制度变革、什么样的技术、什么样的方法、什么样的组织架构就可以把风险控制住，就可以消灭风险，这是不可能的，没有风险就没有金融。

我们今后对风险应采取以下策略。

第一，防止潜在的风险现实化。我们之所以要设计很多指标，尤其是市场准入的指标，包括借款人的指标、发行人透明度的指标等，就是要把潜在的风险现实化。

第二，不要让微观风险宏观化。一个企业产生的风险因为蝴蝶效应成了全国性的金融风险，这是不可以的。比如说一家商业银行倒闭了，没关系，我们建立一些制度，让它就此为止。我们不可以因为这个金融机构影响了对整个中国商业银行的信心，这是我们监管要做的。但我们也不是说把所有的微观风险统统消灭，这不现实，也不可能。所以我们尽可能做的就是不能让它宏观化，不能让这个局部风险系统化，不能让系统的金融风险变成全面的金融风险。实际上就这么几个层次，我们应该把握好。

最重要的是让风险衰减，刚刚所说的风险不能消灭，风险会出现，就是让风险外部性要求降低，感染的速度减缓。我们所做的金融监管改革，要有一整套的思想，不是说把每笔贷款深挖，然后就冻结，这只会莫名其妙地扩大风险，也是不公平的，我们是有合约的。为什么我们要脱媒，就是如果我欠了债，我到期还你，你是不能够提前向我要的，按照债的合约，我该还息的还息，到期我付本。但是在商业银行贷款，它会提前。我想这都是防范风险一系列的理念，我们可以防范，我们可以削减，但是我们消灭不了，我们不能让个别的金融风险变成全面的金融风险。中国作为一个大国，我希望我们日后永远不会有金融危机，但是这仅仅是主观的，我们要认真研究金融危机产生的逻辑和线索。金融危机产生是有苗头的、有指标反映的，是慢慢变化的，当到了突变的时候，到了临界点，这个时候就比较难办了。明斯基是美国的著名学者，他说一个国家债务水平达到一定程度时，债务的规模、未来的现金流难以到期还债的时候，危机将会来临。我们国家要进一步研究，有哪些指标发生异动，我们要非常科学地研究，不能喊口号，要了解规律，使得我们国家长治久安、持续发展。这是我对防范金融风险的理解，以及为什么我们要加强金融监管。因为中国金融结构已经发生重大变化，最重要的变化是证券化金融资产的占比在提升，风险结构在变化。这种风险结构原来主要是金融机构来负责贷款业务，其他的证券化业务非常少，所以那个时候对金融监管的核心是资本充足率，所谓金融的充足是监管的核心和基石。可是到了今天，我们证券化金融资产已经达到了 110 万亿元，55 万亿元的股票，在整个金融资产的比重提升了，也就是说这个国家的金融功能由原来简单的融资功能变成融资和财富管理并重，要对管理老百姓那部分资产负责，要对这部分资产加强监管。这部分资产的风险显而易见不是资本充足，而是透明度，发行者对这部分资产所包含的信息要如实对社会公布，所以监管的重心从对资本充足监管过渡到资本充足和透明度并重的时代。这个并重的时代，我们现在的金融监管难以完成，为了弥补不足，所以要加强协管，国务院金融发展委员会成立了协调机构。我认为这具有巨大的意义。但是中国金融监管改革仍然没有完成，是因为中国金融基础架构还在发生急剧的变化，所以中国金融正处在大调整的时代，它突然发生了很大的变化，这个变化历经了很长时间，乃至未来都会发生深刻的变革，包括未来的中国金融一定会成为全球的金融中心一样，虽然目前还不是，我相信到2020年以后，上海、深圳一定会成为非常重要的财富管理中心，也就是金融中心。可能我们德州资本技术交易大会也会成为重要的区域性交易市场。这个市场的力量、国际化的趋势是中国金融变革基础性的推动力，因为有这样的一个变革，所以金融架构还不能确定，到相对稳定的时候，我们要系统地改革中国金融监管的架构。

第三，这次会议强调的是深化金融改革。这一点特别的重要，无论是要防范金融风险还是金融要服务于实体经济，没有金融的改革和发展其实是完成不了的。我们不要以为价格的波动就是风险。很多人害怕市场，因为市场本身的价格就在波动，价格变动不是风险反而是释放风险。不要以为传统的金融没有价格波动，有大量的不良资产由银行承担，那就是安全的，其实那才是不安全的，那是腐蚀性资产。很多金融的观念在变化，这个变革很难得。所以说从这个意义上来说，我们的证券市场要正确地理解什么叫价格波动，不要以为价格的上升就是风险的来临点，价格的波动就是风险的爆发，实际上恰好相反。对现代金融缺乏深刻的理解，其突出点表现在如何理解资本市场和如何理解科技金融上，我们对这两方面的理解是落后的，是不符合发展趋势的，我们的理解恰好相反。

总之，中国金融改革无非以下几点：（1）推进中国金融证券化比例的提高，也就是推动资产的证券化；（2）推进中国金融体系的市场化，要有足够的竞争；（3）推动金融的科技化；（4）推动金融的国际化，特别是把金融（资本）市场打造成新的全球金融中心，这是中国作为大国的要义所在。这是衡量一个大国重要的角度，甚至比制造业在全球中的地位还要重要。我的确这样解读的，我是站在中国金融改革开放的角度来解读的。

要重视股票市场的财富管理功能

——在"中国投资 50 人论坛"上的演讲

【作者题记】

这是作者 2017 年 7 月 8 日出席"中国投资 50 人论坛"时的演讲。

投资者关注的是股票价格的变化，学者关注的是这种价格变动背后的原因和逻辑。资本市场资产价格的定价不是静态的，净值也好，利润也好，现金流也好，都只是股票定价的原始基础与起点，不是它的全部因素。市场定价的主要因素与投资者的市场预期有关，与其他金融资产收益率变量有关，当然也与经济周期、产业周期有关。

如果市场信息披露是充分的（当然这个假定非常难以实现），我们就要认定市场的交易价格是合理的。只能在一种情况下怀疑价格，就是信息披露不完整或市场被操纵。信息披露不完整，除了初始信息披露、公司信息披露以外，也包括市场信息，包括是否有内部交易，是否有操纵市场行为。当排除了虚假信息披露，排除了内幕交易，排除了操纵市场行为的时候，就应该认定这个价格是合理的。这个理念非常重要，否则会找不到大家评价市场的基石与准则。

从这个意义上说，我并不特别反对大股东或创始人股东的减持行为。我很少对大股东减持发表抨击性看法，除非有证据表明，这个大股东的交易是在虚假信息披露下进行的，或者违背了约定的交易规则，这时他违规了。如果市场真的完整地披露了信息，大股东在遵守减持规则下以一个适当的价格减持，那一定意味着在他看来，这个价格已经有某种泡沫化的成分，与其重置成本相比较，他认为这个交易价格能为他获得一个溢价收益。从这个意义上来说，这样的减持有利于市场价格的理性回归。

资本市场存在，究竟为了什么？资本市场之所以在100多年来，在全球都非常蓬勃地发展，一定有其内在的生存逻辑。我想这个内在生存逻辑主要是金融体系需要具有一种对资产和风险进行定价的能力。缺少这种能力，这个金融体系就是落后的，也就很难进行资产重组和存量资源的再配置，也就意味着这个金融体系没有财富管理的功能。资本市场的发展，对一个国家金融功能升级具有重要的推动作用。一个国家，特别是中国这样的大国，如果没有资本市场，其金融功能就会停留在比较原始的状态，即主要为实体经济提供融资服务的初始阶段。

金融要为实体经济服务，融资服务属于初级层次，之后是要升级的，逐渐变成融资和财富管理并重。随着人们收入水平的提高，金融功能的发展重点是不断增强财富管理功能。一国金融工具或金融资产从融资服务到财富管理，是金融体系功能的升级。金融功能的转型靠什么机制来完成？是靠发展资本市场服务来完成，靠金融脱媒的力量来实现。

在全球性的金融大国中，你会发现一个非常重要的特征，就是人们收入水平提高以后，收入不仅仅要满足当前的消费，也不仅仅要满足投资的无风险收益，更应满足收益与风险在较高层次上的财富管理的需求。这就要求形成一种机制，以实现收益与风险在不同层次上的平衡。资本市场恰恰提供了这样一种制度和机制安排。

坦率地讲，我认为资本市场有一个天生的功能，就是财富的再分配，使社会财富能够通过这个渠道流向那些可以更好地让财富为社会服务的机制中去，这是一个趋势。当前中国的财富分化趋势非常明显，较短时间内就发生了显著变化。实际上，中国的百亿富翁，除了极少数外，多数都似乎与资本市场有关系。

我们要通过一种机制，让这种财富再分配，变得至少从规则层面是合理的，而不能有寻租机制，像我们当年的高考改革那样。1977 年之前，中国有一个推荐上大学的机制。两种制度从结果来看都会产生大学生，但是起点的公平性就完全不一样。我们歌颂邓小平同志恢复高考制度，是因为这种高考制度具有公平竞争的机会。有了公平竞争，才有人才辈出。

我不认同股票发行的审批制度，这就如同当年推荐上大学一样，从身份上天生就剥夺了发展的公平机会。在资本市场上，财富的结果会是不一样的，都会出现财富分化，但机会必须是公平的。我们要发展资本市场，一定要想到这一点。像我们要搞市场经济一样，分化一定会出现甚至相当严重。如果我们从结果上来看不公平，就会找不到出路，也找不到解决问题的办法。

只要起点是公平的，信息是透明的，就要相信通过竞争后的结果。这对一个国家的制度设计是极其重要的。在这个问题上要深刻理解，要接受机会公平后的现实。如果不接受现实，只能返回去，这可不行。透明度是资本市场的灵魂，资本市场能不能公平，能不能存在下去，首先在于信息透明，有了透明度，市场才会有公平。

我们的资本市场走到今天，为什么会出现一系列扭曲？我看是因为经济母体基因在深刻地影响着它。这个基因从政策、法律、规则上都突出体现了那种与现代资本市场不匹配的因素。

国际金融中心一定是财富管理中心。财富管理要有高度流动性，人家才肯来。中国要成为世界性强国，要把人民币作为一个全球性的重要货币，没有一个强大的资本市场，没有人民币国际化的回流机制，人民币国际化就难以实现。

我们要理解资本市场核心功能，要把握住什么是资本市场的灵魂。资本市场与商业银行的核心元素不一样。商业银行风险控制的基石是资本充足，控制不良率。但资本市场不是，资本市场最重要的是透明度。如果缺乏深度理解，监管的重点就会出现偏差。证券监管的重点在信息披露上，在透明度上。监管就是监管，不要赋予监管者太多监管以外的职责和功能，否则监管就会变形，就会不堪重负。监管者没有推动市场发展的任务和目标，监管者对于市场发展指数变动、市值管理和市场规模都没有直接责任。监管者的责任就是如何保证市场公平，保证市场公平的前提是透明度。所以，对信息披露和市场透明度的监管，是世界各国市场监管者的核心职责所在。

坚守初心，健康平安地
到达人生的彼岸

——在 2017 届中国人民大学教育学院学位授予
仪式暨毕业典礼上的寄语

【作者题记】

这是作者 2017 年 6 月 22 日在中国人民大学教育学院学位授予仪式暨毕业典礼上的演讲，是作者第一次以教育学院院长（兼）的身份发表毕业致辞演讲。

今天我们在这里举行非常隆重的学位授予仪式，授予72位研究生同学硕士学位，还有18位同学获得博士学位。我代表学校、代表教育学院祝贺你们！同时还要非常感谢培养、养育这些同学的老师和父母！你们的成长离不开老师的培养和父母的关心。我非常感谢我们这些同学的父母，把你们的孩子送到人民大学教育学院来学习。

我和郭洪林同志2017年5月受学校委派来到教育学院，我兼任教育学院院长，洪林同志是校长助理、学校人才办主任，同时兼任教育学院常务副院长。学校对教育学院非常重视。一所大学尤其是一所以人文社会科学见长的著名大学，应该有一所很好的教育学院。教育学院是人民大学最年轻的学院，因为年轻，所以希望是非常有光芒的；教育学院也是人民大学规模最小的一个学院，但环境很美。学院不在于大，在于精而美，在于有核心的竞争力，在于有理想和追求。小必然会长大，教育学院正处在成长期，所以，我和洪林是满怀着希望来到教育学院的，准备和教育学院全体师生一起，努力建设好、发展好教育学院。我相信人大教育学院未来一定会更美好。

作为教育学院院长，我想结合教育学院的特点，谈一谈我的一些感想。我一直在思考，我们的年轻人离开学校以后，应该怎样去面对新的人生？怎样去看待身边的事情？怎样去处理身边复杂的问题？我谈三点希望和要求，我认为这对我们教育学院的毕业生来说更为重要。

第一，要有一颗善良的心。我认为，善良是一切道德智慧的根源，所以，我把善良放在首位。我首先希望大家做一个善良的人。善良的评价标准实际上就是要善待所有的人，特别是要善待弱势的人，对地位比自己低的人客气而尊重非常重要。如果一个人对于相对弱势的人很尊重，那这个人是可以交往的，因为他的内心充满了善良、充满了平等。生性善良一定会产生平等意识。我以为，人生来是平等的，即使由于时间的推移，我们可能在财富、权力、地位等方面有巨大的差异，但是作为人，是平等的。我不认为，一个小时工与一个有钱的家庭主妇就有多么大的差距。善良的核心是平等，即人人是平等的，没有谁比谁更高贵。

我们经常说，社会上有三类人应当得到尊重，一是从事教育工作的教师，他启迪人的心智；二是挽救人的生命的医生，他是生命的救赎者；三是法官，他是人的尊严的维护者，最后希望的守护者。相应地，这三类人更应该严格要求自己，这三类群体要是坏了，这个社会就无法无天了。所以，你们各位都是教育学院的毕业生，承袭着社会责任。这是第一个，我们要有善良之心。

第二，要有坚定的信仰。你们是国家的栋梁之才，是人民大学的毕业生。中国人民大学的毕业生有着天生的家国情怀，这份情怀的基因来自毛主席说的那句话："有了陕公，中国就不会亡。"这是那个救亡图存的时代，对人民大学前身的一种高度评价，也是我们最重要的精神遗产。

在过去的年代，陕公的责任是救亡；现在，人民大学的责任是建设国家。建设国家需要有一大批具有坚定信仰的人。具有坚定信仰的人身上会散发光芒，储备着无尽的力量。信仰高于一切，没有信仰的人不是一个社会意义上的人，有了坚定的信仰才会有磐石般的意志。意志来源于信仰，所以，我希望大家做一个有坚定信仰的人。这种坚定的信仰一定不是自我的、自私的，一定是造福于社会、造福于人民的。

第三，要做一个有才能的人。我们不能在语言上是一个巨人，在行动上是一个矮人。理想牵引着行为，行为要与理想一致。我们一定要做一个有才能的人，我们在人民大学学习就是在积蓄才能、蕴含才华，报效社会、报效国家。

如果还要提几点希望的话，我想谈谈如何正确地处理和面对失败与挫折，如何冷静地处理和面对成功与辉煌。

第一，当你遇到挫折的时候，你怎么办？

我坚信，我们的国家未来会更好，因为我们党坚持改革开放这个方针路线不会动摇。只要我们坚持改革开放这个总的方向，中国一定会迈向更美好的未来。

尽管如此，我还是要告诉你们，社会是多元复杂的，是竞争性的。我们每个人的未来，从走出校门的那一刻起就充满了不确定性。作为经济学术语，所谓不确定性最重要指的是风险，当然，也指机会，但更多指的是风险。所以，我们不能总是怀着天之骄子的心态走上社会，韬光养晦、"夹着尾巴做人"很重要，不要过度、快速地展现自己的才华，要均衡地施展才能。

我们的一生中一定会碰到一个问题，这就是挫折。人的一生不可能一帆风顺，一定会经受挫折。当面对巨大挫折甚至是进入人生谷底而近乎无望的时候，我们该如何做？我们首先不能让心中的灯塔熄灭，你一定要留住心中的灯塔，留住当年的初心、当年的理想。理想不能泯灭，它是你前行的灯塔。有了这个灯塔，你迟早会走出困境。有了这个灯塔，你就能冲出黑暗，就能迈向未来。所以我们每个人出去以后应该思考挫折，首先不要想到成功，首先要想到挫折。

我相信未来中国的社会环境会趋好，但是当你遭遇巨大的惊涛骇浪甚至危及生命的时候，你一定要思考如何坚定地活下去，因为只有活下去才有新的希望。

第二，当你成功的时候，你怎么办？

当你们成功的时候，你们一定要想到当初的困难，并在你成功的那一刻就要告诉自己：成功已经成为历史，而不可太久地沉浸在一刹那的辉煌中。你需要告别它，千万不能沉浸在你的辉煌的历史中。在你辉煌的时候要牢记：辉煌的历史也是历史。

人的成功有很多种标志，其中，最为人津津乐道的就是财富和权力。当你们是财富巨子时，我希望你们有比现在更多的对于贫穷的同情心，有比现在更多的对弱势群体的同情。当你们拥有权力的时候，我希望你们保持一颗无名小草之心，卑微而平淡。

我希望，当你们处在人生谷底的时候，一定要亮起我们的明灯。处在人生高峰的时候，你的明灯就要转向他处，照耀他人。

更多的时候我们都是平常人，做着平常事。我们95%的时间过的都是平凡的日子。我们要过好每一天的平凡日子。我们不必每天都去追求精彩。

对于我们的一生来说，如何按照初心到达人生的彼岸是我们每一个人都要思考的问题，其中最重要的是，健康平安地到达人生的彼岸，这是我们的最终目的。我祝愿大家都能够健康平安地到达人生的彼岸。

学会人生的风险管理

——在 2017 届中国人民大学财政金融学院学位授予仪式暨毕业典礼上的致辞演讲

【作者题记】

这是作者 2017 年 6 月 21 日在 2017 届中国人民大学财政金融学院学位授予仪式暨毕业典礼上的致辞演讲。

人民大学财金学院 972 名本科生、硕士生、博士生同学们，你们马上就要毕业了，我衷心地祝贺你们！还有几天，你们中的大多数即将离开中国人民大学，离别度过青春岁月的母校，告别你们在学生时期引以为豪的财政金融学院。你们即将完成从一名中国人民大学的学生到共和国建设者的华丽转身，你们即将告别母校迈向社会，完成从"人大人"到"人大校友"的身份转换。这是人生中不可忘却的时刻，这是你们人生旅途中的里程碑。离开大学走向社会，会有刻骨铭心般的眷恋，更有奔向大海一样的生命激情。

同学们，你们是中国人民大学的毕业生，是中国人民大学的希望所在。毛主席说，"有了陕公，中国就不会亡"，这就是中国人民大学的基因。今天，我们的任务不是救亡，而是建设我们的国家。你们的基因中拥有中华民族脊梁的特质，你们的血液理应具有维护社会公平正义、毕生造福于人民的元素。你们的心中不应有太多的自我。正是有这样特质的人民大学毕业生，才彰显出中国人民大学的特殊和伟大。

人民大学校园是小而美的，宁静而学术，他的理想光芒融化在"实事求是"精神特质中，含而不露，露而不利，敦厚而持久。在即将逝去的校园生活中，你们在人民大学得到的不仅是知识，而主要是人大素养的熏陶和人大气质的养育。你们具备走向社会、乘风破浪、迎接挑战的所有条件。奔跑吧，我的人大勇士，我的财金学子！

我们的国家未来一定会比现在更美好，那是因为有了你们这一代年轻人。我是一位乐观主义者，也是个进化论者，我始终认为，后浪终比前浪强。虽然未来是绚丽多彩的，但我还是告诉你们，社会是多元的、复杂的，甚至有着显著的不确定性，这种不确定性就是人生风险。我们的一生必须管理好风险，才能安全而舒心地走到人生的彼岸。这其中，最核心就是要学会人生的逆周期管理。

在未来漫长的岁月里，当你遇到挫折甚至进入人生低谷时，你心中的灯塔不可泯灭，灯塔会引领你走出黑暗，迈向未来。

在未来的漫长岁月里，当你遇到惊涛骇浪而危及生命时，你要学会生存，因为只有活下去，才会有新希望。

在未来漫长的岁月里，当你被莫名的势力排挤而旁落一隅时，要淡定从容、永不言弃，更不可自暴自弃、怨天尤人。因为到了春天，花总是会绽放的。

在未来漫长的岁月里，如果你是财富的化身，你应有比任何人都强烈的对贫困和人类苦难深切的同情心。所谓"富贵人生"指的就是慈怀的人生。

在未来漫长的岁月里，如果你是权力的拥有者，我希望你要有无名小草一样的心态，卑微而平淡。你们一旦成为权力的拥有者，理应比任何人都更有维护社会公平正义的责任和勇气。权力不能用于自我寻租，更不能欺压弱势群体，而是用于维护社会的公平与正义。你们之中一定会产生权力的拥有者，维护社会的公平与正义永远是你们的唯一诉求。追求社会的公平与正义是人类社会前进的动力，也是人类社会的希望所在。面对社会公平与正义，生命的价值不足为道。

在未来漫长的岁月里，我希望你们一定要学会人生的风险管理，逆周期原则是其灵魂。中国的未来需要你们！祝你们一生健康平安！

如不同星球的国家　何以走到一起

——在"金砖国家智库峰会"分论坛上的总结发言

【作者题记】

这是作者 2017 年 6 月 10—12 日在由中联部主办、中共福建省委承办的"金砖国家政党、智库和民间社会组织论坛"上的演讲实录。

　　金砖①国家间无论是制度、文化、经济规模还是法律、价值取向都存在很多差异，有时看上去，像是来自不同星球的国家。世界上还没有一个国家间的沟通平台和合作机制像金砖国家这样个性化和差异化，但是差异化如此之大的金砖五国一直都满怀着理想在一起探讨相互合作及全球经济的未来，10年在一起的探索，令人感叹！

　　正如中国国家主席习近平指出的："金砖国家机遇和挑战并存，我们应该加强合作、携手并进，继续做推动全球发展的领跑者。"金砖五国10年的合作就是一项十分了不起的成就。

　　金砖国家诞生于经济发展充满希望的年代，那时它们具有强劲的增长态势，是世界经济的重要增长极。尽管10年来五国发展各有不同表现，但是在国际事务中都表达着发展中国家和新兴市场经济体的共同诉求，并将继续成为世界经济增长的新引擎和新动能。

　　目前，世界面临经济下滑、民粹主义、贸易保护主义抬头等问题，金砖国家间携手合作共创未来尤为珍贵。未来金砖国家还要携手共进，拓展金砖国家的功能，找到金砖国家的利益诉求点。为此，我从个人角度提出加强金砖国家合作三点建议。

　　一是适当扩大金砖国家功能，金砖国家要充分反映新兴市场国家和发展中国家增加国际事务的影响力。10年来，金砖国家在金砖国家新开发银行、应急储备安排等方面取得了突出成绩。今后金砖国家不仅要在经济金融方面继续加强密切合作，更应将金砖国家合作的功能拓展至外交和国际事务协调等方面。金砖国家要代表新兴市场经济体和发展中国家争取更多发言权，代表其利益诉求，更好完善全球治理。

　　二是金砖国家要多做对国民有益、有效的事情，包括实现投资自由化、贸易便利化等。金砖国家要坚持多边贸易主渠道，为处于十字路口的世界指明新一轮全球化发展的方向。全球化不仅不能倒退，而且要更紧密合作，成

---

　　①　指巴西（Brazil）、俄罗斯（Russia）、印度（India）、中国（China）和南非（South Africa），简称金砖国家（BRICS）。

为世界经济增长的新引擎和新动能。金砖国家作为新兴经济体和发展中国家的代表，要积极引领新一轮全球化。

三是加强金砖国家的相互协调与合作。在金砖国家中，中国资本充足，技术迅速提升，2016 年中国对外投资达 1 701 亿美元，同比增长 44%，同时中国和印度都拥有丰富的人力资源，加上俄罗斯、巴西和南非丰富的自然资源，金砖各国应当充分发挥各自优势，找到共同的利益契合点，造福各国人民。

同时，金砖国家要保持开放包容的发展，要加强结构改革实现创新发展，引领世界经济走出困境，实现强劲复苏。这些年 G7 的影响力大大下降，就是因为它们的低开放性。金砖国家目前面临着各种不确定、不稳定的外部环境，而且都面临着经济下滑、结构调整问题，因此对于金砖国家的发展，一项非常重要的工作就是要加强结构性改革，通过加强产业结构调整，提高产业技术水平和推动技术进步，将新技术发展成新产业，这是金砖国家结构改革的重要内容，同时还要提升产品的技术含量和附加值，降低对资源的依赖度。

当前中国金融的若干问题：
兼谈金融风险与中国的金融战略

——在江西省人大常委会组织的金融知识讲座
所作的专题报告

【作者题记】

这是作者 2017 年 5 月 31 日在江西省人大常委会组织的金融知识讲座所作的专题报告。

非常荣幸，应邀到江西省人大常委会，同大家作关于中国金融问题的交流。经过 30 多年的改革、开放和发展，中国金融发生了重大变化。现在全国上下都非常关心金融风险、金融安全。习近平总书记在最近一次中央政治局关于金融问题的学习会上，专门就中国金融风险和金融安全发表了重要讲话。他认为，金融安全是国家安全的重要保障，要把金融风险和金融安全放到国家战略的高度来认识，守住不发生系统性风险的底线。金融从来没有像今天这样在中国变得如此重要，因为，金融稳定关系到一个国家的稳定，它比一个行业的稳定重要得多。

我们首先要对金融过去的改革、开放和发展有清醒的理解和认识。只有对历史有深刻的把握和了解，我们才能把握未来。所以，今天我就从中国金融的历史和现状谈起，主要讲三点。

一、中国金融的历史与现状（2000—2016 年）

中国金融业发展非常快。1980 年，中国城乡居民储蓄存款余额只有 400 亿元人民币（下同），到 2016 年，居民储蓄存款余额达到了 80 万亿元。36 年，居民储蓄余额从 400 亿元到 80 万亿元，这就是中国金融发展的一个缩影。与此同时，中国经济增长非常快。我刚刚了解了一下全球 GDP 近 30 多年来的增长。1980 年中国的 GDP 是 1800 亿美元，如果换成今天的汇率，也就是 1 万多亿元人民币，到 2016 年底，中国的 GDP 是 74 万亿元人民币，约计 11 万亿美元，这就是中国改革开放的伟大成就。改革开放之初，中国是很贫穷的，当时中国差不多有 12 亿人口，居民储蓄存款余额只有 400 亿元人民币。没有金融资源，就谈不上发展经济。那时的外汇储备是以千万美元来计算的，不像现在是 3 万多亿美元。可以看出来，邓小平同志推行的改革开放给中国社会带来多么大的进步，给中国人民带来多么大的财富。所以，我始终对近 40 年来中国的改革开放充满了一种感情，我的骨子里印刻的就是解放思想、实事求是的思想方法和改革开放的发展理念。我判断任何事情的看法就是这两条。一是解放思想、实事求是，二是改革开放。唯有如此，中国才会有未来，才会有希望。如果还有第三点，那就是要不断学习发达国家的成功经验。近 40 年来，我们就是坚持了这几条。

与经济增长速度相比较，21 世纪以来，金融资产的增长速度更快。改革开放之初，20 世纪 80 年代我国经济增长速度很快，但由于基数小，增量非常有限。这里有一个金融资产增长的统计数据。金融资产分为宽口径、窄口径和中口径：窄口径是金融机构各项贷款余额 + 证券化金融资产；中口径是 M_2（广义货币）+ 证券化金融资产，所谓 M_2 就是现金 + 居民活期存款 + 定期存款；宽口径是银行业金融机构总资产 + 证券化金融资产。从三种口径来看，21 世纪以来，中国金融资产有了大规模增长：2000 年我国窄口径的金融资产大约是 173 900 亿元，2016 年达到了 221 万亿元；中口径从 21 万多亿元（2000 年）到 270 万多亿元（2016 年）；宽口径 2003 年是 36 万亿元，2016 年是 347 万亿元，目前差不多有 360 万亿元的金融总资产。我们再来看看 GDP。2000 年 GDP 是 10 万亿元，现在是 74 万亿元。在金融研究中，有这样一个比例，就是每增长一个单位的 GDP，需要多少货币的支撑，在一定程度上也表明经济的货币化程度。

再看一组数据。首先，从金融资产总量看，宽口径从 36 万多亿元（2003 年）到近 350 万多亿元，窄口径从 17 万多亿元（2000 年）到 220 万亿元。金融资产与 GDP 的比例，以中口径看，从 2.08 到 3.63，也就是说金融资产的增长速度要大大快于 GDP 的增长速度。我们从这些数据中可以看到一些问题，观察到某些金融风险。过多的货币、膨胀的金融资产，未来如何消化？我国的 M_2（广义货币）现在大概是 160 万亿元，GDP 是 74 万亿元，差不多 2.1 ∶ 1，在全世界主要经济体中应该是最高的。我们通过大量发行货币来推动经济的增长，这里固然有很多客观因素，包括中国的结售汇制度和货币化要求。外汇来了，央行要按照市场汇率兑换人民币。我国最高的时候有近 4 万亿美元的外汇储备，现在大概是 3 万多亿美元，可形成 20 万多亿元人民币的基础货币。

中国货币增长的大多数来自外汇储备的快速增长。我们可以看到一个现象，中国是银行存款准备金率最高的国家，最高时曾达到 21%。商业银行每吸收一笔存款，要把其中的 21% 交给央行，以此收缩货币的扩张，控制货币总量，控制整个信贷规模。我们现在的存款准备金率大概在 17%。这实际上给我们留下一个难题，这么多货币出来之后，要么引起资产价格的大幅上涨，要么给人民币贬值带来压力，也有可能引起物价上涨。进入 21 世纪以来，通过几十年的改革开放，中国经济的市场化能力非常强大，物价上涨的可能性被强大的市场供给能力对冲了。过量的货币是会寻找它的购买对象的，大都不会停留在现金状态，甚至也不会简单地存在于银行存款状态。它会有一个预期的收益率，要么购买资产，要么购买商品。现在这么多的存量货币没有引起物价的大幅度上涨，这是改革开放以来所取得的重大成就，表明中国经济的市场化能力非常强。如果还是计划经济体制，这么大规模的存量货币一定会引起恶性通胀。对于这一点，老百姓的意见并不是很大，这一点我们做得很好。

过量的货币没有引起物价的大幅度上涨，必然会引发另一种状态，就是房地产价格的大幅度上涨，这是有必然性的，因为过量的货币，要寻找购买对象。由于中国处在城市化中期阶段，一般预期中国的房地产价格会大幅度上涨，所以大家就去竞买。当然，房地产价格的大幅度上涨超出了我们的忍耐程度，破坏了中国经济的运行环境，给我们下一代乃至再下一代的生活带来了巨大的压力。所以，对房地产价格的调控，我认为是必要的。中国的希望在未来，在年轻人。我们这一代人通过房地产，把下一代乃至再下一代的财富都拿走了。房价涨成这样，按道理怎么也得三四十年，我们几年就完成了。房地产价格的大幅上涨使得经济运行的成本大幅度提高。现在办个小企业很难，成本太高。我们号召年轻人去创业、创新（"双创"）。"双创"是中国经济发展新的动力来源，没有大批年轻人的创新、创业，中国经济的动力来自哪里？要让社会充满活力，让年轻人都愿意去创业，经济环境很重要，可是现在创业的成本太高了。在北京、上海、深圳房价那么高，南昌可能低一点，房租一交不剩什么利润了，这会对未来中国经济特别是创新、创业活动带来巨大压力。现在我们对商品房采取了新一轮限购政策。这次限购是有史以来最严厉的限购，很多地方政府出台了 10 年不能转让的政策。当然，限购政策也需要评估一下，可能还要分类管理。一些人有购买高端房产的需求，可以让他们购买高价位的房子，以满足不同层次的需求，我看未尝不可。所以，实行分类管理，一刀切的政策估计会有问题。除了商品和不动产外，货币会更多地投资于金融资产，到资本市场去投资。这应该是投资的主要形式。

首先，我不希望存量过多的货币推动物价的大幅度上涨。保证老百姓基本生活的稳定，是政策的基本出发点。其次，我也不希望由于货币过多引起人民币的大幅贬值。大幅贬值对人民币国际化会带来很大危害，对中国金融体系的市场化、现代化也会带来危害，对建设国际金融中心会产生消极影响，不利于人民币作为未来国际性重要货币目标的实现。人民币的长期信用至关重要。我们的宏观经济政策要面向一个更加长远的未来，坚定地维护人民币的长期信用，不能通过损害人民币的长期信用而获得短期的经济增长。经济增长速度短期可以有所下降，我们应当把维持人民币的长期信用作为先期目标。

关于维护本币长期信用是有经验可以借鉴的，例如美元。人们可以总结出很多美国经济的成功经验，包括20世纪广纳人才的体制。世界上相当多的优秀人才在20世纪都进入美国学习、就业，这是美国经济长盛不衰的重要原因。在宽松的制度环境下，有了人才就会有创新、有竞争。所以20世纪美国的科技非常发达，产业的技术含量非常高，产业革命的速度也很快。经济发展的第一动力来自科技创新，来自科技的推动力。新科技来自创新性人才，来自宽松的制度环境。一个人的一生别指望坦途平稳，坦途平稳的人生大都没有太大的出息，也经受不了风浪的考验。一个国家的发展也不会一帆风顺，会有波折，伟大的国家都是在苦难中产生的，虽然我们不希望看到苦难。所以，社会要允许失败，要宽容失败，不能把失败看得那么严重，否则人们就会裹足不前。没有失败，何来成功。我是一个学者，我经常在思考一个问题，只有社会环境宽容地允许失败，才会有更多的科技创新和制度创新，经济发展、社会进步来自科技创新和制度改革。这是我们当前需要认真思考的。在经济发展方面，我们要认真学习发达国家的经验、做法，美国也好，欧洲也好，都是可以研究的范例。当然，今天的美国已经开始变得有点糟糕，开始封闭了，开始所谓的美国优先了。所谓的美国优先要么强权，要么封闭，因为只要对其有利的事就做，不利的事就不做，这哪里还有什么公平、国际化、国际视野。

美国经济成功的第二个原因就是金融创新。在金融创新中，最重要的是金融市场化和开放。市场化的金融具有创新的基因。美国开放的金融追根溯源来自美元信用和国际性。经过 2008 年全球金融危机，美元信用并没有受到严重的损害。原来有人以为美元会因此一蹶不振，实际上美国对管理现代金融是有经验的。金融危机发生后，为了拯救经济和维持就业，美国进行了三次量化宽松的货币政策，现在开始实施严格的退出政策。退出政策中非常重要的是美联储的缩表，目的是维持美元的长期信用。美元的长期信用是美国金融的立根之本，他们不会因为一时的利益而损害这个根基。

我想以此说明什么呢？想说明，我们这么大存量的货币，M_2 如此之大，不能让它成为人民币贬值的压力源头。人民币有涨有跌是正常的，汇改以来，从 8.2 涨到了 6.2，涨了近 30%，一路涨不太正常，现在又回落到 6.8 左右，是正常的，属于人民币国际化过程中正常的市场化表现，人民币的信用基础还比较稳固。人民币甚至贬到 7.0 或者稍高一点，也属正常。但是，我们不能容忍人民币大幅度贬值，以至于对人民币失去信心，这肯定不行。也就是说，不能通过人民币的大幅度贬值来稀释过多的 M_2。可是，我们必须推进人民币资本项目下的改革，经常项目下已经开放了，但资本项下还有 1/3 的项目没有开放。到目前为止，人民币还不是一个完全可自由交易的货币。我们到欧洲、纽约，用人民币换成欧元和美元是不行的，因为人民币还不是完全可自由交易的货币。但人民币成为完全可自由交易的货币，是人民币国际化改革的第一阶段目标。中国是一个大国，如果人民币都不是可自由交易的货币，何以谈得上大国？这是中国金融开放最重要的标志。当然，对此我们非常谨慎，人民币国际化改革所经历的时间比较长，比世界上任何一个重要国家、任何一个主要经济体所用的时间都长。我国对金融的开放始终保持高度的谨慎，这是对的。亚洲金融危机也好，2008 年全球金融危机也好，给我们一个警示，金融的过度开放可能会带来巨大的国际风险。然而，中国今天特别是在未来一定是在国际社会发挥重要作用的国家，是一个世界性的强国，可如果金融不开放，很难说是世界性的强国。大国和强国，不仅表现在制造业上，也不仅仅表现为军事强大，虽然有多少艘航母、潜艇、多少枚导弹是强国的重要标志和重器，但那只是保卫国家、维持国家安全的重要手段。大国、强国的一个重要标志是金融的强大。在现代社会，金融的国际化程度是金融强大的重要标志，它意味着在全球是不是有信用，大家是不是会把你的货币作为财富的储备手段，大家是否信任你。人民币的国际化显然是我们心中追求的目标。中国经济规模越来越大，金融体系开放是大势所趋，仅靠我们自己的资源难以维持如此庞大规模经济的持续增长，我们必须开放金融市场，吸纳全球资源为我所用。这样，全球投资者既可以享受中国经济增长带来的红利，同时也承担相应的风险。我们要做的就是人民币的国际化。放在这个大视野下，存量如此大的 M_2，显然不能影响金融改革开放的大方向。所以，第二个选项也就是通过人民币大幅贬值来释放过大规模 M_2 的压力，显然是不可取的。

我们还有第三个选项，就是购买资产。资产分两类，一种是不动产或房地产，另一种是金融资产。房地产价格的适度上涨，特别是结构化的上涨，是非常正常的。富人区房价可以贵一些，把他们的货币回笼回来，我觉得挺好。但老百姓的保障房价格要平稳一些。政策要分类，要有选择性。

第四个选项，我非常提倡，让更多的 M_2 形成金融资产，特别是证券化的金融资产，也就是进入资本市场进行投资，包括投资股票、债券等。这个领域发展快一些，是有战略价值的。

中国 2015 年的那场大的资本市场风暴或者说危机让我们记忆犹新。这的确是中国改革开放以来，特别是 1990 年建立资本市场以来从来没看见过的、惊涛骇浪、波涛汹涌、非常诡秘，如此大的震荡的确很蹊跷。危机发生后，我带领我的研究团队对中国这场市场危机进行了相对系统的研究。在发达国家，每次金融危机过后，学者们都会作系统的反思和研究，以求未来不重蹈覆辙。在美国，每一次大的金融动荡，上至国会，下至金融学教授，都会认真研究。1933 年以来，第一次金融危机发生在 1987 年 10 月 19 日的美国，史称"黑色星期一"。从 20 世纪 30 年代全球经济危机以来，过了 50 多年第一次出现了市场危机。到现在为止，美国的学者还在研究那个"黑色星期一"为什么会如此变幻莫测、如此悄然而至，来之前几乎没有任何征兆，一天之内道琼斯指数下跌了 22.6%，一天之内市值损失了 5 000 亿美元。事后人们研究的结论是，这次市场危机与交易制度、与高科技在市场交易中的应用有关系。当时，新科技已经应用到证券交易的程序上，程序化交易已经开始。通过程序设计可以实现目标下的自动平仓，相当多的大机构投资者都参与了这种程序化交易。程序化交易的实质是刚性的止损交易或止盈交易。当这种交易被市场广泛应用时，市场出现短期内的大幅度波动的概率迅速增大。为抑制这种大幅波动，后来出现了市场停摆制度，即熔断规则。这些规则都是那时研究出来的。关于 2008 年全球金融危机，研究的结论五花八门，但基本上都认定透明度是其中最核心的问题。信息披露不完整，投资者无所适从，后来就出现了改善市场透明度的新规则，从信息披露角度出台了一些新法案。美国的每一次金融危机都预示着相关法律的修改。危机的结果，就是法律的完善，这就是启示。

从 1990 年建立资本市场以来，中国没有像样的市场波动，所以找不到市场真正波动的内在原因。这次市场大波动来了，就要认真研究它。我们有很多优点，即善于学习。我们也有缺点，即不善于反省。反省是需要勇气的。反省首先要承认失误。没有反省，就会不断地重复犯低级错误。所以这场危机，给了我们一个重要机会，研究真正意义上市场危机产生机理的机会。我们一定要反省这场危机。中国金融还没有完全开放，等到完全开放，这场危机所带来的损失就远不止于此。我们的研究团队花了半年时间想尽办法到处找数据，数据很难找。我们有时该保密的不保密，不该保密的保密。与市场危机相关的数据应当公布，这是对未来负责，对老百姓负责，对国家负责，防患于未然。中国的人文社会科学研究有时候非常难，缺乏足够的数据，拍脑袋研究。科学研究是建立在数据、案例基础上，不是坐在办公室想当然地推理出来的。我们通过认真的梳理，慢慢找到了危机形成的机理。一个重要问题是，监管者的职责是什么？监管者核心职责的模糊，助长了这次大危机的发生。实际上，资本市场监管的核心就是保证市场透明度、维护市场公平，让所有投资者有同等的知情权。监管者不应把市场指数的涨落作为追求的目标，不能像当年用 GDP、财政收入的增长来考核地方长官的政绩那样，那个考核机制有重大缺陷。把指数的涨落作为市场监管者的考核目标很荒唐。如果试图通过市值、指数、上市公司的家数作为考核监管者的指标，那就会助长监管者加入这个波澜壮阔的市场波动中来。所以，监管者一定要保持非常冷静的头脑，火热的心是不能有的。地方政府官员可以有火热的心，可以心潮澎湃，这样才有干劲，才能把事情做好。金融监管者不能这样，安静的心、冷静的大脑最重要。他需要有现代金融的理论素养，懂得市场的基本要义是什么。头脑不能跟着市场发热，要极其冷静。我认为，监管者的失职是市场危机发生的五大因素之一。我在很多场合都讲，监管者一定要保持头脑的高度冷静，市场涨跌跟你没有关系，我们既没有必要刻意地让市场涨，也没有必要刻意地打压市场。市场涨跌是由宏观经济变量、上市公司业绩和市场外部环境等内外因素决定的。你不能有一个指数目标。也就是说，监管政策的出台，不能主观臆断，不能听市场指挥，所有的监管政策都必须保证市场的公平、透明，这是监管者的唯一目标。所以，我们不能把市场发展作为监管者的职责。

在资本市场监管上，还有一个金融文化的问题。我们不太喜欢甚至高度警惕股票价格的上涨，认为股票价格的上涨会带来巨大风险。我们可以允许房地产价格的大幅上涨，对股票价格上涨则保持高度警惕。这两类资产价格的上涨对经济的影响实际上是不同的。房地产价格的大幅上涨对经济未来发展是有巨大的负能量的，股票价格的上涨如果不是人为操纵，不是内幕交易，不是虚假信息披露引起的上涨，那就是正常状态。我们每到股票价格上涨的时候，都会出台一些调控政策，以为价格下来了就安全了，这是监管的理念问题。我们实际上对现代金融缺乏深刻的理解，对管理现代金融还在探索。我们习惯于相对静止的状态，不喜欢价格的涨落。这与对金融风险的理解有关。所以，M_2 的第四个选项即更多地进入资本市场，比进入商品领域引发物价上涨要好得多，比让人民币承受巨大贬值好得多，比让房地产价格大幅上涨好得多。水库的水存量这么大，让它有条不紊地流向哪里，是要正确引导的。

　　M_2 的第五个选项最重要，就是从源头渐进收缩 M_2，减缓 M_2 的增速。上述选项都难以从根本上舒缓 M_2 巨大存量所带来的压力，我希望我们有一个货币退出政策。长期以来，我们的货币政策实际上都是量化宽松的，M_2 增长速度、金融资产增长速度，都大大超过 GDP 增长速度。有人说中国经济货币化、金融化程度很高，74 万亿元的 GDP，160 万亿元的 M_2，360 万亿元的金融总资产，这就是当前中国经济与金融之间的关系。但在中国现阶段，退出政策会有一定的负面影响，比如会影响到短期经济增长。我们现在把经济增长定在 6.5%~7%。事实上速度适当低一点未尝不可。对我们来说，速度不是特别重要。中国金融结构的稳定，中国金融的安全，中国金融的国际化和人民币的长期信用，可能比速度要重要得多，要更具有战略意义。速度慢一点没有关系，将来年轻人接着干。速度太快了，会给未来带来长期的负面作用。对这个负面影响，未来治理起来非常复杂、非常困难，付出的代价比高速度带来的效益可能要大得多。央行缩表是货币退出政策的重要载体。中国人民银行的资产规模是全世界最大的，大大超过美联储的资产。中国经济规模约是 11 万亿美元，美国是 17 万亿美元，我们的 M_2 是 160 万亿元人民币，美国的 M_2 是 14 万亿美元，折合人民币约 90 万亿元。我们的经济规模不到美国的 2/3，但我们的 M_2 规模却是美国的 1.8 倍。货币的膨胀速度非常快，这里孕育着风险。所以 M_2 的超规模现象要么退出、收缩，要么有序疏导。既不退出，也不泄洪，未来要出问题。要么源头收缩，要么闸口放水。

　　上面谈的是收缩和疏导的选项。我把这些选项已经说得非常清楚了。这就是我对中国金融资产规模超速增长所想到的一系列问题。这些问题我们是绕不开的。通过中国金融资产规模一组数据，可以看到增长速度很快，同时也留下了大量问题，这需要我们研究和解决。

　　再来看看中国金融资产结构。金融资产大致分两部分，一是证券化的金融资产，即股票、债券、基金等，这类资产已经标准化了，流动性好，随时可以买卖，价格由市场来决定；二是非证券化的金融资产。从居民部门角度看，这部分非证券化金融资产主要是居民储蓄存款，有活期存款、定期存款，还有现金，这些都是非证券化的金融资产。老百姓除了房子外，不就持有这几种金融资产吗？一是把钱存入银行或手持现金，二是购买具有理财功能的非证券化金融资产，三是投资证券化金融资产，四是买房子，还有就是会买少量的外币（主要是美元）。或以外币形式储存起来。金融资产内部结构的变化，意味着国家金融体系的变化。股票市值和债券余额近几年增长较快。股票市值从2000年的4万多亿元到现在的53万亿元，16年时间增长了10多倍。债券余额从2000年的7 400亿元到2016年的63.7万亿元，增长很快。两种证券化金融资产加起来，不包括基金，大概100万亿元多一点。证券化金融资产在整个金融资产的占比结构，无论从窄口径、中口径，还是宽口径看，都在上升，这是一个基本趋势。宽口径看，证券化金融资产的占比从24%（2000年）上升到33%（2016年）；中口径看，从31%（2000年）上升到42%（2016年）；窄口径看，从40%（2000年）左右上升到50%（2016年）左右。也就是说，从窄口径来看，股票债券规模与银行贷款余额相当。这表明中国金融结构有了巨大变化。证券化金融资产比重的提升意味着什么？它蕴含了两个含义。

第一，金融结构的这种变化，预示着中国金融处理风险的能力在提升。银行的信贷资产风险流动能力很差，证券化金融资产的风险每天都在流动，虽然价格在波动，但是风险通过价格的波动释放掉了。证券化金融资产占比较高的金融体系，一般来说其处理风险的能力是相对强的，金融体系的结构弹性是好的。因为这种金融结构风险每天都在释放，不会累积。如果一个经济体系的金融资产，证券化的比重逐渐提升，那么一般来说风险会相对较小。如果相反，则会累积风险，表面上看起来很美，实际上里面孕育并累积着巨大风险。外观很美，里面已经坏了。

在2004年工商银行、农业银行、中国银行和建设银行上市之前，中国的金融是千疮百孔的，不良资产大大超过了资本金，技术上已经破产，但从外表看似乎很美，似乎没有风险，实际上早已是负资产了。2004年之后工商银行、农业银行、中国银行和建设银行几大国有银行陆续上市，慢慢改变了这种情况。工商银行、农业银行、中国银行和建设银行这四大商业银行现在每年利润近万亿元，资产质量有了根本性变化。但现在社会上对这近万亿元利润亦有微词，认为他们利用了垄断地位把实体经济的利润拿走了。金融太强势了，实体经济太弱势了，金融特别是银行的利息太高了，当然也有社会太依赖银行融资的因素。要让银行的利润减少一些，就必须增加证券化融资，要让银行有生存的危机。不造就一个竞争对手，银行怎么会有压力呢？没有竞争，没有压力，这么高的收益率，怎么会下来呢？面前有一个竞争对手，利润就会降下来，实体经济就会得到更好的金融服务。所以，证券化金融资产的增长一定会推动中国金融的改革，提升中国金融化解风险的能力，这是巨大进步的标志。我们经常会披露一个数据，比如居民储蓄存款某个季度出现下降，有些人为此会感到非常忧虑。我说，这不是好事吗？只要经济增长了，老百姓收入增长了，居民储蓄存款增速下降了，那就是一个好事，意味着新增收入更多的一部分开始购买证券化的金融资产，证券化金融资产边际购买倾向提高了，这才是改善中国金融结构、推动中国金融进步的重要力量。如果老百姓收入增加了，居民的银行储蓄存款以同等的比例或者以更快的速度增长，那一定不是好的趋势。我们不能复制传统金融，不能固化传统金融。就这一点而言，我与一些人的解读不一样，甚至与官方的解读也不尽一致。只有居民储蓄减缓了，银行信贷资产才会有所减缓，金融结构才会慢慢转型。

第二，意味着居民部门理财理念提升了。居民部门证券化金融资产比重之所以提升，是因为这部分资产带来的收益超过银行储蓄存款利率。在既定信息条件下，人们的行为可以假设为是理性的。我们不能通过短期市场波动来评判趋势，判断人们的行为和风险特征。证券化金融资产相当多的部分最终是居民部门来投资的，有的是通过基金，有的直接投资。当然，在中国，债券特别是国债中的大部分都成为商业银行重要的资产匹配。商业银行也知道，贷款给企业风险在增大，现在企业效益不太好，进入下降的通道，所以商业银行把债券作为重要的资产来匹配。债券特别是国债流动性好，收益率有 3%~4%，非常安全，他们认为 3%~4% 的无风险收益率很好。我本人并不希望像国债这样的无风险资产过于集中于银行，而是希望成为机构投资者、居民部门的重要资产选择。中国的债券市场问题很大，它不是一个统一的市场，也不是一个财富管理的市场，而是一个分割的市场，这是个大问题。

再看一看银行资产结构的变化以及表内与表外的变动趋势。刚才说了证券化资产，也说了银行信贷资产，我们再看看银行资产内部结构发生了什么变化。根据人民银行最近几年发布的金融稳定报告所披露的数据，2013年至2015年，中国商业银行表内资产与表外资产的比例分别是1∶0.3576至1∶0.4241，也就是说商业银行的表外业务比例在提升，传统的信贷资产占比在下降，以理财为代表的表外业务在逐步提升。这是一个好趋势。最近，监管部门把表外与表内统一监管。最近一个时期，我们的监管出现了一些有趣的现象，出台了一系列眼花缭乱的监管政策，我不知道背后体现的是什么逻辑。学者一般都会研究这些政策后面的逻辑是什么以及想达到的目的。

金融有风险。金融要有风险意识。金融风险永远是金融监管者的基础底线，也永远是金融从业者与生俱来的意识。从事金融不能有赌徒心态，不能有搏一把迅速致富的心态，迅速致富不是金融从业者的心态，是赌徒心态。我们要深刻地意识到，风险与金融与生俱来，金融天生就隐含着风险，就像金融本身就是杠杆一样。有时候我们讲金融去杠杆，我就不明白金融怎么去杠杆。金融的天性就是杠杆，金融怎么去杠杆？去不了的。我们可以适度地降杠杆，通过降杠杆或优化杠杆找到一个收益风险平衡点。我们要根据经济周期和金融周期的一些特点，来确定杠杆使用原则。金融杠杆与经济周期是相逆的。过去金融监管有个很大的问题，就是金融杠杆和经济周期是顺周期的。经济越顺，经济进入高增长时期，金融杠杆就越放越大，实际上无形中为未来增加了巨大的风险。所谓的金融体系脆弱性问题，是内生的。我们没有深刻地理解金融周期与经济周期的相逆性，要研究金融周期与经济周期的关系。金融周期的核心，是杠杆使用原则以及如何使用杠杆。有一个时期煤炭行业高增长，银行蜂拥地给煤炭企业贷款，他们不知道这个时候应该对此行业降杠杆。一直以来，我们没有金融杠杆逆周期理念。现在经济处在下行期，实体经济碰到一些困难，就要去杠杆。在这个时候，去杠杆就是甩包祆、卡人脖子，人家本来就活得很难受，你怎么还去杠杆呢？所以我们可以优化杠杆，可以降一降。金融杠杆也分宏观杠杆和微观杠杆。首先要注意，现在宏观杠杆太高了，我们每增加一个百分点的 GDP，就要更多的 M_2 来支撑。金融的宏观杠杆要降一降。

再说金融风险。金融本质上是经营风险的。银行把贷款给你，银行就在经营风险，你可能存在不能及时还本付息的概率。虽然有某种抵押品、某种担保，但是银行本质上是在经营风险。银行虽然拿了 8% 的贷款利息，这属于风险收益，不是说每一笔贷款都能收回。发债券、买股票，都内在地蕴含着风险。实际上风险不可怕，可怕的是局部的、小的风险变成了系统性的金融风险乃至危机。金融监管要做的事情，就是要设计相应的规则，使局部风险不至于演变成全面的金融危机，监管规则的一个重要功能就是要使风险处在收缩状态，就像堤坝前要放置很多巨石，这些尖锐的巨石可以在巨浪到达堤坝前起到一些衰减作用一样，如果堤坝前没有这些缓冲石，再坚固的堤坝久而久之也会垮。我们就是在微观风险慢慢衍生成巨大风险之前，想办法在前面设置一些障碍，使之不至于迅速地蔓延成全面的金融危机，这就是我们设计很多金融监管准则和标准的原因所在。商业银行有成熟的监管准则，从法定存款准备金制度、资本充足率到拨备覆盖率和头寸管理，都试图在管理或衰减风险。规则设计可以衰减风险，信息披露和透明度可以降低风险，这就是我们要做的规则和制度层面的事。我们不能做的事是将潜在风险现实化。监管的本质就是要让这种潜在风险不至于演变成现实风险。

现在的监管有一点似乎要这种潜在风险提前暴露的趋势。最近有关监管机构出台了一个对同业存款的监管政策，我有点不解。小商业银行非常重要的资金来源就是大商业银行的同业存款，因为大银行资金充裕，又难以找到相对的贷款客户，或者说找到的贷款客户还不如同业存款，平衡风险后，同业存款的收益率也相对高。大银行把资金变成同业存款，小银行将同业存款寻找小客户，这实际上是金融资源的结构性互补。小银行信用相对低，老百姓把钱存在那里相对少，人们喜欢把钱存到大银行如工商银行，老百姓觉得很安全，要是存到一个小的城市商业银行或农村商业银行，潜在风险可能会大一些，所以小银行的资金来源相对紧张。小银行了解当地的情况，但缺乏足够资金，同业存款利率可能是4%，我吸收存款的成本可能是3%，高了1个百分点，但同业存款一下来了50亿元甚至100亿元，有规模性，如果同业存款形成对当地中小企业的贷款，那就是一件好事。通过这种方式把款贷给了小企业，这不就解决了小企业贷款难的问题吗？解决了客户下移的问题吗？工商银行那么大，某地一个小企业，你会给它贷款吗？很难。当地一个小商业银行可能就会贷给这些小企业。现在政策一收紧，这些小银行资金很困难。贷款出去了，这边又要收紧，对小企业贷款，影响了实体经济的发展。我难以理解我们为什么出台这样的监管政策。

对现在的一些监管政策有时真看不懂，包括某些资本市场的监管政策。资本市场的核心功能究竟是什么？虽然早有定论，但实践中有时会偏离。资本市场与生俱来的、最核心的功能就是存量资源的整合、并购，并购重组是资本市场最重要的功能。我们如果仅仅重视增量融资，仅仅把重点放在IPO上，那是没有前途的。美国资本市场的重点在IPO上吗？重点一定是在并购上，规则的重点是推动并购，企业价值成长的动力之一也是并购，资本市场之所以蓬勃发展也在于并购。资本市场通过资产证券化，进而推动存量资源的流动，资产的流动性是并购的基础。世界500强大企业，80%以上都有过并购的历史。并购怎么完成呢？通过资本市场这个平台才能完成，商业银行没有这个功能。但我们似乎对并购是畏惧、忌讳的。最近我们出台了一些限制并购的措施，重点是疏通IPO"堰塞湖"。在资本市场发展中，IPO是非常重要的，没有持续性的IPO，市场规模受限，发展到一定规模后，IPO慢慢退居其次，并购成为资本市场的核心功能。资本市场之所以生生不息，之所以有如此旺盛的生命力，就是在于为企业提供了并购平台，为社会创造了财富管理的机制。

第一，没有资本市场，金融就没有财富管理的功能。老百姓收入增长后，有一个需求，就是财富管理。金融是要满足老百姓的财富管理需求的，金融不是自我服务的，金融的根基在实体经济。为实体经济服务有两个意思：一是为实体经济提供融资等一系列金融服务，二是为社会、为老百姓提供包括支付和财富管理在内的金融服务。高质量的金融服务，不仅仅满足于融资服务，更重要的是要为社会创造一种存量资产的增长机制或者说财富管理平台。如果这个功能很弱，老百姓就会将更多的资金投向房地产。最近几年中国房地产价格暴涨，反映了中国金融财富管理功能的严重弱化，说明中国金融市场化改革还远远没有到位，没有为老百姓提供相应的市场化的金融服务。如果有一个恰当的金融投资渠道，老百姓的理财能够有一个相对稳定的收益，安全又有诚信，我相信很多人会投资到资本市场中来，因为这里资产流动性好，收益与风险相平衡。所以，金融有个重要功能，就是要为老百姓提供财富管理服务，提供资产选择的机制，这就是资本市场的功能。中国发展资本市场，必须在理论上有清醒而正确的认识。资本市场是现代金融的核心和基石，它为金融资产提供了风险的流动机制，提供了老百姓的财富管理机制。这多么重要！

第二，资本市场是企业融资的重要渠道，但更是并购的重要平台，对后者我们缺乏深刻的理解。并购活动在市场上很正常，我们不要一说到并购就觉得有问题。很多企业家现在不敢做资本市场上的并购了。现在增发并购管得特别严，让步于IPO。金融为实体经济服务，不仅仅是IPO（IPO当然很重要），为企业融资只是初级的金融服务，很多企业希望得到更高级的金融服务，如风险管理、支付、资产管理。

这里再谈谈诸如"门外野蛮人"这个问题。金融市场上必然会有野蛮人，发达经济体的资本市场有不少门外野蛮人。"野蛮人"一词在中文里是个贬义词。对既得利益者、上市公司控制人以及管理层，这个潜在的收购者可能是野蛮人，但对市场来说，他可能是价值的发现者、资源配置的优化者。他在高度关注这个市场或这家上市公司，他在寻找机会，哪里有利可图，他就来了。他会对市场形成巨大压力，既给控股股东带来压力，也会给管理层带来压力，这是一种竞争机制。如果野蛮人遵守法律，该披露信息就披露信息，资金是合法的，野蛮人的作用就是正向的，因为他改善了市场的功能，是市场处在健康状态的一种机制。他发现了企业的价值，使价格处在一个正常状态，虽然短期会有些波动。大股东也好，管理层也好，有时会有意地把价格压低一些。有时候上市公司会进行选择性信息披露。财务报表有弹性，法律边界模糊。怎么办呢？这时，门外的那个野蛮人会说，你的股价太低了，他会通过并购机制让股价处在正常状态，或者让市场活跃起来。我们研究资本市场时，只有理解资本市场的规则、精髓，才能推动资本市场的发展。

第三，居民部门的资产结构变化，这个变化也非常快。居民部门的资产结构正在发生重大变化，从狭义角度看，证券化金融资产，从18%（2000年）左右上升到50%左右（2016年）。在居民部门持有的金融资产结构中，证券化金融资产的占比在不断上升。

再看看银行信贷中的比重。"工农中建"四大国有控股商业银行，其垄断程度在下降，其他商业银行的占比在上升。从中国金融机构的发展状况、金融机构数量与其资产增长以及金融机构上市公司市值等亦有较大变化。金融机构的数量相对稳定，2012年是3700多家，2015年是4200家，数量是相对稳定的。但银行业金融机构的资产增长还是比较快的，银行业总资产现在是232万亿元，2003年是27万亿元，也就是说从2003年到2016年这13年，增长了近8倍，特别是2008年全球金融危机之后，增长的速度更快。2008年是银行业金融资产增长的分界线，2008年中国银行业的金融总资产是62.6万亿元，现在是232万亿元，8年期间，增加了差不多3倍。从这里可以看到，银行业金融机构总资产增长速度非常快。其中国有银行的资产增速相对稳定一些，非国有银行增长速度更快。

第四，关于保险业和证券期货业机构。保险公司2003年有62家，到2015年增加到194家。2003年保险公司总资产是6320亿元，到了2015年则增长到123500亿元。证券公司数量相对稳定一些，历史上大都在100家左右，现在是120家左右。但证券公司资产增速也很快，从2007年的17300亿元，到现在是57900亿元。非银行类的金融机构资产规模相对较小，但增长速度快。

再看看金融机构上市公司市值占比。中国已经上市的金融机构有几十家，但是这几十家在近3000家上市公司中市值占比很高。其中商业银行上市公司的市值大概是57000亿元，证券公司是19000亿元，保险公司是

11 200 亿元。金融机构上市公司市值占比最高峰的时候在 2006 年，达到 34%，也就是说整个金融机构上市公司市值占到总市值的 1/3 多，现在大概降到 17%。金融机构上市公司的利润与其他所有上市公司的利润总和相当，占全部上市公司利润的一半。

第五，中国金融资产市场发展状况。大家可以看到，现在市场处在一个相对稳定的发展时期。有些人总是对市场很悲观，天天鼓吹指数上涨。又有学者天天在叫市场泡沫，总认为中国资本市场泡沫很大，要挤泡沫。这两种观点都有典型代表。实际上，经济是有基本面的，市场涨跌是由宏观经济、金融环境、企业状况决定的，不要人为去制造什么概念。概念救不了企业，更救不了市场。机构投资者的占比最近有明显增加。我们一方面希望发展机构投资者，另一方面又不希望发展太快，内心有些矛盾。现在大家预期的是有多少家养老金要进入市场。实际上，我们的社保基金包括各省、市、自治区管理的养老金都应该按比例进入市场。我们这个市场是有投资价值的，是可以保值的。把过多资金投资在房地产上是有巨大风险的。让养老金入市正在进行政策设计。这个政策的出台对资本市场的发展有重要意义。有些观念总认为资本市场的投资是灰色的，有某些法律、政策风险。举个例子，改革开放以来，中国大学发展很快，从 1977 年到现在有 36 届毕业生，校友中有些人挣了很多钱要回馈母校，浙江大学有个人一次捐了 11 亿元。年青一代的企业家捐资办学是怀揣理想的，回馈母校也是他们报效社会的一种形式。学校拿了这些捐款怎么办？大多数学校的校友基金会的资金都是以定期或专项存款形式存在银行，这多么落后，也是不负责任的。实际上可以采取专业化的管理，委托投资，让校友基金有投资功能，有增值机制，而不仅仅是银行存款。银行存款是没有投资功能的。它与投资有根本差别。我们经常说哈佛大学有钱，耶鲁大学有钱，哈佛大学有 350 亿美元的校友基金会，耶鲁大学是 260 亿美元，这么大的校友基金并不都是捐的，大多数是投资收益，通过专业化运作，透明度管理，每年收益大体能保持在 12% 左右，所以才有今天如此大的校友基金规模，学校用的都是投资收益，而不是原始捐款。中国大学校友基金会很少有投资功能，用钱就用原始捐款，既简单又没有政策、市场风险。这样下去的话，捐多少钱都会用光，没有持续性。我们必须把捐款做成投资，使用投资收益。如果基金规模是 50 亿元，每年投资收益 8%，那每年收益就是 4 亿元，要用首先用这 4 亿元，而不是动用那 50 亿元原始捐款。如果没有投资，50 亿元原始捐款 10 年也许就用完了。现在在政策层面上，校友基金用于资本市场投资是灰色的，国家政策既没说允许，也没说不允许。校友捐款一进到学校账户，都成为类似财政性质的资金了。财政资金当然不能进行市场投资。校友捐款是否能投资，政策要明确，同时还要设计投资的收益—风险匹配机制。有些政策要改一改，校友捐款毕竟不是财政性资金，虽然进了学校账户，资金性质是有根本差别的。财政资金是纳税人的钱，校友捐款不是纳税人的钱。如果这部分基金能够进入市场投资，哪怕 30% 用于投资，基金规模会不断增大。我们的政策过去在这方面不明确、不透明，现在正在发生一些改变。

以前我就呼吁过养老基金、退休基金可以按比例地投资于资本市场，在固定收益证券和股票资产上作合理配置。自己都不相信中国的上市公司，怎么还让别人相信？我们的市场还要开放，如果我们自己都觉得股票不能投资，怎么还让别人去投资呢？所以，首先要解决认识问题、观念问题。当然，社保基金、养老金等可以不买小市值股票，但工商银行总可以投资吧？工商银行有什么风险吗？价格长期低于净值，没有什么问题！工商银行财务指标都很好，收益也比较稳定。在资本市场投资方面，我们要转变观念、调整政策。我经常说，自己都不相信的事，怎么可以让别人信呢？自己都不愿意投资的股票，为什么让别人投资？所以首先要相信这个市场。事实上，国家社保基金的投资是一个成功的案例。目前国家社保基金的平均收益率大约在 8%，社保基金有这样高的收益，其中贡献最大的在权益类资产，在股票投资，固定收益证券的投资利润较低，只有 4% 左右，平均 8% 的收益率是通过权益类投资的高收益来拉升的。如果只投资固定收益不会这么高。这就是一个活生生的好案例。社保基金是全国人民的，管理不是很好吗？这么生动的案例我们却视而不见。

有时候我们把资本市场风险妖魔化了，还没有实践就妖魔化了，喜欢望文生义，吓唬别人。以前有一个说法，说养命钱不能投资于资本市场。美国养老金就不是养命钱？也是养命钱。真正对养命钱负责任的做法是要有收益的，最偷懒、最不负责任的做法就是把养命钱存在银行。既然只存银行还要那么多人干什么？如果你要投资，那就要风险评估，投资管理需要专业人员。如果只是把养命钱存银行，这个机构可以不存在，由哪家银行代理，一个人去办下手续就可以了。所以，很多时候我们在基本观念上没有突破，一个貌似神圣的口号约束了我们的想法。

再说说货币的基本情况。M_0、M_1、M_2 这些数据每年都有，M_0 亦即现金，现金的增长速度最近有所下降，可能由我们的非现金支付大幅增长所致。英国《经济学家》杂志对中国经济弯道超车总结了两条：一是高铁技术，中国在这个领域实现了真正意义上的弯道超车；二是中国金融支付方式的变革，特别是基于移动互联的第三方支付，这是中国金融引领全球金融最重要的方面。我们现在多么方便，拿个手机，根本不用拿现金、信用卡，什么卡都不要，可以走遍中国，手机一扫就完成支付了，只要你卡里面有钱就行了。现在现金需求量大幅下降。支付方式的变革使经济交易的成本下降了，效率提高了、便捷了。当然，新金融业态的发展也经历了一个曲折的过程。我们对新金融业态始终保持着高度的警惕，总觉得它会带来新的金融风险。我们对新金融业态，一开始并不是那么欢迎，因为新金融业态从理念上颠覆了传统金融。金融装了一个科技的内核，金融的业态、功能就会发生重大变化，风险也会发生变化，金融就有了飞跃性的进步。我非常欢迎高科技对金融的渗透，它给人们带来这么便捷的金融服务。我现在非常不愿意使用传统金融支付方式，喜欢网上支付。传统金融支付用起来不太方便，要输一大堆号码，如果输错一个，那就要重新输入，稍不留意就要花较长时间才能完成支付。第三方支付，手机一扫，手指一按，一秒钟解决问题。金融服务的宗旨就是要有效地满足客户多样性的需求，客户觉得便捷、安全、有效、低成本，那就是最好的金融服务，你不应该对便捷、安全、有效、低成本的金融服务设置障碍。现在总是设置障碍，比如说额度。第三方支付的额度是比较小的，超过了这个小额度就要回到传统金融中去。为什么要这样？又不是信用交易，为什么要把额度设置得如此之低，核心还是想让消费者回到传统金融中。传统金融的支付服务相对落后，我们有时会采取一些不必要的措施来约束第三方支付。这有悖于金融变革和进步的趋势，令人怀疑。

由于支付业态的变革，货币中的现金大幅减少，这是由金融技术进步引起的。M_1 增长较快，M_2 增长更快，现在已经到了 160 万亿元，M_2 的增速这些年大体维持在 13% 左右。为了防止金融危机对中国经济的严重影响，2009 年中国的 M_2 增速达到了 27.68% 的最高速。一个较长时期里，M_2 增速都大大超过同期 GDP 的增速。这是一个很大的问题。我们的政策有时候过于注重短期效应，不太关注未来和长期的后果。实际上，货币政策必须要在短期效应和长期目标之间找到平衡点。我不是说货币政策不要关心短期经济增长，因为短期效应很重要的是就业问题。货币政策的长期目标则是货币币值的稳定、货币的长期信用基础。我们需要在这两者之间寻求平衡。一国特别是大国的货币政策如果过多地关注短期，一定会给未来发展留下巨大困难。

谈到汇率和人民币币值就必须涉及进出口规模。从进出口贸易规模和贸易顺差看，我国贸易顺差逐年增加，每年都是顺差，从 2000 年的 1 000 多亿元人民币到现在大概达到了 33 000 亿元人民币，不断累积下来，形成了目前如此巨大的外汇储备。近两年外汇储备有所减少，从最高峰的 38 400 亿美元回落到目前的 30 100 亿美元。

跨境结算的规模在逐年提高。人民币作为贸易结算货币的市场占有量近几年在迅速提升。人民币汇率在一个较长时期内都保持上升态势，最近有些波动。人民币汇率（对美元）从 2000 年的 8.27 到 2016 年的 6.3 左右，但是 2017 年 1 月最高跌到了 6.98，现在稳定在 6.8 左右，这种波动是正常的。与此同时，离岸人民币的规模也在迅速增长。这是人民币国际化的重要趋势性特征。

二、中国金融的现实问题和潜在风险

从规模和增长的现实来看，中国金融取得的成就不可否认、有目共睹，但的确存在一些问题。

第一，过度货币化、金融化。这里最重要的指标就是经济的货币化和经济的金融化比较高。从 GDP 的角度看，经济的货币化达到 2.1，经济的金融化达到 3.6，这两个指标是比较高的。过度金融化对未来会形成很大压力。这也是宏观降杠杆的重要内容。经济过度货币化、金融化的指标，意味着未来有巨大的潜在风险。

第二，金融风险。我们要正确理解金融风险。金融与生俱来具有风险。中国金融风险的结构正在发生一些重要变化。从金融资产结构的变化可以看得很清楚，金融资产结构中证券化金融资产的比重在提升，非证券化金融资产的比重在下降。这是什么含义？它蕴含了一个意思，就是中国金融体系的风险结构正在发生变化，证券化金融资产的风险主要来自透明度，也就是信息披露。无论是债券还是股票，必须向社会和投资者如实披露信息，必须向社会完整、及时地披露信息。企业向银行要贷款也要披露信息，但只要向银行披露就可以了，不需要向社会、向公众披露，它是点对点的信息披露。这两种融资方式在信息披露方面有根本性区别。未来我们要高度关注金融市场中的透明度风险，关注公开信息披露。我们过去对银行风险关注比较多，关注资本充足率，关注拨备，关注流动性。过去金融监管一个很重要的指标就是资本充足率，把资本充足率放在核心指标上，试图通过足够的资本来对冲潜在的风险。但是未来越来越多的风险是透明度的风险，这就要求社会的透明度必须提升，监管的重心要慢慢转移，监管的模式也要改变。过去监管模式重点是放在资本充足率上，放在资本不足风险上。对透明度风险监管不够。我们为什么要推动中国金融监管模式的改革？原因主要在于风险结构发生了重大变化。一个时期以来，金融监管改革的议题，大家都在议论。为什么大家非常关心金融监管改革？是因为中国金融的风险结构发生了重要变化，原来"一行三会"的监管模式是基于 20 年前的中国金融结构，实行的是分业监管、分业发展模式。从当时看，这种分业监管、分业发展模式是恰当的，会促使非银行业金融机构和资本市场较快地发展。如果当时就实行统一监管的模式，资本市场就很难发展，就会受到挤压。由于实行的是分业监管、分业发展的监管模式，情况有了重大变化，资本市场发展很快，影响也很大，改善了中国金融结构。但到现在，过去那种监管模式可能覆盖不住风险。我们在分析 2015 年股市危机的时候，一般都认为有一个重要原因就是监管模式出了问题。一些灰色地带触发了创新，超越了"三会"的监管职能。

金融创新有两个基本趋势。一个是绕开资本监管进行创新。如果金融创新、产品创新都是消耗资本的，对资本充足率有影响的，那么这种金融创新是无法持续下去的，因为不经济。在实践中，金融创新一定是节约资本的，不消耗资本或低消耗资本的。所以银行表外业务发展很快，才会有银行理财业务的爆发式增长。银行的理财业务在原有监管架构下不纳入资本充足率监管范围，不消耗资本，同时收益还比较稳定。绕开资本监管进行创新，意味着对这种创新透明度的监管变得非常重要。金融风险本质上就是两种类型的风险，一种是资本不足风险。传统金融业务，外部风险有不确定性，通过资本与风险的对冲，才有可能保证金融机构的安全。另一种是信息透明度风险。这类不消耗资本的金融创新，风险损失与资本金没有逻辑关系。这种创新的金融产品实质上是一种信息集合，发行者必须将里面的信息披露给社会，告诉投资者这其中有什么风险，出现什么问题会带来什么结果，这些都必须告诉大家。

金融创新的另一个重点就是金融结合部的创新，也就是在谁都不管或谁都管不了的地方进行创新，这时监管真空就有可能出现。这就出现了 2015 年的股市危机，网络融资、渠道融资、场外融资是这次市场危机出现的重要源头。场外融资的钱从哪来的？是从银行理财、保险资金来的，通过场外的技术渠道，进入市场，这个领域监管薄弱，是危机的重要原因。所以说，中国金融的发展状况和风险结构的变化要求推进中国金融监管改革。

第三，金融风险与金融危机。金融风险和金融危机有内在的关系，但不是一回事，我们要防范的是金融危机，要防范的是金融风险演变成全面的金融危机。

第四，金融的高杠杆。金融的高杠杆既有宏观杠杆，也有微观杠杆。金融行为或监管必须要有逆杠杆的概念。金融不能去杠杆，但可以降杠杆，可以逆杠杆，这是核心的理念。要把金融周期和经济周期的关系作深入理解，以此来确立金融的逆周期概念。

金融的制度性寻租也是我们目前存在的问题，其中非常重要的就是规则歧视、竞争不充分、寻租和实体经济的高成本及利润侵蚀。这里面重要的是"影子银行"，正规银行通过"影子银行"去寻租，从而加大了实体经济的运行成本。中国的"影子银行"规模很大，说明正规金融体系的改革力度不够，从而容易出现准高利贷市场。

现在，透明度不足所带来的市场风险在上升，这与资本市场有密切关系。中国资本市场最大的问题仍在透明度。透明度不足会给资本市场发展带来巨大危害，最重要的是损害市场的公平与公正。透明度的核心就是信息公开，这是"三公原则"实现的基石。要实现市场的公平、公正，就必须做到信息公开。没有信息公开，没有透明度，就没有公平和公正。这是资本市场得以存在并发展的基本原则。资本市场从开始那一天起，就把透明度原则放在最重要、最核心的位置，它是实现公平和公正的基石和前提。实际上，社会运行大体上也是遵循这样的原则。

目前监管结构呈现出某种非匹配性，"一行三会"的监管对象已经与20年前完全不同。金融结构已经发生了巨大变化，金融创新不断呈现，这种变革在提高金融效率的同时也在不断滋生巨大的金融风险。风险在那里不断地溢出，但却没有人去关注、去约束。当前监管定位的不确定性也是一个重要问题，监管主体通常会演变成发展的主体，监管功能缺位，不理解金融监管的核心要义。实际上，发展不是监管主体的核心责任。

三、中国金融如何构造一个大国金融

在中国，构造一个大国金融，这始终是我们心中的理想。在2014年12月30日张德江委员长主持的全国人大常委会讲座上，我就这个主题做了一次讲座，就是讲中国如何构造一个大国金融，讲如何建设国际金融中心。简单地说，中国金融的战略目标主要由三点构成。

第一，要建立开放型的大国金融。

第二，中国资本市场要成为全球新的金融中心，这个目标不可动摇。用

张德江委员长的话讲，这是"中国梦"的重要组成部分。世界上任何一个周期性大国的金融市场都将成为国际金融中心，从 13—14 世纪意大利的威尼斯，到 16—17 世纪的荷兰阿姆斯特丹，再到 17—19 世纪的英国伦敦和 20 世纪的美国纽约，无一不如此。20 世纪 80—90 年代的东京，差不多成了全球新的金融中心，但由于金融战略的失误和金融模式的缺陷，现在离金融中心渐行渐远。中国要在未来经济发展中处于世界领先地位，构建一个全球性金融中心是题中之义。中国所构建的全球性金融中心主要是以上海市场为核心，也包含深圳市场。我认为 2020 年以后中国金融特别是资本市场一定会成为全球新的金融中心。

第三，具有国际货币功能的人民币。人民币未来不但是完全可交易的货币，而且应具备储备功能，有点类似于美元的功能。当然我们应该清醒地意识到，在 50 年之内人民币不会挑战美元的全球地位，但是人民币应在国际货币体系中占有重要的地位，第二或者第三的地位。在 IMF 的 SDR 份额里面，人民币已经处在一个相对重要的位置。

种种迹象表明，全球新的金融中心正在向着有灿烂文明和具有巨大发展潜力的中国漂移。五年前，我着迷地研究全球金融中心漂移的历史。研究发现，全球金融中心随着世界经济、政治格局的变化会发生漂移，尽管这种漂移的速度非常缓慢，但有种种迹象表明漂移的趋势正向着中国方向移动。21 世纪新的国际金融中心正在漂向中国。我们现在比任何时候都更有机会成为全球新的金融中心。我们要抓住机遇、顺势而为、推进改革、扩大开放，就改革来说，最重要的是透明度改革。没有透明度就没有资本市场，更不会有国际金融中心，这个道理我们要深刻理解。我们还必须提高社会的法治能力和法治建设水平。透明度和法治是建设国际金融中心两个最重要的要素。

在国际金融中心形成过程中，金融结构的转型是其基石，最重要的证券化金融资产占比要逐步提高，只有这样才能成为全球新的国际金融中心。中国所构建的全球新的国际金融中心的功能定位一定是人民币计价资产的交易中心、全球财富的配置中心，而不是货币结算中心，也不是全球货币的定价中心。全球货币的定价中心在伦敦。未来全球有两个重要的财富管理中心，一个是纽约，一个是上海（深圳），一个是美元计价资产，一个是人民币计价资产。这是未来全球两种最重要的资产，全球的投资者都要配置这两种资产，这是我们的战略理想。我想，我们完全有信心实现心中这个伟大目标。

金融监管要有理论逻辑

——在"首届（2017）中国金融教育发展论坛"上的主题演讲（摘要）

【作者题记】

这是作者 2017 年 5 月 20 日以全国金融专业学位教学指导委员会副主任的身份在"首届（2017）中国金融教育发展论坛"上所作主题演讲的第二部分内容，后被多家媒体转载，引起了较大反响。此处收录的内容刊登在 2017 年 6 月 2 日的《上海金融观察》上。

习近平总书记在主持中央政治局有关金融问题的学习会上提到，金融安全是国家安全的重要保障。如何理解金融风险，在金融教学和研究中非常重要。

一、没有杠杆就没有金融，风险与金融与生俱来

现在，金融生活中或者金融理论研究中有很多新的术语，我们需要认真思考这种现象。现在我们似乎进入一个概念不断被创造的时代，我对这种概念"不断被创造"的现象深表忧虑。现在似乎天天有新概念，天天在学习新概念，天天在阐释新概念。实际上，从理论研究的角度来看，概念是比较稳定的，不可随意更换、创新。现在人们热衷于谈金融去杠杆。我不知道，如何"去"杠杆？为什么"去"杠杆？我们很难"去"杠杆，只能"降"杠杆或"优化"杠杆。金融本质上就是杠杆，金融自诞生那一天开始，杠杆就出现了。也有人说要把金融风险消除在萌芽状态。实际上，金融风险是消除不了的，更不可能消除在萌芽状态。因为，风险与金融与生俱来。有金融那一天起，风险就已存在。金融的背后就是风险，没有风险就没有金融。风险就是未来的不确定性。我们能做的是，不要让金融风险变成全面的金融危机。

所有的规则和行为包括监管准则、现场监管等都是试图防止这种微观层面的金融风险变成全面的金融危机。防范系统性金融危机，是我们的底线和最重要的任务，并不是说把所有的金融风险都控制住。过度理解风险控制就会得出金融"去"杠杆的荒谬建议。金融的杠杆功能是去不了的，没有杠杆就没有金融，也没有效率。我们唯一能做的是适度"降"杠杆，把风险控制在一定范围、一定程度。

二、监管不能用过去的标准看待不断变化的金融

我经常在想有些词的核心含义，比如说"监管"。监管的核心要义是什么？监管显然是防范金融风险蔓延的重要屏障。但是，监管首先是要观察事物的发展趋势，观测到风险点，要判断这个风险点有多严重，不是说一定就要把这个风险点挑破，制造风险。我们要科学、完整、系统地把握金融风

险，这非常重要，并且这种把握一定是站在金融未来发展的趋势角度，而不是站在保护落后的金融状态的角度。要理解，金融是有生命力的；要理解，金融是和科技密切相关的一种业态。也就是说，现代金融的生命力在于科技的应用，没有科技这个心脏就没有现代金融。科技植入金融体系后，金融的业态和风险都会发生变异。这需要认真研究和仔细观察。要对这种变异的风险和传统的风险进行科学比较。如果把这个变异的风险看成金融危机的来源，那就出了问题。

我们要站在这样的角度，站在金融与科技结合的角度，站在金融未来发展趋势的角度去观察今天金融的一系列问题，才能看得清楚。从过去的角度、用过去的标准去看待不断变化的金融，我们会做错很多事，监管就会成为阻碍金融发展和金融技术进步的力量，就会让本来的潜在风险变成现实中的剧烈的人为风险。

三、某些监管政策缺乏理论逻辑，把灵魂看成了幽灵

我非常欣赏有深厚理论逻辑的专家学者。在金融界，有为数不多的具有深厚理论素养，同时又能正确把握未来趋势的专家型管理者，人民银行周小川行长是其中的典型代表。他有很强的理论逻辑能力，他的文章很有趣但不太直白，他的论文经常放在人民银行的网站上，并不乐意在学术期刊上发表。他的论文代表人民银行研究的动向和政策趋势。他的论文读起来有点晦涩，不会直面告诉你是什么或者不是什么，但若慢慢品味很有意思。他的讲话一般外行人也听不懂，慢条斯理还有点绕，但有很深的理论逻辑。我始终认为，在金融领域有很深的理论逻辑，很多工作会做得更好，政策混乱的现象会相对少。

坦率地说，前一段时期，某些金融监管政策的出台就有点"唐突"，我为此感到忧虑。为什么会这样？出台的政策缺乏理论逻辑。把正常的东西看成不正常，把灵魂看成了幽灵。资本市场的收购行为怎么了？没有并购重组还是资本市场吗？资本市场最重要的功能就是并购重组而不是增量融资。增量融资功能远不及商业银行，商业银行每年新增贷款八九万亿元，资本市场最多一万亿元。但资本市场之所以在现代金融体系中处在核心地位，是因为它

有存量资源的配置功能，这是商业银行所不具有的。对存量资源的重新配置是经济生活中最重要的功能。增量容易存量难。存量涉及利益结构的调整，价格的确定。世界上大多数500强的公司都进行了并购重组，实现了资源的整合。

四、不可以把资本市场发展的重点放在IPO上

资本市场的并购重组是其最基本、最核心的功能，没有这个功能，资本市场就没有生命力，也就没有什么存在的价值。我们不可以把资本市场发展的重点放在IPO上，虽然IPO有它的某些现实性，但是资本市场的核心是并购，资本市场的规则重心是推动并购重组。我们当然反对虚假并购重组，我们反对操纵市场基础上的并购重组，反对内幕交易，但是，我们必须推动合理有序、透明的并购重组。中国要建立现代金融，一个非常重要的任务就是推动资本市场的发展。资本市场不发展，并购就很难，也就难以建设现代金融体系。现代金融不是融资金融，传统金融主要是融资金融，现代金融最重要的功能是要风险配置和财富管理。要完成风险配置和财富管理，就必须推进资产证券化。这样，资产才能流动，风险才能配置，这就是资本市场的作用。

所以，资本市场的很多政策都要从这个角度去思考。比如说，资本市场要发展，就一定要有大量的机构投资者进入。过去天天呼唤机构投资者，但是一旦机构投资者真来了的时候我们又不适应。中国资本市场没有机构投资者怎么得了？机构投资者有些是财务投资者，有些是财富管理者，有些是并购者。在资本市场上，门外有些野蛮人挺好，他是市场功能的校正机制，价格合理形成的推动者，会使场内人有一种竞争的压力，能够让资源得到有效的配置。这些都是现代金融的基本要素。

五、同业存款的大幅增加，反映出中国金融竞争不充分

现在对商业银行的同业活动开始加强监管。同业存款大幅增加，是目前金融制度的必然产物。大银行有国家信用做担保，负债廉价而充足，又找不

到有效的投资渠道，所以这些大银行充裕的资金成为中小银行同业存款的主要来源。同业存款的大幅增加，反映出中国金融竞争不充分。我们不能把它扼杀死，如果扼杀死，小银行就不行了。小银行本来信誉就不高，大银行的同业存款就是它重要的资金来源，通过客户的下沉再找到一个大银行所不能服务的客户群体，完成资源的有效配置，我不认为这是什么大的问题。这实际上是中国金融发展到现在的一种必然现象。

六、过度强调风险，会阻碍金融的进步

金融人才有个意识至关重要，是永远不能忘记的，那就是风险意识。风险意识是金融人才与生俱来的禀赋，没有风险意识的金融家迟早会灭亡，终究会踏上不归路。所以，金融人才 DNA 中的风险意识是不可或缺的。我们永远不能铤而走险，永远不能有一赌赢天下的冒险之举。风险意识除了技术层面的风险管控、对冲外，也包括遵守法律。

风险意识需要科学理解、系统把握。如果理解不当也会导致金融裹足不前。有些人机械地理解风险意识，以至于无所作为、不思进取，走路都怕踩死蚂蚁。这就如同出门有可能会被车撞到一样，他选择了不出门，选择了宅在家，这就走向极端了，这样的风险意识是僵化的。显而易见，我们还是要出门，而且要开车出门，开车出门效率高。从概率上看，开车出门肯定比你宅在家被车撞到的概率要大，但是效率大大超过潜在风险。不要把风险意识作僵化理解，那样的话，金融就没有效率，更谈不上进步。

有些人过度强调风险，以至于被风险吓住了。这只会阻碍金融的进步。所以，要科学、完整地理解风险，要在推动金融变革和科技进步的基础上，在提高金融效率基础上，在最大限度地满足客户需要基础上来控制风险。适度的风险意识是金融人才培养至关重要的内容。

我们已经进入资本监管与透明度监管并重的时代

——在"第二十一届（2017 年度）中国资本市场论坛"上的演讲（摘要）

【作者题记】

这是作者 2017 年 1 月 7 日在"第二十一届（2017 年度）中国资本市场论坛"上的主题演讲（摘要）。本次论坛的主题是"中国金融监管改革"。

　　非常欢迎大家来到第二十一届（2017 年度）中国资本市场论坛。论坛举办了 21 年，每举办一次都非常的感慨。关于今年的主题，我们对很多议题进行了讨论。2016 年研究的主题是市场危机。2016 年有一个主题词频繁出现，就是"防控金融风险"。为此我参加了很多讨论，都在研究风险点有可能在哪里爆发，以及我们应该对中国金融监管架构做什么样的改革。监管部门做过多次研究，据说这个话题现在比较敏感。"一行三会"都是监管部门，每个部门有自己的主张。大学研究机构应对这样重大的问题进行深入研究。中国金融监管模式是中国金融改革发展中一个极其重大的问题，对此不能望文生义，也不能简单套用某一国的模式，必须基于中国金融的变化和风险特征来选择什么样的模式。

　　沿着这样的思路，最后确定了今年的研究主题，即"中国金融监管改革"。为此，我们研究团队花了 4 个月的时间，讨论中国金融监管的逻辑、目标，以及为什么要推动金融监管改革。在做了深入研究后，形成了关于中国金融监管改革的研究报告，即《中国金融监管改革：比较与选择》。受时间约束我就不对报告做详细的解读，主要讲讲中国金融监管改革的逻辑思路。

　　如果逻辑思路不清楚，对监管模式改革的讨论就会缺乏理论支持，甚至望文生义。我们研究的逻辑思路是这样的：首先，之所以提出中国金融监管改革，一定意味着现行的金融监管架构可能难以覆盖现在越来越复杂、越来越严重的金融风险，这是一个基本命题。如果现行的金融监管架构可以将95% 以上的风险覆盖住，那也就没有必要做大的改革。

　　其次，必须思考中国金融风险有什么新特点？为什么现在这样的监管架构和模式难以覆盖现有的金融风险，以及站在未来的角度看金融风险会有什么新变化？新的金融风险，或者说金融结合部的金融风险是由什么因素促成的？这些都要思考。多元风险与金融结构的变化有什么关系？这就触及一个基本问题：中国金融结构特别是金融资产结构，在过去 20 年乃至于未来相当长时间内已经或即将发生怎样的变化？因为，重要的风险都是来自金融资产本身。

　　沿着这个思路就要从基础研究做起。从 1995 年到 2015 年这 21 年时间里，中国金融资产结构发生了什么？研究后发现，在这 20 多年中，中国金融资产结构正在悄然发生变化。这种变化可以用多组数据来表示。

金融资产是一个比较宽泛的概念，有不同的标准。我把金融资产主要分为三类标准。狭义的标准是 M₂ 加上证券化的金融资产，分析主要以这个标准为主；中间口径是银行信贷资产加上证券化金融资产；最宽泛的口径是所有金融机构的金融资产加上证券化金融资产。

无论哪种口径，都会发现证券化金融资产占比在提升，而且提升的速度在加快，其中证券化金融资产中的债券类的资产增长速度更快。到目前为止，债券类的资产和股权类资产加起来约 100 万亿元，分别各占 50 万亿元；基于不同口径，银行金融资产最窄 100 万亿元、最宽 200 万亿元，都呈现出上升的趋势。

居民部门持有的金融资产中证券化的比重也在提升，这表示中国金融体系正在悄然发生变化。金融资产结构变化和居民部门持有金融资产的结构的变化，实际上预示着全社会和整个金融体系风险结构都在发生变化。也就是说，过去中国的金融风险因为银行体系资产占比非常高，达到 80%~90%，所以，在那个时代中国金融体系的风险主要来自资本不足风险。因此，资本充足率成为那个时代监管的基础性指标，从《巴塞尔协议Ⅰ》到《巴塞尔协议Ⅲ》都是围绕资本监管展开，包括"中国版《巴塞尔协议Ⅲ》"也是以资本充足监管为基石展开的，其他的监管指标都是以这个指标为前提来展开的。这是因为那个时代的风险主要是来自资本是否充足的风险，我们试图通过资本充足率来防止风险的外溢，这个思路是正确的。

但是，随着金融资产结构的变化，你会发现来自透明度的风险在增大。对金融风险，人们做了很多分类，包括信用风险、流动性风险、操作风险等都是大家非常熟悉的分类，但是，在金融体系中，最基本的风险就是两类，即资本不足风险和透明度不足风险，这两种风险是金融体系中最基础的风险。随着金融资产结构中证券化资产比重的提升，透明度风险在上升。从全社会金融资产中证券化金融资产比重上升的趋势，可以得出这样的判断，而且，即使从银行体系内部资产结构的变化也可以看出端倪。商业银行表外和表内资产的变化是比较明显的。从银监会发布的商业银行表内、表外资产的变化，可以清楚地看到，表外业务的比重在迅速提升。

我们对工商银行、招商银行和北京银行这3家具有代表性的银行内部资产的结构变化做了深入分析，结论也非常清楚，表外资产的比重在逐步上升。虽然表外资产不完全表现为透明度风险，但是它越来越多地与透明度风险有关，因为表外资产中的一部分表现为理财产品。理财产品和其他证券化产品最重要的特点在于信息透明度，也就是说风险来自透明度不足。2008年全球金融危机本质上是一种透明度危机。从风险结构变化看，透明度的风险在迅速上升。

如果说这种分析成立，再加上未来中国要构建一个市场主导型的金融体系，也就是说构建以发达资本市场为基础的现代金融体系，那么透明度的风险则表现得更加明显。

基于风险结构的变化，由于原来的监管模式，并没有把透明度风险放在特别重要的位置，导致潜在的金融风险在不断上升。由此看见，未来中国金融体系的风险将会由资本不足为主的风险演变成资本不足和透明度不足并重的双风险。双重风险时代已经来临。现在我们还不能说中国进入透明度为主的风险的时代，因为证券化金融资产在全社会金融资产中的占比并没有超过50%，即使按狭义的口径也没有超过，况且，债券和股票的风险来源也是不一样的。债券风险来自透明度，但是它与股票类资产风险的透明度并不是同一个概念。

现在，新金融业态已经发展很快。新金融业态以互联网金融为标志，更多地表现为透明度风险，并不主要表现于资本不足风险。也就是说，我们对新金融业态的监管不能把重点放在资本不足上，或者说不能把重点放在资本充足率指标上，而应该放在透明度上。基于这样的判断，由于透明度的风险有明显的提升，这就要求我们改革现存的金融监管架构。

基于上述风险的结构性变化，关于中国金融监管改革可以得出以下判断：

第一，监管模式上要实现微观审慎监管与宏观审慎政策功能上的相互协调与统一。

第二，监管架构上，可以保留现行的"一行三会"的模式，但是监管的重点要发生重大的变化，或者说，我们可以进行适当的改革和调整，由目前扁平化的结构过渡到双峰监管模式阶段。所谓双峰模式，一峰是对机构风险和市场风险的监管，包括资本不足风险和透明度不足风险，这里可以设置两类不同功能的监管主体，这是金融体系稳定的前置监管；另一峰是金融体系稳定的机制。后者是央行的职能，这两种组合也是可以的。

第三，监管的重点应该从资本监管为主逐步过渡到资本监管与透明度监管并重。

第四，监管的方式应该从传统监管走向智能监管与传统监管的结合，并逐步以智能监管为主。智能监管的前提是要有一个与之相匹配的金融基础设施。中国的金融基础设施严重不足，包括云计算、大数据、信用评级等。为此，必须加快金融基础设施的建设，补齐金融监管现代化的短板。

2016 年的演讲

没有自由化就没有金融的便利和进步

——在首届"人民财经高峰论坛"上的演讲（摘要）

【作者题记】

这是作者 2016 年 12 月 27 日在由人民网主办的首届"人民财经高峰论坛"上的演讲（摘要）。

如何控制金融风险是目前大家特别关心的事情。我也认为，我们应该控制系统性金融风险的发生。系统性金融风险实际上指的就是金融危机。我们现在面临的问题，关键不是只说目标，而是一定要做到，不能辛辛苦苦40年，一夜回到解放前。

金融危机有极大的破坏力。如何做才能达到这个控制风险的目标是需要我们思考的问题。我们是要硬性控制，还是通过改革来完成？我经常说，就像现在北京的汽车非常多，过去上街容易被自行车撞到，因为自行车太多了，现在如果是上街，从概率上来说，被汽车撞到的概率是比较大的，因为汽车的量多了。但是，并不意味着我上街会被汽车撞到的概率大，就不上街了。街还是要上，我们需要对交通进行系统性的改造。因为车多了，道路需要拓宽，规则也需要调整，这样风险就会减少。这就需要对当前的中国金融乃至于未来的金融会发生什么样的变化，做一个深度的理解。这是我们控制系统性风险的前提。

我在想，最近一些年，乃至未来的一些年，金融结构会发生重大的变化。所谓金融结构，主要指金融的资产结构，也就是说，由于金融脱媒的力量带来了金融资产结构的变化。这里面非常重要的趋势是正向化的金融资产的占比，在整个金融资产中是呈现上升的趋势。因为金融的正向化资产比重上升了，它会带来风险的变化。大家知道，证券化金融资产的风险主要来自透明度，非证券化金融资产的风险主要来自资本不足，所以在金融体系里有两大基础性风险，一个是资本不足的风险，一个是透明度的风险。

正是从这个意义上说，我们可以看到，商业银行以及银行类金融机构想通过资本的充足来对冲未来的不确定性，防范风险外溢。所以，对于我们的银行和银行类金融机构，资本监管是它的基石。证券化金融资产，包括一部分或者相当一部分的商业银行的表外业务，你会发现它和资本开始渐行渐远了。也就是说金融创新有一个基本的趋势，是要绕开资本的。因为它认为如果这项业务要消耗资本，成本会非常昂贵。因此，所有的金融创新都要走那种低消耗资本或者不消耗资本的产品和业务，向那个方向发展，就带来了所谓的金融脱媒。

金融脱媒更重要的还是基于金融自由化，这是非常重要的。没有金融的自由化就没有金融脱媒的出现，就没有金融的革命。我最近看到网上有很多人批评中国的金融自由化，非常吃惊，难道我们的金融活动要回到计划经济时代吗？难道所有产品的价格定价也要回到那个时代吗？他们不理解金融的灵魂就是自由化。没有自由化就没有金融的便利，就没有金融的脱媒，就没有金融的结构性变化，就没有金融的进步。我对此非常忧虑。

当然自由化这个词在中文里是一个贬义词，人们经常会把它和其他的事态相联系。但是，在金融学里，金融自由化是一个中性词，表示不要让监管过度。可以监管，但是不要过度。

我想这是一个基本的趋势。脱媒的出现才会使得金融的资产结构发生重大变化，从而才可以满足各类人和各类企业对金融服务的需求。没有金融脱媒的出现，金融服务是非常单一的。因为脱媒出现以后，融资者选择了证券化的融资工具，投资者也开始慢慢转向了证券化的资产来进行配置，这就是资本市场蓬勃发展的原因。资本市场的蓬勃发展来源于脱媒，它不来源于简单的实用主义，而来源于金融自由化的趋势。

从风险的角度来看，你会发现透明度的风险在今天中国的金融体系里变得特别重要。这预示中国金融的监管要从原来的注重资本监管为主，慢慢过渡到资本监管和透明度监管并重的时代。也就是说，我们不能把太多的精力放到资本监管上，因为金融的创新是绕开资本进行创新的。

这实际上提出一个新的命题。中国金融体系由于这种金融结构和风险的变化，从而带来了监管结构的变化，所以中国的金融监管需要调整，这是基于中国的金融基础发生了重大变化。即使是来自资本监管，事实上也要做实时的调整。

监管是指什么呢？现在的"一行三会"。

我认为，"一行三会"在相当长时期里推动了中国金融业的发展。我并不天真地以为，我们要搞一个大一统的模式，因为中国金融的发展是最重要的。我们控制风险，也是为了发展。我们控制风险不是让这个行业停止、不前进。不动不是我们的目的，不动是没有风险的。我待在家里面，不出门，绝对不会被车撞到，但那是没有意义的。

所以，关于"一行三会"，我认为还是不错的，最低的要求是对它们的功能结构进行调整，要加大透明度的监管。在监管职能分离上，透明监管的比重要大幅上升。因为来自透明度的金融产品已经开始占到整个金融产品的约 50% 了。也就是说，从金融资产最窄的口径——银行信贷资产、证券化资产、债券和股票，大约是在 200 万亿元，银行的信贷资产在 100 万亿元，债券在 50 万亿元，股票在 50 万亿元，加起来是 200 万亿元。这就是说来自透明度的金融已经占到 50%。

债券和股票对透明度的要求不完全一样。因为债券更多的是对信用的要求，股票更多的是来自透明度的要求，但是债券也有部分的透明度。从这个意义上说，要调整他们的监管职能，从功能上看进行分开设立。当然也许人们说，你这个价格没有变，这是一个扁平化的监管结构。当然我们也可以认真研究，随着时间的推移，我们未来究竟应该设立一个什么样的监管架构。

马上要开全国金融工作会议，我看到两个消息，比较忧虑。一个是批中国金融的自由化。实际上，中国金融自由化远远不够，中国的金融创新远远不够。还有一个，批金融业的利润，金融业的增加值，说超过了美国，说达到了 10.5%，以此来类推中国的整个资金是趋于虚拟化，不走向实体，以此来诟病整个金融业。

我不理解这个数据是哪里来的。中国 2016 年的 GDP 大约是 73 万亿元，如果按照它的口径来说，那就意味着我们金融业的增加值 8 万亿元。我算不出来金融业怎么会有 8 万亿元的增加值，我们信贷资产是 100 万亿元，我专门问了郑万春行长，我问银行业的资产利润率是多少，在我的理解中是 1% 到 1.2%，他告诉我就是这个数字，按最高算，也就是 1.2%，1.2 万亿元的利润，再把人工的成本叠加一下，再加 1.2 万亿元，就是 2.4 万亿元，这是银行业，银行业是占主体的，还有 1/3 是非银行业的其他金融机构，就算 1 万亿元，那也就是三四万亿元，3.5 万亿元左右。

根据我的判断，我不知道 10.5% 是从哪里来的，怎么会有 8 万亿元的增加值，我估计大约 4 万亿元的增加值会有的，4 万亿元也就是 5.5% 左右，我认为这是一个比较合适的数字。我想说，在全国金融工作会议之前，弄出这么个东西出来，我认为不利于中国金融业的发展。

另外再说一下监管，我们究竟需要什么样的监管。我最近花了大概两个月的时间，系统研究了一下中国金融结构的变化、风险结构的变化，以及包括英国和美国的金融监管的变化等，并进行了比较。

我们可以做一些改革。这个改革，我自己心中的理想模型是一个双峰模式。我不希望央行一统天下，这种一统天下的单一模式没有理解金融体系的风险是分层的，有的是来自市场的风险，有的是来自体系性风险。维持金融体系的稳定很重要，但是之前一定要设置很多堤坝，把风险慢慢衰减。在新风险之前不设置阻隔风险的机能是不行的，巨大的风险会把堤坝冲垮。我们一定要在体系性风险前设置一些机制，让那些潜在的风险衰减下来，最后才能使我们整个金融体系维持稳定。

所以，我对这种双峰的模式比较赞赏。一个是央行的体系性稳定，另外一个是前置性的，防止市场风险的爆发，使市场风险衰减，维持整个金融体系的安全。

回归常识，把握中国金融的未来趋势

——在"第四届华夏基石十月
管理高峰论坛"上的演讲

【作者题记】

这是作者 2016 年 10 月 29 日在"第四届华夏基石十月管理高峰论坛"上的演讲。

一、专业知识只能解决 1% 的问题，而常识能够解决 99% 的问题

非常荣幸，能够参加第四届华夏基石十月管理高峰论坛（以下简称华夏基石十月论坛）。我与彭剑锋教授、吴春波教授、施炜博士相识于 1983 年，那是在人民大学读研期间，我们几位是同班同学。我认为，人民大学在管理学领域始终具有创新意识，具有现代化公司管理的理念，而且始终不乏优秀的管理学家团队，我为他们而感到自豪。

今天与会的，除了我的这些老同学外，还有陈春花教授等中国杰出的管理学家。学术是没有边界的，我们这些人经常在一起交流、碰撞，彼此可以给出很多启发，并最终总结提炼出了成体系的学术思想。

这一届华夏基石十月论坛的主题是回归常识。对当下中国而言，回归常识是如此重要。但是事实恰恰相反，我们所看到的种种现象都在背离常识，这就导致从社会到国家治理都出现了问题。我们未免不解，为什么经济越发展、收入水平越高，人们的行为却越发怪异、幸福指数却越来越低？事实往往很简单，简而言之，是社会在很多方面越来越背离常识的结果。因此，无论是从企业管理出发，还是出于对社会行为的导向性，最终都要回归常识。

作为对人们行为规范的指引，常识在很多时候都要比专业知识更为重要。专业知识只能解决 1% 的问题，而常识能够解决 99% 的部分。常识如果背离了指导人们行为规范的宗旨，那么这个社会就会产生分歧。

作为一名金融领域的教授，我想和大家交流的是关于中国金融的未来，这其实也是常识的一部分。在任何时代，我们都必须要面向未来，去寻求一条相对正确的路径，并努力保持一种持续发展的态势。对国家而言，对金融市场的定位则是制定国家战略所必须具备的常识，如果不能立足于常识，那么偌大的国家，一个弯路走下去，时光就可能会蹉跎 100 年。

我们知道，中国的战略目标是成为一个世界性的大国，因此在整个经济的发展过程中，如何构建与大国相匹配的现代金融，就成为一个至关重要的问题。

金融的问题非常复杂。因为担任着国家金融规划委委员的职务，我多次参加"十三五"金融发展规划的讨论。在这些讨论中，有一个非常重要的命题，是如何把握未来中国经济的趋势。而根据我的研究，我把中国金融的未来分为五个部分，试图对中国金融的未来做一个解释。

二、中国人民币的未来

迄今为止，人民币仍然难以自由兑换，人民币的自由化改革只完成了90%，自2016年10月1日起，人民币成为国际货币基金组织SDR[①]的重要组成部分，其中，中国的份额是10.92%。

这是一个里程碑事件，但是人民币仍然没有完成可自由交易的目标，所以，尽管官方的数据是10.92%，但是我们实际的市场份额还远远低于这一比例。并且，在加入SDR之后，人民币还呈现出贬值的趋势。这导致了一种普遍的担忧，所以很多有钱人都在问，要不要兑换一些美元资产来规避风险。

因此，摆在我们面前的就是，首先要完成第一个阶段的目标，使人民币成为一个可自由交易的货币，这应该是人民币未来发展的基础。而第二个目标则是使人民币成为一种储备性货币。

事实上，由于某种原因，人民币的贬值自有其基本的逻辑，首先我们可以看到，我们M_2（广义货币供应量，即M_1+企事业单位定期存款＋居民储蓄存款）的规模大约占到了GDP的250%，即2.5元可以兑换1元的GDP，这意味着，我们货币的规模非常大。所以现在，当GDP的增速在6.5%左右的时候，M_2的供应量却达到了12%~15%的水平，其增速大大超过了GDP增速。所以，从某种意义上说，人民币的存量部分会越来越大，以至于在GDP的总量为66万亿元的时候，我们的M_2却达到了近150万亿元的规模。

在这样的背景之下，如何将存量越来越大的M_2的购买力释放出来，就

---

① Special Drawing Right，特别提款权亦称"纸黄金"。SDR最早发行于1969年，是国际货币基金组织根据会员国认缴的份额分配的，可用于偿还国际货币基金组织债务、弥补会员国政府之间国际收支逆差的一种账面资产。其价值目前由美元、欧元、人民币、日元和英镑组成的一篮子储备货币决定。

成为政策必须要考虑的问题。同样的情况如果发生在 20 年前，在如此之大的货币供应速度以及货币存量之下，CPI（通货膨胀）会成为非常严重的现象，而在现在，尽管货币的存量巨大，但我们的 CPI 却始终保持在 1% 到 2%，这说明，如此巨大的货币压力并未引起 CPI 的上涨。

由于受到体制、文化和习惯的影响，我们目前有很多货币成为存量货币，比如在我们的反腐败浪潮中，经常会听到，在某贪官家里面搜到几亿现金这样的新闻，因为有存款实名制的要求，他们不敢把这么多的钱存进银行。那么，这部分现金实际上也是 M_2 的重要组成部分，只是它并没有发挥货币的作用罢了。

当然，这只是 M_2 中的一小部分，大多数货币还是处于流通之中的，那么它所带来的压力就需要得到释放。而释放 M_2 压力的途径有以下几种。

（一）当前释放 M_2 压力的三大出口

1. 房产投资，但一味投资房产是非理性的

由于我们整个金融体系暂时还不能为投资者提供多元化的可供选择的资产，这个时候，老百姓只能去买房子，所以中国的房价会越来越高，特别是一线城市的房价。因为在这些地方，房子仍然是比较稀缺的，并且它是一种不可再生的资源，尤其在一些重要的地段，它会有很高的收益预期。

基于这一点，我认为，房价还会不断上涨。但是有学者认为，北京的房价预期会达到 50 万元至 80 万元（单价），我认为这种判断就太荒谬了。如果出现了这种情况，只有两种可能的结果，要么是人民币发生了极为严重的贬值，要么就是国家出了大事。

但是我认为，人民币不会出现严重的贬值，这一基本判断应该是能够成立的。人民币的长期信用基础是中国的立国之本，是中国金融稳定的基石，如果人民币出现了大幅度的贬值，国家一定会出大事。同时，我也并不认同对中国政治问题、社会问题的悲观判断，我认为这些言论证据不足，甚至有些蛊惑人心。

但是，无论如何，人们手里是有了钱的，从而，他就一定会有投资的需

求。而整个金融体系却没有提供一个可以自由选择的、多样化的、收益与风险相匹配的资产，那么人们就只能去投资房地产。只是，人们购买一两套房子是可以理解的，但是，如果再去买更多套，从投资的角度，从理性以及逻辑的角度看，我认为这是没有价值的。可是，市场有其非理性的一面，很多人仍然在这样做，因为这是 M_2 的重要出口。

2. 资产价格交替变动的规律

尽管在今年，股票的价格有所下降，但是在去年，股票价格飙升，并抑制了房地产的价格。

股票是一种证券化的金融资产，房子是不动产，但是，由于高杠杆率在发挥作用，所以在人们的观念中，它同时也是一种金融资产。那么，人们会在各种金融资产之间作出比较，以期获得比较收益，所以，在房价上涨的阶段，股价就会下降，债券等市场也会发生变化，这是人们进行资产选择的结果。

3. 人民币一定幅度的贬值属正常范畴

从 2016 年 10 月 1 日开始，人民币出现了一定幅度的贬值，在我看来这是正常的，是人民币市场化改革过程中的必然现象，这是可以理解的。世界上没有哪个国家在本国货币市场化、国际化的过程中能够保持不断升值或者一成不变。

目前人民币的汇率是在 6.7~6.8，我认为，这是一个尚可容忍的范围，既是正常的，也并不难以理解。事实上，人民币贬值也是一个 M_2 释放的重要标志，因为中国 M_2 的形成，与外汇账款的占比高有很大的关系。因此，通过人民币的贬值，能够稀释一定的外汇账款，从而降低 M_2 的规模，并为未来减轻压力。

（二）什么样的政策才是最好的选择

既然大规模的 M_2 已成为事实，那么，我们应该采取什么样的政策才是最好的选择呢？摆在我们面前的是，要么是让人民币继续贬值，要么通过股价或者房价的持续上涨消化掉一部分 M_2，要么就是通货膨胀，物价大幅上涨。那么，我们最终要怎样选择呢？

1. 强烈反对通货膨胀

首先，我们强烈反对通货膨胀，这会对所有的人造成影响，会影响到社会的公平与稳定，尤其对中低收入阶层的影响是最大的，会直接导致他们陷入生存困境。所以，通胀是一个必须排除的选项。并且，因为我们有一个比较大的市场，过多的 M_2 很难引起 CPI 的上涨，所以，通胀应该不在考虑的范围。

2. 人民币 7 元汇率是最基本的底线

我也不希望人民币出现大幅度的贬值。我们的汇率从 8 左右一路涨到了6.12，现在又从 6.12 跌至 6.7~6.8，这一趋势如果继续发展下去，在某种情况下达到 7 元也很正常的。对于人民币而言，7 元应该是最基本的底线，我想，汇率在达到这一位置的时候，应该让它稳定下来，不应该让它出现大幅度贬值。

货币环境的不稳定会极大伤害中国金融的改革开放，特别会抑制人民币的国际化改革，使中国向国际金融中心的发展之路变得艰难。

可以说，中国金融改革首要的战略性任务是人民币的国际化，这是中国金融国际化的根本基础，是中国国际金融中心定位的前提性条件，也是中国现代化金融建设的原则。那么，我们的重要目标之一，一定是推行人民币的国际化，使之成为全球最重要的货币之一，这对未来中国将产生极其重要的作用。所以，显而易见，维护人民币的长期信用基础，就成为国家重要的战略目标。但是，长期的信用基础并非意指一成不变，或者使之不断升值，一定要有一个风险的临界线，这是我们需要注意的。但是，人民币的大幅度贬值，一定不是消纳 M_2 的重要方法，必须要维护人民币的长期信用基础。

3. 警惕房价大幅上涨

我也不赞成房价的大幅度上涨。研究金融危机史的人都知道，无论是2008 年全球金融危机，包括美国的次贷危机，还是 1990 年前后的日本泡沫危机，其根源都与房地产泡沫有着密切的关系，这是我们的前车之鉴。

作为一种金融商品，房地产是一种可以利用金融的高杠杆率来获取的一种商品。那么，如果房地产的价格出现大幅度上涨，将会形成对金融体系巨大的破坏力，并且其潜在风险也非常可怕，它有可能进一步引发金融危机。

因此，我们唯一的选择只能是通过资本市场来消纳一定的货币。房地产价格可以略有上涨、汇率价格可以小幅下跌，但是主要的影响因素还是资本市场。资本市场要有所上涨，从而使市场趋向均衡。

而我们目前的误区是，宁愿让房地产价格上涨，因为它涉及地方政府的利益。尽管中央政府采取了一系列的调控措施，但都流于行政化，并非市场化的手段。我们可以参考温哥华资本市场的调控策略，它往往是一招制敌的，效果非常明显。所以，必须有大的市场化调控手段，仅仅通过"限购"来解决问题还远远不够，并不能达成有效的目标，因为，人们会有无穷的智慧用于对付"限购"等行政化的举措。但是，市场化的解决方案会导致投资成本的大幅度上升，能够起到明显的导向作用。

人的行为还有理性的一面，当他发现某种商品的成本太高，收益与风险不匹配，他就会选择退出。那么，既然人民币的未来和消纳 M_2 存量的压力有关，那么，我们在资本市场上要想有所发展，基于市场进行政策调控会是一个比较好的选项。

（三）加快人民币可自由交易与国际化改革

尽管中国一直在声称要进行人民币可自由交易的改革，并且在 2008 年的时候，中国金融改革确实有过快步的前进，但是在 2008 年全球金融危机之后，我们金融改革的步伐有所减缓。

很多人并不了解 2008 年那场全球金融危机的原因，所以会认为，这与一个国家的开放程度有关，也可能是因为经济的金融化程度过高，或者是与金融证券化程度、国家金融市场的杠杆率等原因相关，但是，这些观点都似是而非。基于这些似是而非的观念，这些年来，中国人民币的改革步伐显得迟滞，所以，接下来应该把这一步伐加快。

其中，首要的任务就是要完成人民币的可自由交易。我想，应该在两年之内完成这项改革，因为我们已经等待了太久。同样在面临本国货币自由化改革的时候，俄罗斯、印度、韩国或者是早期的日本当年的条件比当前的中国要差得多，所以，我们还是要有信心去积极推进。

其次，推进人民币成为国际储备货币的改革。这其中也存在着市场化认同，没有人民币的自由交易改革的"因"，就没有成为国际储备货币的"果"。因此，如果我们能够正确处理好彼此之间的关系，那么在两年之内，人民币应该能够成为一个可自由交易的币种，进而在 10 年之内，人民币应该可以成为国际上最为重要的储备性货币之一。尽管 IMF 给予我们的储备份额仅为10.92%，但是我想，未来应该要超过这一比例。

目前，我们的市场份额没有达到这一水平，只是给了这样一个目标份额，那么在未来的 10 年或者 20 年，我想人民币在全球储备市场的份额应该会上升到 20% 左右，这是我们的目标，也是人民币的第一个未来。

三、中国金融结构的未来

中国金融结构的未来，实际上也是中国金融改革的未来，也是我们的改革应该朝着什么方向走的问题。

（一）我国金融资产结构相对传统与落后

今天，我们所谈到的金融结构，主要是指金融的资产结构，因为这是一个基础。从 20 世纪 90 年代以来，中国的金融结构发生了悄然的变化，首先是深交所、上交所的成立，致使在中国整个金融资产结构中证券化的金融资产的比重在不断上升。迄今为止，证券化的金融资产占比为 25%，非证券化的或者银行与银行类的信贷资产的占比为 75%，这是一个落后的金融结构，它与美国的金融结构完全相反。

在美国，证券化的金融资产占整个金融资产的 80%，这一数字在日本，大约是 50∶50，各占一半，而中国的这一数字是 25∶75。

之所以说这种金融资产结构是传统的或者是落后的，因为它最大的问题是无法分散风险，无法使风险流动起来。风险不断地累积之后，其存量化将愈演愈烈，从而触发传统金融危机的发生，并最终导致大量的银行危机。因此，未来的中国如果出现巨大的金融风险，也是一种必然，因为中国在迈向现代化的进程中，尤其是推动金融改革开放和实现国际金融中心战略目标的过程，必然是艰难曲折的，风险也必然常伴左右。

并且，当经济增速持续下降，并呈现出 L 形的时候，金融风险会越来越大，并最终暴露出来。所以我们看到，在经济增速为 6.7% 的时候，银行的不良率同时提高了 1% 以上。以前我们评价中国的商业银行为全世界最好的银行，因为它不良资产的占比相对最低，但是今天，我们已经很难再这样去评价它，因为近一年来，它已经提高了 1% 以上。

那么，当我们的经济增速继续下降到 6% 甚至 5.5% 的时候，如果我们的金融结构没有作出及时的调整，风险还会持续增加，届时，原来的利润率或者是拨备覆盖率[①]将无法对冲风险。而一旦不良率超过了 8%，显然，资本金也将对风险无能为力。这时候，风险就会外溢为外部化风险，它就会蔓延到整个经济体系中来。

但是，这并不意味着金融危机一定会发生，事实上，对未来的风险是可以选择的，甚至还会有很多种选择。这就要求我们对中国的金融结构进行改革，而不要等到经济增速跌到了 5%，甚至 4% 的时候，如果等到银行的不良率达到 5% 左右的时候再去启动，那样的话一定是为时已晚。

二、金融天生就应该为实体经济服务

那么，如何改善金融结构？显然需要大幅度提升证券化金融资产在整个金融资产当中的比重，这是金融结构调整的基本方向。通常认为，金融要服务于实体经济，从原则上看，这种认识是正确的。金融脱离了实体经济，也就失去了存在的意义，它就仅仅是一个自我循环、自我炒作、自我服务、自我创造需求的过程。

金融天生就应该为实体经济服务，但是，应该如何去理解它呢？这就涉

---

① 拨备覆盖率也称为"拨备充足率"，是指贷款损失准备对不良贷款的比率（实际上银行贷款可能发生的呆账、坏账准备金的使用比率），主要反映商业银行对贷款损失的弥补能力和对贷款风险的防范能力。

及金融资产结构的变革问题。我认为，金融为实体经济服务，最重要的是要从两个方面来理解。

一方面是从融资者的需求角度来理解，金融体系应该为企业、为社会的融资者提供便捷的、可自由选择的、可以使用组合的融资工具，并由融资者根据自己对风险的判断和资本结构设计来进行选择。但是现在，我们很难作出选择，发行公司债的难度甚至要大于发行股票的难度。当然，企业上市的过程会更加艰难，因为需要向大型商业银行贷款。大型国企在这方面不存在障碍，但是对于大量的中小微企业来说，因此，这一过程可谓蜀道之难，难于上青天。

社会并没有为融资者提供便利的、可供自由选择的融资工具，但这却是金融要为实体经济服务的根本所在。但是需要回归的常识是，银行为融资者提供多样化的融资工具，并不意味着要为那些僵尸企业，或者是不久之后可能会成为僵尸的企业站台，尽管它们可能是国有企业，甚至是国有大型企业，但是也没有必要为它们提供贷款，那不是金融为实体经济服务的意义。为达不到标准，或者为没有充足的信息披露和信用评估的企业提供贷款是错误的。

另一方面，金融体系要为投资者提供多样化的投资组合的工具。房价之所以不停地上涨，正是因为投资主体的选择范围太窄，他只能选择房地产作为投资对象，这正是中国金融体系落后之所在。因此，我们要正确理解金融为实体经济服务的理念，不要做过度的解读。

我认为，金融为实体经济服务的关键所在，是金融工具的创新。要进行金融工具的创新，显而易见，就要大力发展资本市场。金融工具除了货币属性之外，更重要的是它的资本属性，包括公司债、可转换债、股票、基金等，这些都与制度有着密切的关联，也是大幅度提升证券化金融资产在整个金融资产中的比重的意义。因此，我们马上可以得出一个逻辑性结论：未来，中国要想避免金融风险、金融危机，同时还要提高金融为实体经济服务的效率，必然要加大创新，必然要发展资本市场，提高证券化金融资产在整个金融资产中的比重，并从中找到资本市场发展的理论基础，这就是中国金融结构变革的第二个未来。

四、中国金融体系的未来

中国金融体系的未来，首先表现为业态的变化。尽管当前，我们的金融体系仍然以传统商业银行为主导，并且这一点在未来相当长的时间里可能都会存在，但是我们应当看到，随着信息技术，包括通信技术、人工智能、互联网等技术的发展，未来，这些技术会对金融体系造成巨大的冲击，所以，金融业态在未来会发生重大的变化。

业态化的金融体系能够解决以前约束自身发展并难以克服的两大问题，一个是时空的限制。它首先需要一个空间，并且要通过许多法定的认证程序进行识别，时间、空间或者说区域的限制约束着传统金融的发展。但是，随着信息技术的发展，时空限制将不再成为约束，它改变了原来基于物理形态的金融结构和金融业态，大大提高了金融的效率。从这个意义上说，互联网金融具有非凡的意义。

目前，因为一些乱象的产生，已经提出要治理互联网金融。互联网金融的业态非常多，包括P2P网络借贷平台、众筹、第三方支付以及财富管理等，它们在互联网金融中具有不同的地位，其中，最核心的应当是基于互联网的第三方支付，它是对传统金融支付方式的颠覆。在P2P网络借贷平台领域，发生了一些严重事件，应引起高度重视，要加强监管。我们应当看到，随着信息技术的发展，金融的生存方式及其运行平台都会发生重大变化，对此，我们的政策应给予高度的重视。

另外一个约束传统金融发展的大问题是信息的不对称。银行对企业的认知是点对点的，它负责了解企业的资产负债表，也需要做一些尽职调查，这样的限制不仅需要高昂的成本，同时也并不能够对信息进行全面的了解。正是因为有着这样的限制，所以大银行很难为小微企业服务。很多小微企业可能并没有资产负债表，更没有商标，甚至也没有多少资产，自然也不会有抵押品，所以，很自然，它无法获得相应的金融服务。

传统金融体系认为，上述条件均为放贷的必要条件。可是在今天，因为金融业态的变化，信息的不对称性已经得到了解决，或者说有了很大改善。基于此，我们会发现，P2P网络借贷平台还是有其生存的价值，尽管它经历了一段时间的野蛮生长。所以我想，未来中国金融体系的业态一定会呈现出多样化的形式，同时，基于财富管理的金融机构的比重及其影响力会大幅度提升，基于传统资源配置和信贷类的金融机构的影响力和市场占比会大幅的下降，这一点应该说已经非常清晰了。来自市场的力量，包括融资、投资机构的作用会大幅度上升，于是就出现了所谓的金融的第一次脱媒和第二次脱媒。其中，第一次脱媒是对融资的脱媒，第二次脱媒则是对支付的脱媒，这是我们金融机构未来的一些新的变化。

至于中国资本市场的未来，我想，非常重要的一点，并且确信无疑的是，它将会成为全球性的金融中心。

在1993年以前，我致力于研究宏观经济学，转向金融领域的研究是在我成为教授之后的事情，并且侧重于对资本市场的研究。20多年来，我的研究兴趣从未发生过变化，主要是研究资本市场在中国的发展。我的研究结论是，中国资本市场应该成为全球新的金融中心。按照目前国家对资本市场的初步计划，资本市场的彻底开放应该是在2020年左右的上海，因此，上海将率先成为全球新的金融中心。这对改善中国的金融结构和金融体系是至关重要的，因为金融有一个功能的转型，我们传统的金融主要侧重于资源配置，包括信贷，这是它的最重要的功能。

那么，现代金融最重要内容之一是风险管理和财富管理，所有这些功能都要通过资本市场来完成，世界上没有一个大国的金融不是这种模式。世界经济的大国包括美国、日本以及过去的英国，也包括德国和欧洲大陆的一些国家，但是我们发现，在这些国家当中，真正具有大国金融体系的并不太多。真正具有大国金融的国家，应该有着经济上明显而强劲的竞争力和持久力。迄今为止，我们可以看到的是，英国从18世纪到20世纪中叶，再到今天，它始终是全球金融中心，这是大国金融的典型表现。第二个具有大国金融特征的国家是美国，我认为，第三个会是中国。

那么，大国金融的核心是什么呢？第一个标准是本币的国际化；第二个标准是金融市场是国际金融中心。如果金融市场不是国际金融中心，那么要想成为全球有影响力的大国金融是不现实的。因此，我们一定要朝着这个目标去发展，包括金融业态的多样化、金融功能的多样化，也包括金融功能的升级以及国际金融中心的建设等。

五、中国金融风险的未来

在未来的中国，金融会有什么样的风险？我想，作为一个大国，中国在建设一个国际化大国金融中心的过程中，有一些风险是可以理解的，不能因惧怕风险而裹足不前、畏首畏尾。金融历来都与风险相伴，尤其是开放的金融、以建设国际金融中心为目标的金融，它的风险会更具多样性，更加复杂。

当然，面对风险如何处理，我们要做到心中有数。未来，摆在我们面前有四种风险，它可能会发生，但也并不一定发生。

第一，货币大幅度贬值的风险。

如果对经济的预期暗淡，靠大量货币的发行，以损害人民币的长期信用基础为代价来支撑短期经济的增长和繁荣，那么，人民币就必然会出现大幅度的贬值。因此我认为，货币超发和人民币信用的损害，是一个必须要排除的选项，不能够采取这样的方式。我在各种场合反复强调，必须要像维护我们的生命一样去维护人民币的长期性基础，这是中国的立国之本。

以俄罗斯为例，我们可以为它找到若干个经济的衰败原因，但我认为，最重要的原因之一，一定是卢布失去了信用。美国之所以能够保持100多年经济的持续成长，并且能够最大限度地避免重大问题的出现，甚至在经历了2008年的全球金融危机之后，它也没有出现严重的问题，我想，一个非常重要的因素是对美元长期信用的维护。虽然在2008年全球金融危机之后，美国推行了三次量化宽松的货币政策，从而帮助美元走出了难关，维护了经济的短期稳定和发展，但是从2014年开始，美国又开始执行一种货币退出的政策，要对原来超发的货币进行回收，以维护美元的长期信用，这一经验值得借鉴。正是因为后果之严重，所以我认为，未来人民币大幅度贬值的概率极低。

第二，金融危机导致的银行危机。

如果银行的不良资产率迅速提高，并且不能对资产与负债作出很好的匹配，对流动性的管理也不足，货币市场也可能存在危机，那么老百姓存在银行里的钱就有可能取不出来，从而导致拆借市场利率的突然飙升。当年的雷曼兄弟之所以破产，并不是因为财务状况存在过度恶化，而是因为它无法从拆借市场上拿到钱。当人人都把钱存在家里，银行就会死掉。这种企业的倒闭与人的猝死有一定的相似性，未必所有的死亡都是一个缓慢的过程，银行看起来也可以很健康，但是它仍然存在一口气没上来就倒掉的可能性，这就需要维持货币市场的通畅。事实上，银行危机就是中央所提出的系统性风险，要严防死守，防止它的发生。

目前，人们在有了钱之后，可能会进行房地产投资，但是在以前没有这种投资渠道的时候，他唯一的选择就是把钱存进银行。中国的金融文化，是民众有了钱以后，他只愿意把钱存进银行，这种文化养育了银行，使它获取了丰厚的利润，从而也使商业银行失去了改革的动力。同时，中国人极少有借钱的习惯，而习惯于借钱的人却成了富翁。所以，从人的金融意识里我们可以发现，一般情况下，能够发财的都是胆大的人，而胆小的人则永远难以发家致富，因为他只要有一点钱就会存进银行。

然而，通过把钱存进银行来获取大量收益的可能性几乎为零，必须要通过大量的负债才能实现。要胆大，同时也要有应对风险极度的抗压能力。这是我们总结中国所有的致富人群的发家之路得出的结论。

在早期，杠杆率始终很高。但是，没有高的杠杆率，发财是不可能的，我想这是普遍的规律。所以说，中国的文化养育了庞大的商业银行，同时也使得它的改革步伐异常缓慢。我们贡献出了这么多廉价的资本，而银行则把它拿去贷给国有企业，贷给地方政府，它可以从中获取 2%~2.99% 的利差，当然，这一数字在当前呈收缩的趋势。

我分析，即便未来经济下滑到 5%，银行出现大面积危机的概率仍然比较小，但是我们不能掉以轻心。因为我们有很多防火墙，包括我们的存款准备金率也是世界上最高的，我们的拨备覆盖率也很高，虽然今年的拨备已经被侵蚀了很多，但是到目前为止，银行依然有很高的利润。尽管其利润的增长已经下跌到了个位数，甚至有个别银行出现了负利润，但是尚未出现严重的亏损，仍然处于盈利状态，只是利润率有所下降，以及增速的放缓而已。所以，我认为银行危机很难出现，尽管它并不意味着可以不进行银行系统的改革。

第三，全面债务违约的风险。

我认为在中国，不太可能出现全面的违约。比如说国债，我确信我们的国债永远不会违约，因为中国政府非常富有，它的财政收入、它的税收增速很快，在 GDP 的占比非常之高。中国政府有着非常庞大的货币资产——土地，并且土地是"可再生资源"，因为人民只有 70 年的使用权。既然是最有钱的政府，怎么可能会出现债务违约？我认为永远不会。

但是，尽管政府的财政收入非常之多，但是仍然觉得钱不够用，这里面的原因是什么呢？原因是，我们正在经历经济上的困难期，无论是地税局还是国税局，对企业税费的缴纳非常积极，甚至对大学校园里某一处房产的出租也要收税，这在世界上是鲜见的，可见对税收的渴望程度。

1.减税与发债，帮助实体经济走出困境

但是我认为，国家还是要有一些减税的举措，因为企业的生存已经很困难了。如果政府的财政出现赤字，一方面，我们要压缩功能，目前，我们政府的功能已经十分强大，我们支出的口径也非常惊人，要把这个过大的支出口径收缩一点。

另一方面，如果这样仍然不足弥补政府的赤字，那么还可以发行国债。在我们整个的债券市场上，国债的占比还是相对较小的。资本市场并不仅仅是由股票市场构成的，它也包含着债券市场，而一个债券规模不大，流通性也不好的资本市场，是很难成为国际金融中心的。要想成为国际化的金融中心，需要有债券市场和股票市场的均衡发展，其中，债券市场要有很好的结构和流动性。

更为重要的是，国债的规模要大。因为国外的政府或是中央银行等大的金融机构，包括大的机构投资者到中国来投资，不会全部投资于股票，它会以投资我们的国债为主。因此，国家完全可以通过多发一点国债，少收一点税，来实现对资本市场国际化的推进，这会是一个极具战略价值的举措。同时，对于帮助实体经济走出困境也具有重要的意义。

如果我们仅仅把眼光停留在征税上，那么与国家对促进经济发展的战略目标是有冲突的，它在一定程度上遏制了企业的发展。中国的财政政策大体上只是一个收税的政策，宏观调节职能较弱，不知道应该在什么时候调整财政政策。事实上，当企业普遍遭遇了困难，政府就应该降低税赋，而当经济过热的时候，也可以通过加税来警醒市场，这是政策的导向作用。中国的财政政策的调节功能弱，宏观视野不太开阔，只注重眼前的财政收入和短期的收支平衡。

2. 逃离刚性兑付的陷阱

其他方式也有很多。比如针对地方政府债、一些公司债，尤其是一些有着某种国有背景的公司债，没有必要为它作刚性兑付[①]。事实上，刚性兑付已严重破坏了中国金融体系的市场化改革。

近年来，中央政府还提出要严防系统性风险的出现，也要防止局部性的系统风险。对此我认为，我们要高度关注那些有可能引发系统性风险的局部危险，而对于一些完全没有生命力，只能破坏中国金融生态的企业和金融机构，我们应当完全放弃，没有必要去扶持。政府对这样的企业或者金融机构的扶持，会导致严重的道德风险，它会严重地逆向行车，反正有政府会来救我，它随时可以贷款，甚至可以无限制地贷款，那么它还需要考虑整个社会经济的运行吗？包括债转股，它也并不是针对僵尸企业或者潜在的僵尸企业出台的政策，不能对一些好的政策进行滥用。

所以我想，那些小的局部性风险，是系统性风险的必要的释放。它提醒了我们，大的系统性风险的脚步可能会临近，从而能够帮助我们更好地预防它。

---

① 信托产品到期后，信托公司必须分配给投资者本金以及收益，当信托计划出现不能如期兑付或兑付困难时，信托公司需要兜底处理。但是，这不是我国法律的明文规定，只是信托行业内的一个不成文的规定。

第四，股票市场大幅波动的风险。

最后一个可能出现的风险，就是我们股票市场的大幅度波动，这里面既包括资产价格、资本市场的价格变化等，也包括房地产。

其中，房地产市场是一个"异类"，因为它破坏了中国经济的生存土壤。我们可以看到，很多所谓的创业者，他们在勉强支撑了两三年以后，不得不退出这个市场。除了缺乏竞争力等原因，一个非常重要的因素是他被房租拖垮了。这是一个很重要的制约因素，高的房价必然会导致高的房租，在房租的压力之下，很多创业企业是无法生存的，它从根本上破坏了中国经济的成长环境。

而我们应该允许股票市场有一定的波动。作为一个国家，要实现风险预防的全覆盖，要实现对风险的零容忍，这是做不到的，它应该找到一个风险释放的机制，让风险有一定的出口。因此，相比较而言，股市的小幅波动是有益的。

那么，中国金融的发展可能会面临如上四个方面的风险。在未来的中国，我们不可能像当年的东南亚金融危机一样，出现四种风险交织在一起的全面的金融风险、全面金融危机。小的国家在经济发展过程中，其资本结构以及其来源决定了它的风险必定是全面的，但是交织型风险不会在中国出现，这是对中国未来风险的展望。

六、中国金融监管的未来

（一）中国的金融风险已经分层

概括地说，我们对金融监管要有正确的理解。现在有一种说法，要建立一个全覆盖的金融监管架构，其理由有二：一是中国金融开始出现了混业经营；二是去年的股市危机来源于监管出现的重大漏洞。

基于这两种理由，有人提出，一定要建立一个风险全覆盖式的金融监管架构。于是，类似于效仿英格兰模式、美联储模式的声音就出来了，认为中国的金融监管要大一统，要统统划归人民银行，由它来进行总体设计并进行管理。

这样处理问题不免有些武断。我的基本的逻辑告诉我，中国的金融风险已经分层，有一些风险可能并未影响到金融体系的稳定。我们知道，维护金融体系的稳定是央行的职责，但应对一些局部性或者个体性的风险，比如说某金融机构出现了严重的亏损，把以前的利润全部亏光了，现在正在亏它的资本金，这样的局部风险，我认为是不需要监管的，但是可以观察，看它的风险会不会外溢。如果它在持续亏损，不但把资本金亏光了，尤其是当金融机构或者商业银行把资本金都全部亏光以后，它的风险就会暴露出来，并会导致风险的外溢，这个时候，监管则极有必要。

而这种监管属于市场监管，它包括准入监管、行为监管和风险监管，其主要目的是要防止局部风险的外溢。

（二）金融监管的逻辑未厘清

大家都知道，我们的监管主要是资本监管，这也是金融体系之中最重要的内容，要以资本监管为核心来展开其他监管职能。这就是说，我们需要重点关注的是企业或者机构资本金是否充足，并根据资本金盈亏的程度，给出相应的业务服务，这是资本监管中最为重要的内容。

后来，证券市场得到了发展，我们又开始渐渐对其透明度进行监管，但是目前，证券市场上具有透明度的产品仅有 25%，消耗资本则占到了 75%。

当前，我们国家的金融创新更多立足于如何绕开资本，就是要进行非资本性业务的发展，在商业银行，则表现为表外业务。表外业务与资本监管关联性不强，于是就逐渐偏离了银监会的监管。这其中的原因是，因为中国监管是以机构监管为主的，既然是商业银行的业务，就应当处于银监会的监管之下，但是，因为银监会监管的核心是资本，而表外业务却不完全属于此范畴，银监会的处境就比较尴尬，它既要监管，又不能监管。更为重要的是，又没有监管准则，所以问题就出现了。

（三）要建立金融体系稳定、金融市场监管相对分离的模式

因此我的建议是，未来中国金融的架构一定要分层，第一层是要对市

场风险的监管，包括准入行为的监管，让风险控制在不影响到金融体系的稳定；第二层是要立足于金融体系的安全性和稳定性，把市场监管和金融体系的稳定分开来。基于此，我不太赞成建立一种大一统的监管模式，而是希望建立一个金融体系稳定、金融市场监管相对分离的模式。

从这个意义上说，我们目前的监管架构，从逻辑上说是成立的，只不过在微观层面的功能要进行调整，比如针对表外业务，要强调透明度监管。虽然目前不排除三个监管机构统一为"金融监管委员会"的可能性，但是，这是一个基本的思路。

综上所述，我认为中国金融的未来，可能会在这五个方面呈现出变化的趋势，而我们的企业家们则需要根据这一趋势来把握各自企业的发展。

中国银行业面临哪些挑战？

——在"2016 年中国银行家论坛"上的演讲

【作者题记】

这是作者 2016 年 9 月 24 日参加由《银行家》杂志社等机构／单位联合主办的"2016 年中国银行家论坛"的演讲。在此次演讲中，作者特别强调科技对金融的作用，特别强调银行业必须适应环境的变化，否则，恐龙也会消失。

中国的银行业应该说度过了第一次黄金时期。这个黄金时期和中国经济高速增长有密切关系。进入21世纪后的15年，是中国银行业最辉煌的15年，大多数资产都是这十几年积累起来的。这期间，我国几大商业银行都完成了股份制改革和上市，构造了现代商业银行的治理结构，近一两年来，中国银行业面临的环境开始发生重大变化。适者生存，意思是说，要适应环境的变化。如果不适应环境的变化，"恐龙"都会消失。所谓的森林法则，优胜劣汰，指的是内部结构竞争。它比环境变化要好一些，因为毕竟会留下优胜者，如果对整个环境的重大变化没有反应，还延续原来的模式，那么"恐龙"也会消失。

中国银行业面临哪些竞争？中国银行业在整个中国金融体系中当然是"恐龙"，当然也会生存下去，不是灭绝了的"恐龙"，因为它会适应环境的变化。哪些是我们需要关注的？

第一，经济环境发生了重大的变化。经济高速增长的时期已经过去，我们不可能回到中国经济两位数增长的时代。这个时代一去不复返。我们必须认清这个形势：中国经济的L形模式将会长期存在，而且这种L形不会有高速增长的复苏。这个L形会像阶梯一样，每五年经济增长速度可能就会下一个数量级。我们现在是6.5%的增长速度，也许再过5年，我们能保5.5%就很不错了。近期的金融数字已经显示了这种趋势。2016年7—8月，金融数据透视出很多不安，趋势是明显的。所以，对大环境的变化我们要有深刻的理解。我和中国的银行业接触不是很多，因为我是研究资本市场的，但是，我和中国银行业的几位非常重要的人士还是有接触的。据我个人有限的接触范围看，在中国诸多银行家里面，中国工商银行董事长姜建清先生是有深刻洞察力的。工商银行有一个研究会，我是这个研究会的常务理事，他是会长。这个研究会经常开会。姜建清先生对未来中国的经济有非常理性和冷静的思考，掌控这么大一个宇宙银行，能够发展到今天，而且很不错，应该说与他的理念有关系。一个银行家，实际上也应该是经济学家，是经济战略家，对未来中国经济发展趋势要有非常清晰的把握。否则的话，这家银行走不远。

第二，金融的市场化改革带来的全面挑战。这个市场化改革的内涵非常丰富，既包括利率、汇率、经济变量的市场化，由市场来决定基本趋势，也包括金融体系内部机构的充分竞争。应该说，中国金融体系机构内部相互竞争的时代已经来临，同时还有新的金融业态的出现，构成了大的金融体系之间的竞争。新的金融业态对银行提出的挑战，要么是从融资的角度去瓜分你，要么是从支付市场的份额瓜分你，要么是从财富管理的角度瓜分你，因为你太大了，所以大家都想瓜分你。这是一种充分的竞争，也是市场化竞争的趋势。这种趋势就是丛林法则，看谁能顺应趋势，顺应未来，谁的理念比较先进，谁的盈利模式有独到之处。这种变化将使银行业利差空间大幅度缩小，以前躺着赚钱的时代正在慢慢结束。我们要充分意识到这种变化，银行业资产增长速度以及利润增长的速度正在下降，利润结构也会发生重大变化。

第三，金融结构变革的趋势给银行带来全面挑战。金融结构的变革方向，证券化金融资产的比例会不断地提高，这是金融现代化的未来趋势。在中国金融体系中，证券化资产只占到20%左右，美国是80%。从这个比例看，中国金融中证券化资产占比是比较低的。所以，要改善中国金融结构，要提高金融结构的弹性。金融结构改革的基本要点是，证券化金融资产的规模要扩大，占比要提高。这就要求推动资本市场发展，包括债券市场的发展。这对银行体系非常重要的主流功能——贷款或信贷资产会形成全面的竞争。中国资本市场发展现在还受到某种压力，如果解除了这种压力，会对整个银行业产生釜底抽薪的作用。这警示我们要及时转型。

第四，科技的力量将会对金融体系特别是银行业带来颠覆性影响，这对银行业的盈利模式、风险结构以及监管都会带来全面挑战。科技改变世界，科技改变经济发展方向，科技改变金融运行模式。互联网、大数据等将会全面改变金融业态，谁认识到这一点，谁就站在制高点上。我们要看到蚂蚁金服的力量。它以前的估值非常小，现在市场估值一般在850亿美元左右，估值超过850亿美元的银行没有几家，这就是科技的力量。金融是一个可以标准化的行业，产品的标准化有利于科技的全面渗透，这一点毋庸置疑。我为什么刚才提到工商银行姜建清董事长，因为他多次强调要重视科技的作用，谁不重视科技的力量，再大的银行都会被淘汰。

这里涉及互联网金融。区块链的技术还不是特别清晰，但是互联网金融的影响是非常明显的。虽然有一些跑路的所谓的 P2P 网络借贷平台，它使互联网金融污名化，但是，互联网的发展不可阻挡。互联网金融最具特色的是支付，互联网支付将对传统支付起到颠覆性影响。我们没有必要采取逃避的态度阻止它的发展。我们要认识到互联网金融对整个金融体系的深刻影响，这其中，对银行业的影响最为显著。各位都是银行家，金融变革的趋势一定会让银行业在整个金融活动中的占比下降，这是毋庸置疑的趋势。当某些银行发生一些质的变化，可能就不是传统银行，可能变成一个新的金融业态。如果我们还固守传统，那么我们就会被淘汰。

第五，多样化金融业态的出现，使金融功能不断丰富起来，个性化和普惠性日益明显，这是改革的目的。我们要认识到金融业特别是银行业，环境、科技、业态、市场都在发生深刻的变化。我们必须深刻理解这些变化，我们才会在面临环境变化和激烈竞争中生存下来，壮大发展起来。

大学的情怀与责任

——在江西财经大学的演讲

【作者题记】

这是作者 2016 年 8 月在江西财经大学中层干部培训班上的讲座。

在大学首先想到的是教授，想到能感动我的教授。就在任的教授来说，江西财大有几位时常能感动我，是值得我学习的教授。首先是胡援成教授，他是我大学时代的同学，专注学问，淡泊名利。这个时代，似乎是一个追求名利的时代，要么金钱、要么权力、要么名誉，但是一个时代总还是要一些淡泊名利的人，这个社会才会厚重。没有淡泊名利的人，没有内心充满理想的人，这个时代就一定会泡沫化。郎平带领中国女排获得了奥运会冠军，其意义不在于她获得奥运会冠军，而在于她冲破了传统体制的束缚，在于在这个泡沫化的时代，在这个内心比较空茫的时代，她给人一种精神，给人一种希望。胡援成教授有这个特质，淡泊名利，值得我学习。

能感染我的第二位教授是严武，他身上有一种儒雅。我非常喜欢儒雅之气的人，王乔教授身上也有儒雅之气。

我毕业于江西财大计统系。计统系有位教授给我印象非常深刻，就是程懋辉教授。他给我的印象是非常儒雅，在那个年代有那么儒雅的人，真的太少了。儒雅的人身上一定是包含着一种气质，包括一种理想。有理想的人，有情怀的人，大度的人，都是儒雅的人。儒雅之人是极具内涵的，所以，我总觉得严武教授是程懋辉教授的化身。我挺喜欢他的，严武实际上比我高一届，是江西财大78级工业统计系的。

第三位让我感动的教授是吕江林。他曾经做过江西财大金融学院的院长。实际上我跟吕江林教授接触不多，大概因为他是研究金融的，所以才略有接触。他学问做得非常好，有一种独特的思维方式，而且他的金融研究还是很前沿的，他对学术的热爱超过了对院长这个职位的热爱，他从来不和我谈院长的事，只谈他的学术，他对学术的热爱超过他对行政工作的热爱，超过他对院长的热爱，让人感动，非常难得。

无论是当院长也好，还是当校长也好，在我的理解中，这都是一种社会工作，并不意味着有其他特别的内涵。它是一份责任、一份社会服务工作，意味着为这个团队，为这个集体要做更多的事情，付出更多的努力，而不是耀武扬威，不是获得更多的资源。如果有这种想法，那就很无趣了，那就离以权谋私不远了。我说这三位教授感动了我，是因为他们是普通的教授，他们身上有一种共同的特质，对学术的热爱，大学里面如果有一大批教授对学术热爱，而不是对权力的追求，不是对院长岗位的追求，这个大学就有希望。所以我在考虑这个讲座题目的时候，我在想我讲什么？讲学科建设？我跟王乔校长聊过一次，他和廖书记对江西财大的学科建设都心中有数，而且他们对江西财大定位的把握是恰当的。所以，我就起了一个很大的讲座题目：大学的情怀与责任。我希望我的母校是有情怀、有责任感的大学，不是一所庸俗的大学，不是把大学办的同公司一样。现在大学都公司化、商品化了，招生名额成了商品，大学成了公司，挣钱成了目标，你说如果这样下去的话，这样的大学怎么能够承担起我们这个国家未来的使命呢？肯定承担不了。中国是一个大国，它有自己的特质，有自己新的使命。中国已经不是原来的中国了，我们不但要把自己的事做好，还要参与全球事务。我们的经济规模越来越大，已超过 10 万亿美元。6.7% 的经济增长速度不低。按照这个速度下去，我们测算到 2023 年左右，我们应该成为全球经济规模第一，如果把人民币贬值的预期考虑进来，最晚在 2030 年成为全球经济规模第一，应没多大问题。到 2025 年，我们将迈入发达国家的行列，就是人均 GDP 超过13 000 美元。中国人口规模大，经济规模也很大，文化源远流长，人均收入水平在不断提高，市场规模潜力大。在这样一个背景下，我们在思考，国家对人才提出什么样的要求。如果我们的人才培养跟不上中国未来的需求，中国要成为一个未来引领全球的国家是很难的，所以从这个意义上说，我们大学有很大的责任。当然，这个就涉及大学的使命。因为中国的大学数量很多，2 700 多所，在校学生规模肯定是全世界最大的。过去我们把大学是理解成培养高质量的现代化建设人才的场所。这一点，始终都是正确的。

改革开放初期，我们的人才非常短缺，10 年"文化大革命"使人才培养完全断裂，所以当时培养一大批社会主义现代化建设的人才是当务之急，而且未来仍然是这个目标。除了这个重要目标以外，我认为，中国的大学应该是中国社会思想的发源地。中国这样的大国如果没有思想发源地，那社会就失去理性的光芒。思想的引领是最根本的引领，是全球大国的核心标志。我们可以看到那些世界上曾经引领全球的国家，无论是过去的英国，还是今天的美国，实际上它的大学的作用非常大，其中一个非常重要的方面，就是思想的发源地，社会思想的引领者。我认为，这是大学非常重要的责任或功能。大学需要有一种精神。什么样的精神呢？批判的精神。批判的精神的核心是科学与理性。并不是什么都批，明明是合理的，也在批，有事没事都去批，有事没事就找碴儿，这不是批判精神。批判精神包含着一种建设性的态度，批判精神是马克思主义的精神品质，这是习近平总书记在"5·17"讲话中肯定的。我学习了习近平总书记 5 月 17 日在全国哲学社会科学上的讲话，那个讲话应该说是在相当长时期指引我们国家哲学社会科学发展的纲领性的文件，对中国的哲学社会科学提出了很多要求。我认为，我们江西财经大学也包括我服务的中国人民大学都是哲学社会科学为主的大学，应该有责任实现或者完成习近平总书记提出的这个要求，其中他谈到哲学社会科学批判精神的重要性。

一所大学的包容精神非常重要。大学要成为社会的思想源泉，除了批判精神外，还需要更多的包容精神。批判精神需要敏锐的观察问题的能力，如果你发现不了问题，你就不可能有科学的批判精神。批判精神是问题导向的，也是建设性的。批判并不意味着一定正确，所以，在大学里要有包容精神。一定意义上说，大学的包容精神更重要。刚才我和王乔校长讲，我人生做了一个最正确的选择，就是在大学做教授，我要做其他工作可能一塌糊涂。我做不了企业，成不了企业家。我不太善于为了金钱、为了利益去交往。做企业实际上是需要智慧的，真正的企业家是通过他们的智慧做好企业，获取利润的，这个智慧里面就包含了一种待人接物的能力，一种高情商。但是，我没有这种能力。我喜欢独立思考，甚至不太喜欢交往。我有个特点，在我生活的小区，大多数时间，我是晚上最后一个散步的，特别是在冬天。我的散步时间和别人不同，别人一般是 7 点半吃完饭作为消食在那儿散步，我不是，我一般都是在晚上 11 点左右去园中散步，一般是一小时，那个时候基本上没有人了，尤其是冬天。北京的冬天很冷，到晚上 11 点去散步，肯定只有我一人，我喜欢那种感觉。我喜欢寂静的感觉，碰到人就要打招呼，打招呼也是一件很麻烦的事，你看到不打招呼，人家说你傲慢，看到每个人都打招呼也挺累的。所以，我经常选择晚上 11 点散步，我的很多想法都是在散步时形成的。比如关于互联网金融有一个问题想不明白，就是互联网金融的风险源在哪里？金融的核心是风险，这个搞不明白，互联网金融的监管准则就出不来，你不能用传统金融的监管准则来监管互联网金融。研究卡在这里，有些天为此都在苦思冥想。有一天散步时，突然想明白了。我从基因的角度来思考，因为互联网金融与资本市场的基因相对近，它与传统金融的基因比较远，与资本市场的基因更相似。互联网金融是对传统金融的第二次脱媒，资本市场是第一次脱媒。所以有相近的基因。互联网金融和资本市场的风险，虽然表现形式不同，但基因是相近的，风险主要来自互联网金融平台的透明度。这在提醒我们，互联网金融监管的重点不是资本金，而是信息的透明度，而传统金融的监管重点是资本金，认为充足的资本是对冲风险的第一道防线。所以，商业银行有资本充足率的要求。实际上，对证券公司的监管，也把资本金放在很重要的位置，以资本金为基础来延伸其监管准则。研究发现，互联网金融对资本金的依赖远低于传统金融，资本金远不能对冲互联网金融的内在风险。

我在人民大学校长助理、研究生院常务副院长这个岗位上工作了 10 年。这个岗位很重要，很关键。因为想到人民大学读研究生的人很多，找我的人也很多。我对所有找我的人都会说，你有什么事，我能办的，一定尽力办，办不了的，找我也没用。吃饭拉关系的人很多，如果都去吃这个饭，那会累死。那个饭不好吃。所以，我几乎从不因此而吃饭。这倒不是我清高，是因为我不喜欢请吃，是因为我也不喜欢这种交往。有时候我似乎显得比较外向，实际上内心是孤独的，不愿意过多与人交往。对于那些闲聊能聊几个小时的人，我有时候真是佩服。我就不行，几句话就完了。所以，我做不了企业家。企业家是要有本事的。我也发不了财，因为不喜欢交往。

我反复提醒自己，人是要过金钱这一关的，不能唯利是图。我做过证监会发审委委员，当时那可是权力大、风险更大的岗位。握有人家成为 10 亿富翁的权力，你同意了，他的企业就可能上市了，权力有多大！同时我又是一位金融学的教授，有一定的影响力。我的意见多少对其他委员有点参考。

这个岗位风险太高，没有点定力是不能防腐蚀的。这些考验是巨大的，是难以想象的。我经常跟找我的人说，你们各位发财是好事，可千万别把我拖下水。我说我活得好好的，我不想为了你的理想，你的财富而断送自己。记得证监会尚福林主席在总结会上对我做了很高的评价。不谋私利是人生的重要门槛。人的品质重要的是看谋不谋私利。你可以有权，因为没权做不了事，实现不了理想，但是，你这个权不是用来谋私利的，潜规则模式也不行，包括评奖、申请课题等。我对申请课题比较反感。我不希望让课题约束我，我没有发现哪个课题能够产生伟大的作品。历史上，真正富有生命力的学术作品与课题无关。

互联网金融的研究是全新的，之前没有什么可以参考，没有学术文献，有很少一点案例，没有理论架构，很难找到可以参照的学术文献，只有从传统金融的理论结构中去寻找一些蛛丝马迹，然后逻辑化。互联网金融是一个新的金融业态，它与高科技紧密结合，它把金融的空间打开了，原来的金融是受到物理空间的约束的，传统金融必须要有物理网点，风险也打上物理网点的烙印。互联网金融使金融的空间没有边界了。你会发现，原来的金融理论是解释不了互联网金融的。它是一种没有空间约束的金融业态。在这之前，也有不少人申报互联网金融的国家级课题，我参加了一些评审，这些课题研究的那个境界，没有涉及互联网金融的核心和本质，只做了一些案例分析，做了一些简略的归纳，没有形成一个抽象的、突破传统理论的理论结构。因为他要完成任务，还要把课题费花掉，所以质量并不高。

各位都是院长，我想说的是，不谋私利很重要。我从做证监会发审委委员到学校的管理岗位，时时想到的是底线。2013年人民大学被中央巡视，人民大学是党的十八大以来第一批被巡视的高校。巡视时校领导很担心研究生招生工作，因为这里弹性大。我同校领导说，你们尽可放心，我知道我自己做了什么。巡视结束后，在中央巡视组的报告中，对人民大学研究生教育管理特别是研究生招生工作给予了高度评价，说没想到人民大学的研究生招生和研究生教育管理如此规范。我想说，这是人生的底线，任何潜规则都不行，要做一个透明、讲原则的人。只要这样，学术研究也会做得很好。说实话，心中有鬼的人学术也不会好到哪里去，天天在偷偷摸摸抄人家的东西。

在大学里面还有一个现象就是师生合作。从一般意义上说，我是赞成的。导师启发学生，学生做科研，写论文，导师指导研究生、博士生做研究，这是导师的基本职责，即使你给学生们提了一些问题，甚至提供了一些思路，这都是导师的责任。但是，有时候有些导师做过了，以为提了一些建议就可以窃取学生的成果，堂而皇之地把自己的大名写上。对此，我是反对的。我鼓励师生合作，但反对导师利用指导权力去享受学生的成果，有些是明目张胆地窃取。作为导师，你不能让你的研究有一种剥削感，据说在工科院校里面情况比较普遍。在人民大学，我是反对导师剥削学生的科研成果的，明目张胆地在博士、硕士论文里摘几段弄一篇文章就发表了，学生也不敢告他。我们江西财大的院长们回去要告诉我们的教师，这个做不得啊。当然，有时候是导师和学生联合发表，对此我不反对，但也不鼓励，因为不知道导师在其中做了什么贡献，如果你只是说了几句话就把大名署到前面，那也有问题。有些人评上教授后就没有独立写过论文，博士生把论文写完了他就署上大名了。或许你说了几句话，但这几句话不足以形成一篇论文，而且说那几句话也是你作为导师的责任。我反复强调，责任和权力要分开。有一些人评上教授后，就没有独立写过几篇论文，绝大多数都是和学生联合发表的。说实话，我对这种人看不起了，我看不起这种教授。评上教授后，你怎么就不能独立发表论文呢？在研究中，你叫学生给你找一些数据，画张图表是可以的，因为他们是你的科研助手。有一些数据，需要收集一下，让学生收集一下，这是可以的。但是数据收集之后，数据处理是要自己的事了，不可以让学生来处理，这是一个基本的科研态度。所以，我不反对师生联合发表，但是如果这位导师的科研论文，百分之八九十是都是和学生联合发表的，我就有怀疑了。我希望我的本科母校江西财大的教授们，能从这里开始做起，严格要求自己，如果这样的话学生会特别尊重你，发自内心尊重你。别看与学生一起联合发表论文，他表面上也会谢谢老师，背后可能会骂你啊。在人民大学也有少量这样的教授，当上教授后就不独立写论文，这种风气不好。

我不是一个高产的学者，我每年只写两篇论文，我不像有些教授那样高产。我不喜欢重复，已经完成了的研究，前面有论文了，把这个事情已经搞明白了，就没有必要再去重写论文了。内容不断重复的论文没有价值。我喜欢大学里有一些特点甚至有点古怪的教授，我不喜欢精明、善于来事儿的教授，情商的确很高，善于搞关系，但学术很一般，点头哈腰，那是没有意义的。一所大学，如果都是这种教授那就完了。我知道有些教授非常有水平，但脾气古怪，我很喜欢。在人民大学，有这样的教授，我很欣赏他们。我喜欢他们是发自内心的，因为他们有思想，有独立精神，有时我会把他们找来，一块合作做一些研究。我们有位法学教授，很有学问，但性情有点古怪，但是特别有水平，他主要研究民商法、公司法、证券法，他对他在的领域研究得非常深入，但是他很少说奉承话，对我也不说。但是，他的确有思想，我在与他合作中学到很多东西。对这样的学者要包容他，要保持高度的尊重，发自内心的尊重。

著名教授是大学的根基。走了一位根基就松了一些。有些人是可以复制的，大街上拉一个人来就可以填上去。有些人是不可替代的，或者替代的成本非常高。我听说人民大学国学院有一位懂多种古外语、古波斯语、梵文的年轻教授想离开人民大学非常难过。我说，他怎么能走，他可不是一般的人才，难以替代，大学的根基就是这些难以替代的大教授，你心里面要知道，这些人是不能动的，那是学校的宝，动了这个根基后果很严重。对这样的教授，我们要爱护他，让他有荣誉感和尊严感。

在大学，校长和院长主要是服务。服务于师生，也服务于这些大教授，校长和院长们可不能高高在上。同时，还要关心年轻的、未来会成为大教授的年轻教师。一所大学之所以会成为著名大学，与其教授的学术水平、影响力有密切关系，与大学对人才的尊重有密切关系。这里讲一个故事。黄达教授曾任中国人民大学校长，是著名金融学家，在学术界和人民大学受到广泛的尊敬。据说在20世纪80年代中后期，他任人民大学常务副校长（当时校长是袁宝华同志），与人民大学其他教授一道去外地开学术会议，会议结束后，大家都坐火车硬卧回北京，火车硬卧分上、中、下铺，黄达教授进车厢后直接上上铺，把下铺留给其他同行的教授。按他的学术地位又是副校长，住在下铺，没有任何人有意见，但他让给了其他教授。这是一个美谈。那个时代没听说人民大学有什么著名教授不满足现状要调走，大学每个学科都有著名教授，对人民大学而言，那是一个大师云集的时代，一个辉煌的时代，一个尊重人才的时代。

在大学，尊重人才很重要，让他们感到有尊严感、荣誉感，让他们真正爱这所大学。当然，在现实生活中，也的确有个别教授哪里给的钱多就到哪里去，知识成了寻租的工具。说实话，这种教授走了也就走了，没必要去挽留。既然你不热爱这所大学，给你多少钱你都会走，只要有人比我出的更高，我出80万元，有人可能出100万元。既然你不认同这所大学的价值观，我觉得你走也就走了。你首先要认同这所大学，喜欢它，热爱它，这个很重要。所以，有时候我们在引进人才时要看这个人跳了几次槽，每两年跳一次，每增加20万元就换一所大学，这种人是不能要的。他以为他很有学问，把学问作为寻求个人利益最大化的筹码，我不认同这种价值观。如果仅仅是为了金钱的话，做学问也就没有意义了。学问这种东西本质上与金钱没有特别大的关系。学问做的大的人一般不会主动与金钱扯上关系。马克思学问做得大吧，你说他与金钱有关系吗？他写出了旷世之作《资本论》，他的生活是恩格斯资助的。所以，情怀很重要。有了情怀，就会有大学者，有了大学者，这所大学就一定会越来越著名。

我们如何去办好一所大学呢？我想，首先得有宽广的视野，不能满足现状，要有国际化的视野，要有继承人类优秀文化的胸怀，要有厚重的学术涵养。继承人类文明和优秀文化是大学的重要职责。学术的传承主要靠大学里的学者、教授，在传承中创新、发展。传承的前提是了解、把握和甄别。大学都是由每个学科组成的，每个学科都有若干教授、副教授和讲师支撑和建设。我们要尽可能了解所在学科以及相关学科的学术文献，有哪些学者、在什么时候做了什么贡献。这些最好要心中有数。

大家知道，一所著名大学的研究生教育是大学核心竞争力的体现。2006年7月，学校让我全面负责人民大学研究生院工作和研究生教育。当时，人民大学已有 100 个博士点，绝大多数都在人文社会科学。以前，人文社会科学研究不太重视学术的传承和观点的来源，都认为自己是某一观点或理论的发明者，在课堂上不太介绍自己是如何传承他人的，经常几张纸条讲一学期，人文社科的研究生教育在那个时代是不太规范的，处在游击状态。研究生课堂随心所欲、缺乏规范、缺乏对基础理论的梳理，人民大学的教师、教授口才都很好，海阔天空、滔滔不绝，讲课不乏幽默而风趣，但通常缺乏对学说史的介绍，学问没有历史感，只讲自己的研究成果和观念，通篇都是"我认为"。我就是在那个环境下培养出来的。侃侃而谈有时被认为是高水平的标志。有一段时间，我还是比较推崇这种教学方式的。慢慢才发现，其实这种研究生教学方式是不行的。因为，它本质上没有尊重前人及他人的研究成果，缺乏学术的继承性。实际上，从学术发展的历史角度看，即使杰出的学者、教授，也只不过在你所处学科做了一些知识积累或推进作用。那种通篇"我认为"，以为他的所知都是他的发明，长此以往，会造成非常不好的学风。发展到极致，就是博士论文也好、论文专著也好，引注极少。这实质上是一种学术不正、学风不良。说实话，我们相当多的时候对历史是不太尊重的，我们对今天特别重视。总觉得历史是渺小的，甚至是可以篡改的，总以为今天是伟大的、重要的。实际上，历史是伟大的，那里隐藏着对未来的昭示。今天只是历史长河中的点滴而已。我们要形成尊重历史的文化特质。尊重历史，这个民族才有希望啊！在学术研究和教学中也是这样。

基于这种理念，我在 2006 年 9 月，开始在人民大学的博士生教育中，启动了学科主文献制度。当时人民大学有 101 个博士点，号称 100 个博士点，这可是一个浩大的文献工程。每一个博士点都要建一个学科主文献，希望每一位博士点的教授、教师在一起探讨、甄别、筛选每个学科古今中外的学术文献。这是一个集各学科教授智慧才能完成的浩大工程。开始时，有些教授抵触情绪很大，都认为自己的学术成果就是文献，甚至问我主文献的学术标志是什么？我非常明白，在中国，在人文社科，这项工作是研究生教育的基础和起点，必须从这个主文献的建立开始。研究生特别是博士生教育，必须多读文献、读懂文献，而不仅仅是读导师的论著。有时有些导师，只要求学生关注他的观点，读他的论文。学术研究基础虚弱、没有历史感，怎么能培养出优秀的博士呢？没有历史感的所谓学问是苍白无力的。他不知道学术的长河在哪里，不知历史上哪些人做过什么贡献，以及这些理论贡献是什么。对此，我深有同感。对学说史的研究，是做学问的重要基础，也是一个重要视角。

过去一个时期，我在学术研究中非常注重理论逻辑。做学术研究首先要注意逻辑，也就是理论体系。逻辑能使人思维缜密。与此同时，也注意方法。经济学研究方法很重要，数据很重要，结论都要有数据支持。

实际上，在研究中，关注历史事件，剖析历史事件很重要。从历史分析中找到启迪，从历史事件找出规律。对历史的研究，我过去做得比较差，因为研究历史要花很多时间，不容易形成所谓的研究成果，需要沉下心来。我2015年用了几个月时间，专门研究全球金融危机史，有很多感触。人民大学有一个很好的金融证券研究团队。面对2015年中国股市危机，我们试图分析其形成的原因、逻辑以及对应对之策的效应评估。当时，我对我们研究团队的几位合作教授说，这样的市场波动、市场危机以前在有关国家实际上也类似地发生过，例如，1987年10月19日美国发生的"黑色星期一"、日本泡沫经济时代的股市大震荡、东南亚金融危机、俄罗斯金融危机、2000年前后的纳斯达克市场危机和2008年全球金融危机等，研究这些历史上的大事件，对分析2015年中国股市危机是有帮助的。它们之间虽然原因不同，但似乎存在共同的逻辑。研究历史能拓展我们的视野，能使研究具有历史感，进而增强理论的素养。有同事告诉我，有些国家如美国对金融危机大事件的研究是相当充分的。以1987年10月19日"黑色星期一"为例，仅相对成熟的文献就有10卷之多。对全球金融危机事件的研究文献，浩如烟海。从历史的宏观视角看，2015年中国股市大波动只是历史事件的不断再现，是中国这个大国在迈向市场化金融、构建现代金融体系中的必然现象。关键的问题是，要深入分析，剖析机理，形成逻辑，以史为鉴，这对中国未来的金融开放和资本市场发展才有重要意义。虽然，股市危机使不少人财富损失了，但如果能总结教训，也算是坏事变好事。从历史角度看，这样的大波动或者说危机，今天不出现、明天也会出现，问题关键是，你如何认识它？如何从中找到不完全相同的教训或规律？这些需要系统研究、深入剖析，而不是掩耳盗铃。所以，研究事件很重要，研究历史同类事件更重要。

所以，做学问一是要有逻辑，二是要有方法和数据，三是要有历史感，从历史研究中找到立体感。规律是多数中的概率。这种三位一体的学问既严密，又科学，还有历史恢弘感。

我们再回到博士生主文献制度。开始时，有些教授有不同意见，认为是一个好大喜功的政绩工程，是"三把火"的游戏。我说我们可以辩论，我们要思考研究生教育的基石在哪里。如果只是某一个人的政绩工程，大可不做，但主文献制度，的确是人民大学研究生教育的基础工程，读文献应该是研究生理论学习和学术训练的基础。最后，除一个博士点迟迟不做主文献外，其他 100 个博士点（2007 年人民大学有 101 个博士点）都动起来了，几乎所有教授、导师都加入研究生教育的基础工作中来，那个迟迟不搞主文献的博士点、最后换了责任教授，完成了主文献的搜集和整理。我们的主文献是每三年修订一次，每年 1/3 部分要修订，动态调整。主文献的内容取舍与学科特点有关系。有些学科非常中国化，比如说中国古代史，英文文献就很少，主要以中文（古文）为主，又比如西方经济学，那肯定是 98% 以上的主文献都来自外文，主要是英文文献。比如说金融学，英文文献可能也占到 90% 以上。金融学中有很多分支内容，其中，现代金融也就是金融市场部分，占据更重要地位，而且文献的占比也越来越大。货币银行也很重要，货币理论部分西方古典理论占主导地位。因为学科的特点，主文献内容的选取是不同的。这里要特别注意的是，如何处理学者自己的论文，是不是文献？如何选取？比例多大？这些都需要一个标准、一种机制，其中，教授投票机制很重要，比例限制很重要。不是你当校长了、当院长了，你的论文就一定要收进来。这很重要。否则主文献中的论文就没有权威，也会损坏人民大学的学术声誉。

现在，主文献制度已经成为人民大学研究生教育的基础工程。在培养环节，专门开设了一门主文献课，导师和研究生一同研读主文献，这是研究生教育规范化的重要步骤。大家都知道，中国大学里人文社科研究生教育以前不是那么规范、那么严谨，很多在职博士生不来上课，考试也能过关，这肯定是个问题。我们要想办法，如果不来校听课，考试时就难以通过。主文献有这个功能。综合考试题目，应与主文献内容有关。如果学生不来听课而考试又能顺利通过，要么这个课的内容有问题，不前沿、不学术，要么考试题目有问题，大而化之的题目宏观大论，谁都能谈上几句。我们的原则是，既然是人民大学的博士生，你就必须来听课，而且只有听完课后考试才可能过。这个课就是主文献课。从学术人才培养角度看，在职博士生有其重大制度缺陷。不少大学、不少导师通常都招在职博士生，作为一种资源，有的是厅长、有的是处长、有的是企业家，像敬神一样，这真是扭曲的研究生教育，很世俗、很功利，哪有学术呢！最近教育部在全国高校抽查博士论文的质量，重点抽查在职博士生，质量十分堪忧，有的连基本的学术规范都有问题，导师有责任，生源有问题，人民大学正在逐年压缩在职博士生的比例，增加了一些限制性条件。

当然，也有一些在职博士生（主要是部委机关的年轻干部），对现有政策的研究比较深入，因为政策是他制定的，但是学术与政策是两回事。博士生培养的主要目的还是科研学术人才，重点在学理研究和学术前沿研究。政策研究不是博士生研究的重点。例如，关于房地产问题，显然，调控房价的具体政策并不是博士生的研究重点，但研究一国的收入水平及增长与一国房价的比例关系，可能就是研究的重点，因为这是个学术问题。所以，我们对招收在职博士生是慎重的。

对一所著名大学而言，本科教育是基础，很重要，人民大学在这方面的基础做得不错，在全国有声誉。研究生教育特别是博士生教育要改革，主文献制度就是这个改革的成果。国务院学位办在2011年出了一本中国学位教育30年的画册，给了人民大学主文献一个版面，认为这是30年来中国研究生教育的重要成就。主文献系统地归纳了100多个学科的学术文献，现在是101卷，160册，约2亿字。我们除了主文献外，还有著作文库。在每一学科文献中，一般是收录100篇左右中外经典学术论文。主文献的目的主要是让博士生少走弯路，多看学术精品。

外地有一位大学的校长，在人民大学挂职半年。他几乎每星期都来人大研究生院看主文献库。他说，这个主文献库太好了，说从来就没有读到过这么多主文献，收获太大，是人民大学的创举。

这是我说的第一个方面的内容，我们要从基础抓起。

第二，大学要把培养人才、科学研究放在最核心的位置。我始终认为，大学最核心的功能就是科学研究和人才培养。科学研究，一方面是探索未尽的世界，对学术作出新的贡献，另一方面，客观上也为培养高质量的人才创造了条件。

一所学术研究水平低的大学，说可以培养出高水平的人才，我不相信。科学研究是一种发自内心的、探究事实真相和客观规律的行为，不是装点门面的。我们不少人为了装点门面而做应景研究。中国的应景之作太多了，文字垃圾太多了。

还是回到研究互联网金融这个案例上。我在研究互联网金融之前，对互联网的应用是很差的，我真的是一个思想上先进，技术方法落后的人，但是现在我已经跟上了，有一段时间是落后的，因为那时候我排斥这些东西。但是到目前为止，我还是不会打字，电脑打字对我而言是非常困惑的，所以我写的所有东西到现在还是手写的。每一篇论文写完后，都有很厚的手稿，也就是文字稿。我有个助手，写完一页，她就给我录入一页。我的钢笔字写得极其潦草，像阿拉伯文一样，只有极少数人能看得懂。以前，我不懂互联网，我不知道那是什么东西。作为研究金融的人，不懂互联网金融肯定是不行的，一定会被淘汰的。只知道商业银行、央行、货币政策、资本市场是远远不够的，故步自封就会被时代所淘汰。为了研究互联网金融，我请我的学生帮我找了20份关于互联网的参考资料，包括10篇论文、10本著作（包括教材）。当时阿里巴巴等电商模式已经非常发达，人们都在说它在颠覆传统的商业模式。我就想，为什么它能颠覆传统的商业模式？为什么大家都不去逛商店而都是在网上购物了？我从10本书中筛选出了一本只有90页的小册子，书虽薄但文字优美、论述清晰，其他9本，要么冗长而八股，要么没有信息量，我都扔了，基本上是文字垃圾。关于论文，我筛选出了"一篇半"，"一篇"是谢平的论文，还有半篇就是阿里巴巴研究院的研究报告，我把它看成"半篇论文"。通过对这3份参考资料的反复研读，我慢慢理解了互联网的价值，尤其是那本小册子，它把互联网为什么能改变人类社会做了一个非常高度的归纳。其核心思想就是，互联网再造了一个人类社会，因为现代社会中的很多信息是垃圾信息、是未处理的，但是互联网可以对人类社会中的海量信息（包括垃圾信息）进行排队、分类、处理，使信息流量化、精致化，从而呈现出一个高效、便捷的人类社会的信息状态，这就是所谓的大数据处理。后来我又看了一本互联网史，是我们信息学院的一位教授推荐的，其内容涵盖了整个美国互联网的发展历程，从20世纪30年代开始，到五六十年代的突破，一直到当代的飞速发展。这个时候我开始思考互联网的功能，互联网的技术特征是什么？为什么和商业高度契合？在其和商业高度契合之后，会对金融体系产生什么影响？金融最终是为实体经济服务的，金融的目的不是自我服务。所以，商业模式发生了变化，金融一定也会发生变化。既然是电子商务，既然越来越多的人会从网上购物而不到实体店里去消费，那就一定要有相应的金融服务去配合这种模式，比如支付的变革。所以，第三方支付、移动支付由此产生。由此可以发现，金融业态会发生重大变化，是因为实体业态和实体经济发生了重要变化。

可见，科学研究很重要。把一个问题研究透，就不会道听途说。很多人一提到互联网金融，讲的都是"跑路"，我就和他们谈论，为什么会"跑路"？凭什么说"跑路"就是互联网金融？什么才是真正的互联网金融？不要把"披着马甲"的所谓互联网金融和假的互联网金融的污水泼到互联网金融身上来，很多人并不知道互联网金融的本质是什么，也不知道互联网金融的未来是什么。因为，没有透彻的理解，监管部门就开始不断约束新金融业态，包括互联网金融的支付形态，也就是第三方支付。我觉得这种做法是在逆潮流而动，是在试图把中国金融推回到并试图恢复传统金融，就如同在信用货币时代还妄图把金银作为货币去直接交易一样。在金银做通货的时代，当人们看到票据和纸币的时候，有些人会有疑虑，因为它容易作假。而现在有些人也说，互联网金融的技术风险很大，因为没有实体店那么明确。实际上这是一个伪命题，因为他们不了解其中的结构。

总之，科学研究是极其重要的。要鼓励我们的教师在教学之前做充分的科学研究工作，不能只是做应景式的教学，或者简单地照着书本念，那是不能把握科学的本质的，也不能把握未来的发展趋势和方向。只有把相应问题都研究充分了，老师对学生的讲授才会非常具有启发性，学生才会受益。所以，大学的教师首先要把科学研究做好。

大学的基础功能是人才培养。这涉及三个方面。

首先，人才培养需要清晰明确的培养目标。当然，各个大学的定位不同、功能不同，各自的人才特点也不同，我们不可以要求所有的大学都像北大、人大这样培养科学研究人才，不同大学的定位是有所差别的。例如，人民大学的人才培养定位和目标就是培养科学研究的领军人才。虽然学生的未来职业选择可能是企业、政府部门，或者自由创业，但是人才培养的目标不能变。因此，按照既定的目标，就会有相应的课程设置，就要注重理论基础和理论素养的培养；实际上，大学更重要的是培养理论素养，而不是技能培养，特别是研究生和博士生的培养。我们可以认真思考，江西财大的人才培养的特点在哪里？这对一所大学的生命力以及它在全国的影响力和地位都是很重要的。最好是做到不可复制，或者是难以复制，做到自我定位清晰、准确。实际上，江西财大的人才培养还是成功的。从 1978 年复校开始第一批招生到现在，江西财大培养了一大批人才，无论是在政界、商界，还是在学界，都有来自江西财大的优秀人才。

其次，人才培养必须重视本科教育。根据我的体验，本科时期的教学方式有一种深刻的感受，我总觉得以前的教学比现在好，不知道是不是怀旧的缘故。因为以前的本科教学非常严谨，每学期大概有 23 周，时间很长。现在的教学时间都零碎化了，只有 19 周、20 周就放假了。有些课程还没讲出多少内容就放假了。我很不适应。教学过程需要有足够的时间。在 20 世纪 70 年代末 80 年代初，无论是数学还是其他课，每门课都会有期中考试，教学也很严格，学生在一定的压力下不得不认真学习。而现在，期中考试基本上没有了，期末考试也并不是那么严格。实际上，一个严格的本科教育是至关重要的，是中国大学教育的基石和重点，是完全不能忽视的。但是，现在有些学校却忽略了本科教育，而把博士生教育看得太重，这是不正确的。我的感受是，我自己的理论基础和宏观视野都是从本科开始培养起来的。我还记得给我们讲再生产理论的张明鑫教授，上课非常认真，内容也很丰富，让我充满了浓厚的学习兴趣与热情，我查阅了图书馆所有的再生产理论的研究资料，天天进行研读与学习，这为我打下了很好的理论基础。还有我的数学，我的数学成绩是非常好的，我当年考研究生的时候，100分的卷子考了99分，数学方面的扎实功底也为今后的学习和研究打下了基础。我对我的一个数学老师印象很深刻，他的板书非常清晰，我并不喜欢现在的PPT形式，我觉得PPT扼杀了教学的生命力和创造力，没能和学生融为一体。有时候先进的未必是最好的，教学过程中的相互启发和相互感染是非常重要的。我不知道过去的这种教学方式和教学过程更科学、更正确，还是这仅仅是我怀旧的结果。

虽然我做了很多年研究生院的工作，但是我还是要强调本科教学的重要性。一所学校的先进水平不是在于招了多少博士生，而是在于基础的本科教育水平，这也就是为什么要提倡教授回归本科课堂的原因。我是非常支持这一举措的，因为教授对于基础知识的理解比年轻教师更深刻、更系统，他知道哪些内容是知识体系中的重点，因为教授毕竟经验丰富，年轻老师则有一个摸索的过程。另外，教授回归本科课堂，对教授自身来说也是个考验。有些人虽然当上了教授，但是反而无法应对本科课堂了，因为他习惯了办讲座、做报告，而那些基础知识不会讲了。其实，对一名教授的最高评价是来自本科教学的成功，来自本科学生对他作出的认可与好评。所以要高度重视本科教学，这是人才培养中极其关键的内容。

最后，人才培养也包括思想政治教育。我不提倡"本本主义"的思想政治教育，我曾经和我们人民大学的靳诺书记交流过，我认为我们要改变思想政治教育的方式，教条主义、本本主义是不可取的。思想政治教育的核心是要通过一种方式，培养学生的信仰和品格，让学生对国家社会的未来怀有坚定的理想信念和意志品格。那应该怎么做呢？我认为可以通过很多实践活动。人民大学有一项活动叫千人百村活动，我们从全国 29 个省、市、自治区，随机抽取 398 个自然村，由学校进行组织并承担经费，每年有 1 500 位学生志愿报名参加、分组到各个村进行问卷调查。这是一项浩大的工程，通过随机抽样的方式，更真实地认知我国的农村生活和农村面貌。从 2011 年开始到现在，我们通过这样一个活动来观察中国农村的变化，观察那些留在农村里的人的生活状态和思想变化。每个小组都会到某个抽样中的农村去，每组有四五名学生，在农村住一周的时间，问卷内容包括基本家庭情况及变化情况、财产情况、收支情况等，还有一些访谈。这有什么作用呢？现在的大学生多数来自城市，他们对中国农村没有概念、没有感觉，更不可能知道在一个艰苦的条件下如何去生活，所以必须要在当地生活，实实在在去体验、感受。我去了云南的一个村子，看望了在那里做问卷调查的学生。他们对我说，刚开始的时候，问卷调查的确挺难的，有些人以为他们是推销产品或者是卖保险的，不愿意开门，学生们就要向老乡们解释并与他们沟通，一些人慢慢理解了，就会配合。当地的农民都很朴素，后来彼此之间聊熟了，他们中午还请学生们吃饭。这就是对学生实实在在的锻炼。学生们说，收获非常大，学会了如何与人打交道、如何解决困难、如何取得当地农民的信任。同时，我们把这些问卷调查的结果收集回来后，通过一个大数据平台进行分析和处理。我们每年都会去同样的 398 个农村点，一开始工作开展很难，到后来就容易了，当地的老乡会说"人民大学的学生又来了"。这种坚持也能感动他们，再后来当地的村长会带着学生们进行问卷调查，这个工作就更好开展了。所以，这样的活动看起来不像是思想政治教育，但是它对学生的影响是实实在在的，也是很深刻的。最初我以为这只是一种"形式主义"，后来我领悟到，这是思想政治教育的一个实实在在的体现。让学生们有切身体验，而不仅仅停留在理论和课本上。

另外，思想政治教育要突出和强调信仰的培养。信仰的力量是无穷的。人们谈论中国女排教练郎平和"女排精神"，本质上谈论的是一种信仰。信仰支撑着郎平，输赢对她来说并不太重要。所以，我们学习郎平是学习那种坚定的信仰，有了坚定的信仰，内心的意志就会非常强大。我对信仰是非常推崇的。当年我们在那么艰难的情况下，能够夺取政权、建立新中国，我认为最大的力量来自信仰。我们现在比较缺乏的是信仰。人们太信仰金钱和权力，这对于国家和民族来说是灾难性的。信仰的核心应该是对未来抱有一种充分的希望，而且真正的信仰是为他人服务，而不是为自己谋福利。这就是我所理解的思想政治教育。

总之，除了知识传承以外，人才培养在这方面很重要。以上就是我要说的两点——科学研究与人才培养。

第三，大学要服务于社会。

现在各地都在推进智库建设，智库似乎成了百度中一个很热门的词汇。中国是一个大国，我们需要极具智慧的智库，我们需要独立思考的智库，我们需要一个对未来中国和未来世界有深刻洞察力的智库，我们不需要对时下政策进行解读的智库。所以，强调大学的智库角色服务于社会应摆在一个正确的位置上。

大学服务于社会，也包括对企业的服务。但是，现在有一些大学把过多的精力放在为部门和企业服务上，这是不正确的。甚至他们有时还冠冕堂皇地把这种行为美其名曰为"理论联系实际"。理论联系实际本身是正确的。大学对于科学理论的研究与追求不能是"空中楼阁"，尤其在人文社科领域；但是另外，理论研究也要避免庸俗化、功利化。打着"理论联系实际"的旗号为部门服务，哪个部门投资多、赞助多，就宣称哪个部门重要，这样的支持社会和回馈社会是没有意义的。作为一家私人机构，如会计师事务所或咨询公司，为了生存、为了挣钱，这样做似可理解，但是，作为一所大学、一名学者，从大学的功能来看、从学者的社会属性来看，这么做是不合适的。当然，有些学校和企业有一些合作平台，有些老师深入企业去了解其运行状态，然后回到课堂上给学生讲解得更加符合实际，这是可以的，也是应该的，但是不能刻意追求某些功利化的事情。

第四，大学要注重学科设计。

我在人民大学分管了10年的学科建设，其间参与了3次学科评估。人民大学的学科评估成绩非常好，远远优于社会对人民大学的评价和认知。在2006—2008年的学科评估中，人民大学有 7 个一级学科全国排名第一，2 个全国排名第二，1 个全国排名第三。在 2011 年的学科评估中，人民大学有9 个一级学科全国排名第一，3 个全国排名第二，1 个全国排名第三。从这个成绩来看，人民大学无疑是中国最好的大学。

我认为，学科设计需要注意两个方面的问题：

一方面，学科发展要注重资源的优化配置，要打破学院的概念。在进行学科建设与评估的时候，学校作为一个整体是非常重要的，要有大局意识，要进行相应的资源整合与资源优化。例如，在对人民大学的应用经济学进行学科评估的时候，通常一个财政金融学院的材料就足够了，但是我们同时还有劳动人事学院、商学院的产业经济学、经济学院的国际贸易以及汉青学院等，这个时候就需要进行相应的资源优化配置，过犹不及，多了也没用。

另一方面，优化配置固然重要，但更重要的是学科新设。一所大学要慎重设立新学科，不能拍脑子、追潮流，学科的新设要符合并突出学校的风格和特质。人民大学是个人文社科特别发达的大学，虽然也设有数学、物理、化学等专业，但是在这样一个环境下，理工学科的发展和人才培养往往很容易被人文社科的氛围所侵蚀，例如一些研究数学的老师不再研究纯数学，转而去研究与经济相关的应用数学。我和江西财经大学的廖书记和王校长交流过，他们很清楚江西财经大学的特点是什么，他们也很清楚应用经济学和统计学是江西财经大学的基石和重点。因此，不要随意设置一些新学科、不要分散资源，要突出学校整体的特色与核心竞争力，要把优势做好、把龙头学科培育好。

之前谈了两个问题，第一是大学的情怀，第二是如何办好大学，最后一个问题要讲讲大学的忌讳。

第一，切忌急功近利。大学一定要克服急功近利的心理倾向，切忌浮躁，有很多事包括引进人才也都不要过分急躁，要从学校整体的战略规划与设计安排上进行考量。例如，现在有些校友都愿意给母校捐钱，捐钱本身是好事，校友的捐助是一笔宝贵的财富。但是也有一些校友的捐助是怀有个人私心和目的的。我们不能让捐钱的个人目的损害了学校的长远发展，学校接受校友的捐赠本身没有错，但是要把校友的捐赠纳入统一的战略目标的规划之中，切忌急功近利。

第二，切忌急于扩张。我对大学的扩张深表忧虑，中国办大学如同建开发区一样。难道大学的声誉真的与有多少地有关？难道占地一万亩的大学就是著名大学，而占地一千亩的大学就不能办成著名大学？难道拥有20万学生的大学就一定是著名大学，只拥有2 000名学生的大学就不是著名大学吗？加州理工学院的学生只有2 000名，但是谁也不能否认它是全世界最著名的大学之一。大学好坏与否，与规模并没有关系。所以，大学应该把更多的精力放在内涵上，而不是只停留在光鲜的外表上。

急于扩张的另一个表现就是追求大而全。明明是一所专科学校，却一定要办法学院。明明是一所技术化、工程化的学校，却一定要办金融学院。这些都是赶时髦，追求大而全，什么都想办，这样也就失去了核心竞争力。2016年年初，我到公安大学去做了一场学科建设报告，它也有金融学科，它的金融学科的发展重点在反洗钱、地下钱庄等方面，这就非常有特色了。因此，切忌扩张、切忌大而全，学科与专业的设置必须和学校的特点密切结合，大学才会有生命力。

第三，切忌冷漠教授。一定要尊重和爱护学校里的教授和学者，特别是有学问的教授，把他们作为大学的座上宾。我在校园里看到几位有学问的教授，我会远远地打招呼。人民大学有一位水平很高也很有个性的教授，他对很多事情都不屑一顾，但是我很尊重他，因为他是一位为数不多的非常有水平的学者。后来他对我比我对他更尊重，他说"我尊敬你，不是因为你是著名的金融学教授，而是因为你在研究生院的改革，我深表赞同"。这句话让我非常感动，也让我思考良久，所以，在大学尊重教师很重要，尊重教师就是尊重知识，尊重源于善良。

如果把这些都做到了，一所大学也就会办得很好，这就是我说的"大学的情怀与责任"。

如何构建新型全球关系

——在"2016 年 G20 全球智库峰会"上的主旨演讲

【作者题记】

这是作者代表主办方在 2016 年 7 月 29 日"二十国集团智库会议"（T20）上的主旨演讲。本次会议的主题是"建设新型全球关系——新动力、新活力、新前景"，由中国社会科学院世界经济与政治研究所、上海国际问题研究院和中国人民大学重阳金融研究院联合举办。来自二十国集团（G20）成员方的智库代表，以及国际组织、各界专家、学者和政商各界人士 500 余人齐聚一堂，共同探讨建设新型全球关系，实现全球经济包容、稳健和可持续发展的新动力、新活力和新前景，为中国办好即将到来的 2016 年 G20 杭州峰会建言献策。

中国人民大学重阳金融研究院和我国其他两家著名的智库一起主办这次 G20 全球智库峰会。人民大学在我国具有很高的声望，这里我就不做介绍了。大家有时候只知道中国的北京大学和清华大学，实际上人民大学也是很著名的。中国人民大学的学科特点在人文社会科学领域，所以人民大学的教授大多都是智库专家，他们关心中国的发展和世界的变化。当然，重阳金融研究院又是其中的佼佼者。我代表重阳金融研究院、代表人民大学祝贺此次 T20 会议的隆重召开。

我的同事给我写了一篇很好的发言稿。我看了一下，这个发言稿的内容和前面嘉宾的致辞内容有较大重复。我向赵白鸽会长学习，适当脱离稿子谈点个人的想法。之前我更多的是一位演讲者，很少致辞，今天让我来致辞，角色转换有点难，我还是讲讲自己的看法。

G20 在 2008 年升格为领导人会议后，对全球经济的影响越来越大。最初几年，为了应对国际金融危机，G20 领导人频繁磋商。2008 年国际金融危机已经过去了 8 年。8 年来，G20 内部结构也发生了一些变化，这种变化并不意味着 G20 作用的下降。实际上全球经济越来越具有不确定性，特别是下一轮经济长周期成长的动力在哪里，也是不确定的。全球金融市场风险并没有消除。

G20，无论是领导人会议、部长级会议，还是我们的 T20 会议，都日益重要。我们不能把 G20 简单理解为"救火者"，救火时重要，不救火时就不重要，实际上不救火的时候更重要。因为，我们需要协调全球政策，寻找全球经济的前景和动力。各国领导人看得比我们远，他们在一起探讨更能够把握人类的未来。G20 开始时是在寻找应对危机的方案。事实上，现在我们更要寻找全球经济增长的长效动力和机制，我们需要思考这种动力和机制在哪里。过去我们更多的是协调周期性的或短期政策，现在我们要思考如何构建一个长期、包容、可持续增长的长期政策。我认为，G20 的这些功能正在悄然地发生变化。

正是基于这样的理解，我对此次 T20 即二十国集团智库会议所确定的主题深表赞同，即如何构建新型全球关系。这的确需要我们深入研究。虽然，现在没有出现全球性金融危机，但在这个时候，恰恰要思考在 2008 年国际金融危机的基础上，如何构建一种新的国与国之间的关系和新型全球关系。新型全球关系的内涵非常丰富，范围非常广泛，但经济、贸易和金融始终是构建新型全球关系的重点。

本着这样一种认识，我发表两点看法。

第一，如何构建新型全球关系。我们首先要了解或研究全球经济未来的变化，以及全球金融所可能蕴含的内在风险，这是我们需要认真把握和思考的。我们对此要心中有数。

我认为，全球经济、金融和贸易有三个方面的问题需要我们去思考和关注。

1. 全球经济长周期增长的动力在哪里？全球经济进入一个长周期增长阶段，得益于信息技术的发展，得益于通信技术的发展。它是工业革命以来的一次非常重大的变革，推动了全球经济长达 20 年的长周期的增长，可以说这是人类社会经济的第三次大的增长。下一轮全球经济长周期增长的动力在哪里？显然来自科学技术的进步，来自技术变革，来自产业革命。没有产业革命就不会有全球经济新一轮长周期的增长。产业革命在哪里？在人工智能、新材料、新能源，也包括生命科学等。这些都会有一个重大的突破，会带领全球经济、金融进入一个新的增长周期。我确信，有这样一个新引擎。科学技术的变革和进步，是经济发展最根本的动力。现在有一些国家经济发展着眼于短期，过多地运用货币政策，用总量刺激的政策刺激短期经济增长，不进行结构性变革，这是有问题的，令人忧虑。

2. 全球贸易市场出现了一种令人担忧的趋势。思想根源来自形形色色的民粹主义。民粹主义的结果就是世界各国的大门都趋于关闭，这显然不利于全球经济增长。贸易自由化和投资便利化，是全球贸易规则和经济规则的核心。大家对经济全球化有不同的解读和分歧，但是贸易自由化和投资便利化，不应有什么歧义。如果世界各国都制定阻碍要素自由流动的规则，那么全球经济就不会有未来。我们需要用开放和全球视野来看待这些问题。

3. 金融所蕴含的潜在风险。虽然 2008 年国际金融危机过去了 8 年，但

2008 年一些国家采取了纯粹的货币主义态度来刺激经济增长，应该说这为全球金融市场的未来埋下了危机的伏笔。虽然我不能明确下一轮金融危机是由什么原因导致的，以及何时会来临，但如果沿着这样一条纯粹货币主义的道路走下去，我想国际金融危机也许会重来。

第二，中国作为世界上负责任的大国和经济最有潜力的国家，对构建新型全球关系能够做什么样的贡献，这取决于中国的改革。

1. 中国正在推进供给侧改革。供给侧改革的核心是结构性改革。我认为，全球经济都面临着结构性改革，总量刺激的时代应该过去。中国所推进的供给侧改革，是试图通过市场化机制和市场化的理念推动供给存量调整。在供给存量中，中国有大量的无效供给，损害了环境，降低了资源效率，破坏了生态环境。所以，我们需要对供给方进行改革，其中，改革的重点是国有企业。我们将用市场化的机制、市场化的理念推动中国国有企业改革。国企改革难度很大，任何一个存量改革都比增量改革难得多，但我确信，我们可以完成这次改革。当然，这一改革，短期会影响到中国的经济增长速度。我们可以牺牲一些速度，可以降低一些速度，但必须推进结构性改革。2008 年，中国采取了总量刺激政策，对当时全球经济走出危机作出了巨大贡献。今天，我们将不会单纯地采取这样的政策，我们会采取结构性的政策，把自己的经济基础做得更扎实。我想，这将有利于全球经济的有效增长。

2. 中国正在推进金融改革。中国金融改革在最近几年已经提速。中国的金融改革主要表现在三个方面。

一是中国金融体系的市场化。其核心是降低进入金融体系的门槛，让非国有资本可以参与到金融体系的设立、改组和并购。同时大力发展其他新金融业态，包括互联网金融。着力推动汇率和利率的市场化改革。这是中国金融体系市场化改革的主要内容。

二是大力推进中国金融的结构性改革。在中国金融结构中，非证券化的金融资产的规模太大、比重太高。这种金融结构会不断累积风险，也会损害中国金融的竞争力。所以，我们要大力推动金融资产存量部分的证券化改革，进一步发展资本市场，包括债券市场和股票市场。金融的结构性改革，难度很大，需要较长时间。

三是中国金融的国际化。其核心是人民币国际化和中国金融市场的对外开放。中国金融对外开放的战略目标，是要把深沪两个交易所建设成新的国际金融中心。

如果我们能顺利推进供给侧改革和三个领域的金融改革，这就是中国对构建新的全球关系所做的贡献。

影响中国金融未来变化的五大因素

——在"江西财经大学第三届金融论坛"上的演讲

【作者题记】

这是作者 2016 年 5 月 8 日在深圳参加"江西财经大学第三届金融论坛"时的演讲（摘要）。

中国金融的未来就是中国经济未来的缩影，也是未来中国的一个起点。中国金融现在处在一个历史时刻，从来没有像今天这样站在世界的前沿，中国金融也从来没有像今天这样开始具备一个建设世界一流金融的能力。

我们国家正在制订"十三五"金融规划，我本人有幸被聘为人民银行的"十三五"金融规划的委员。金融不仅仅是一个行业，它还是经济的命脉。我们必须认真思考未来中国金融在改革开放和现代化建设中的目标是什么？将会遇到哪些问题？如何解决这些问题？未来中国金融风险的底线在哪里？这些问题我们都必须思考。如果这些问题都思考不清楚，就会找不到中国金融的未来。

首先，中国金融在未来，我不说很远，到2020年，中国金融在全球应该占有一席之地，人民币应该完成自由化改革。到2020年，这个目标要努力实现，而且未来中国资本市场应成为人民币计价资产的交易中心，同时中国金融的市场化程度要有明显提升。这些目标我们是可以确定的。

在这些目标的实现过程中，我们未来将会碰到哪些困难？这需要深入思考和研究。我认为，有以下五个方面，需要认真把握，需要认真研究。

第一，中国经济的不确定性对中国金融未来所带来的风险越来越大。中国经济告别了两位数的增长，两位数的经济增长实际上是不可持续的。中国经济增长速度步入6.5%至7%的中速阶段，而且未来可能连这个速度也难以保持。中国经济的增长速度有可能不断地往下走，但中国经济结构调整是要完成的。只有这样，中国经济才可能更健康。中国经济增长速度的下调为中国金融资产不良率的上升带来巨大风险，对此，我们要有深度的估计。

第二，要高度警惕现行中国金融结构所蕴含的潜在风险。中国金融结构最重要的是银行类金融资产的占比越来越大。这种占比越来越大，预示着存量风险在增大。存量风险增大到一定程度时，如果不做证券化处理，这些风险就有可能变成危机。

中国金融未来可能会出现某种危机，但是银行危机是我们的底线。我们不允许银行体系出现重大危机，也就是不允许出现储户到银行排队取不到钱的情况。据我观察，在未来相当长的时间里，不会出现这个情况。这是我们防患金融风险的底线。

还有就是人民币不能出现大幅度贬值。人民币像亚洲金融危机中的泰铢、俄罗斯金融危机的卢布那样大幅度的贬值是不会的。人民币有良好的信用基础和大国经济的支撑，人民币国际化是基本趋势。

现在我们有一些风险，是因为广义货币 M_2 的增长速度太快了。M_2 每年以 13% 的速度在增长，经济增长只有 6.5% 左右，从这个角度看，M_2 的规模越来越大，这为人民币未来贬值带来巨大的压力，可是如果不保持 13% 的 M_2 的增长，6.5%~7% 的经济增长速度就会受到影响。这里面有一个短期经济增长与人民币长期信用的平衡问题。

也就是说，我们在改革和政策的安排上，银行体系不能出现危机，可以出现局部的风险。人民币不能出现大幅度的贬值。其他的，比如说债务的局部违约，难以避免。

要坚决打破金融体系的刚性兑付，尤其是所谓的披着马甲的互联网金融，包括各种信托产品，必须打破刚性兑付。局部违约是要允许出现的。要允许股市有正常的波动。我们必须要推动资产证券化，推动资本市场的发展。

第三，要高度重视信息技术进步对金融的深远影响。信息技术的进步对金融业态的改变是非常明显的。很多人不理解信息技术的进步对金融的价值，还站在传统金融的角度，去指责甚至抵制互联网金融，没有理解信息技术的进步对金融业态的深远影响。

第四，要高度重视市场化改革对中国金融竞争力提升的内在价值。

第五，要高度重视开放对中国金融未来的战略影响。中国是个大国，我们必须构建与大国相匹配的大国金融。建设国际金融中心、人民币的国际化等，都是大国金融中的核心元素，所以开放十分重要。没有开放，就没有未来中国的大国金融，没有未来中国的大国金融，就没有未来中国经济的持续增长。

大国金融与中国资本市场

——在"中国保险业协会"上的专题讲座（摘要）

【作者题记】

这是作者 2016 年 3 月 11 日在"中国保险业协会"上的专题讲座。

保险业从最广义上讲，是一种金融业态。从狭义上讲，又与金融有一些差别。在文明社会的发展过程中，特别是在建设市场经济的过程中，保险业是一个非常重要、需要大力发展的行业，因为每个人未来都会面临风险。同时，它又是人们一生中都应该考虑的重要投资。保险业的发展在任何时候都不可缺少，特别在中国建设市场经济的过程中，在迈向一个现代化国家的过程中，保险业是至关重要的。

从金融结构演进趋势和金融功能变化的角度看，资本市场会有蓬勃的发展，因为财富管理的基石是资本市场。保险业发展的基石除了社会经济市场化程度的提高、收入水平的提高外，当然重要的还是发达透明的资本市场。所以，从这个意义上说，发达、透明的资本市场是中国大国金融的基石。

一、国际金融中心的形成：中国的现实和他国的经验

首先，中国制定"十三五"规划，实际上从来没有像今天这样具备制定一个大国金融战略的时机，主要是中国现在的经济结构以及金融结构都在发生重大的变化。在中国，资本的双向流动在加大、加快。原来我们是一个资本的进口国，现在中国资本的对外投资和 FDI 对冲后，会发现中国慢慢成为一个资本的净出口国。中国有庞大的盈余资本，需要对外投资，人民币国际化的改革在提速，中国金融对全球的影响力在明显地提升，但中国金融的国际化程度、市场化程度、证券化程度仍然不高。这三个不高暗示着中国金融改革的方向，就是要朝着证券化、市场化和国际化的方向来改革，也预示着可以制定一个大国金融的战略。

在人类历史上，迄今为止有几个国家实现了大国金融架构。

（一）英国

英国基于大工业时代，从全球贸易中心的角度开始构建具有自身特征、以商人银行为特征的大国金融。英国的金融中心主要基于国际货币交易中心和定价中心。直到今天，随着英国的版图越来越小，英国的经济规模也不大，但英国在全球金融体系的影响力并没有明显衰弱，伦敦市场仍然是全球

最重要的国际金融中心。英国政府和中国政府最近的关系很密切，进行了战略合作，因为英国知道未来发展的潜力在中国，希望人民币未来的离岸中心在英国伦敦市场，如果人民币一旦完成了国际化，人民币离岸的规模只会仅次于美元，它对英国金融中心的地位会有非常重要的作用。英国有很好的法制基础，透明的市场环境，有坚如磐石的契约精神，英国政府对市场几乎是不干预的，高度尊重市场的规则。在这种法制环境下构筑了英国的大国金融。如果英国失去了全球金融中心的地位，将会以很快的速度衰弱，但是英国知道金融对他们来说有多么重要，也知道金融中心在现代经济社会的价值。未来要构建中国或者是 21 世纪大国金融，我们必须认真研究已经成功的大国金融经验，像英国对契约精神的维护。英国对现代社会治理结构实际上作出过重要贡献。

（二）美国

美国资本市场是现代工业社会以及后工业化社会，全球最重要的金融中心。如果说英国伦敦的金融中心主要是基于全球货币的交易和定价，那么美国纽约的金融中心则主要是基于美元计价资产的财富管理中心。无论是债券还是权益类资产，不同投资者会有不同比例的配置。纽约资本市场最重要的贡献就是建立了一整套符合现代资本市场要求的规则体系。资本市场的基石是透明度，美国所有的证券法律，无论是《证券法》、《证券交易法》还是《萨班斯法案》和《投资者权益保障法》等，都是围绕透明度来完成的。它要求市场所有参与者必须如实披露信息，特别强调规范上市公司的信息披露。公平和正义是这个市场上最重要的特点。如果赋予市场太多的功利色彩，法律和政策就会随着功利而变化，就会缺乏一个基本的市场价值准则，市场就会陷入恶性循环之中。对这样的市场社会缺乏预期。

美国的养老金管理机构，将不超过 30% 投资于股票市场。它也很少持有现金，主要投资于具有高流动性的资产，一旦需要可以随时变现。他们认为必须配置股票，因为资本市场收益率是比较高的，平均比债券收益率要高。但中国有些看法与此有时是相反的。除了社保基金 20% 可以投资股票，剩下的地方政府管理的庞大的养老金目前是没有投资股票市场的。我们养老金缺口巨大，这么传统的理念、这么传统的投资方式，你用存量现金去兑付未来养老金支付怎么行呢？不断增长的老年人口，现有资产配置的收益率与需求之间是无法对冲的，缺口当然是越来越大。必须把投资收益率的边际收益率至少平衡未来的老年人的增长率。你这两个边际的增长率是不匹配的，当然缺口越来越大。

（三）中国

我们要构建一个以国家经济实力为基础的以及符合金融趋势的现代金融。我们跟美国、英国的差距还是相当大的，不要认为我们的 GDP 超过 10 万亿美元就完成了任务，我们还是要保持足够的学习精神，要不断地向美国学习，把它最好的东西学来。中国的大国金融和英国不同，虽然有共同的特质，比如高度市场化、国际化、证券化。中国与美国构建的大国金融结构也有所不同。美国的大国金融结构除了发达的资本市场以外，还有与发达资本市场相配的美元，这是美国立国的基石。美国每年吸引年轻人进行创业、创新，全世界 70% 的现代专利都来自美国，80% 的科学原理都来自美国。美元的国际地位是其最后的底线，这是它不可动摇的。有一点要学习：美国对美元的信誉的维护，美元是它们的根基，动它就是动了这个国家的根基。我们对人民币的爱护也应该是这样，不可以通过一个短期的利益去损害人民币长期的信用基础。

我们国家很多方面都存在功利化的趋势，都在做功利化的事情。功利化太明显，这个社会就缺乏基本的价值观，有时候就没有是非。一个社会的根基在于是非清晰，好坏标准不会因为功利的变化而发生变化。但是在我们国家，功利色彩太强了，已经渗透到各个方面、各个领域。这些东西不仅体现在资本市场上，有时候也体现在保险行业的发展上。虽然我对保险没有深度研究，从基本价值观看，也出了一些问题，它偏离了保险的基本宗旨。偏离保险本来的宗旨，它就会走向反面。中国的商业保险领域，无论是寿险、财险和再保险等，如果没有投资的概念，未来自己也不保险。有了投资的概念未来才保险，我们对投资缺乏深度的理解，以为买了房子是投资，以为搞房地产项目或者投资一些实体企业是投资，以为股票投资就不是投资，实际上投资的核心是流动性，是规避风险的能力。我们不太重视金融投资，我们把权益类的金融投资妖魔化。这些东西都是我们在建设大国金融中的观念约束，这些观念如不突破，我们要建立中国的大国金融是不可能的。

2008 年全球金融危机之后，美国采取了 3 次量化宽松政策，拯救经济，渡过难关，救助很多金融机构。现在危机渡过之后，会发现它在回收，实际上是在维护美元的地位。美国是全球的金融中心，源头来源于美元，也来自它的创新型企业，那些具有投资价值的企业对全世界都有引领的作用。

中国也开始出现了在全球有引领作为的企业，比如华为。华为是中国在全球具有重要影响力的创新型企业，也是我最推崇的中国企业。它不靠政府，不去搞房地产，它理解了信息技术对未来的价值。华为在国内几乎看不到广告，它是高度国际化的企业。中国要构建大国金融，需要很多像华为这样的企业，至少目前华为是在中国具有不可替代性，因为它不会随着政府政策的变化而兴衰。

李克强总理说的"双创"，是未来中国经济的引擎。人工智能的时代已经来临，人工智能将是一个划时代的标志，创新需要我们创造条件。

我们在建设中国的大国金融战略中，包括对资产市场透明度的理解，包括对维持这个市场的公平和正义，包括维持人民币的稳定，人民币长期的信誉，应像维持我们生命一样重要，这个国家的金融未来才会有发展前途。

二、中国的大国金融战略：结构元素分析

中国所要构建的大国金融必须具有以下结构元素。

（一）人民币的国际化，要成为全球非常重要的储备性货币

没有人民币的国际化就没有中国构建大国金融的目标，人民币成为全球有影响力的储备货币之一，我认为这个是完全可以实现的目标。为此要推进改革，我们国家对搞实体经济有一套，对现代金融还没有经验。

中国的大国金融，人民币要国际化，市场要很发达，同时很透明。在中

国的大国金融中，互联网金融是英国和美国不具有影响力。互联网金融可能是中国非常重要的一个特色。2015 年是互联网金融的灾难，或者说负面年。近的有"e 租宝"，远的有泛亚 [1]。我们从来都不认为泛亚是互联网金融，"e 租宝"是披着马甲的互联网金融。我到现在也是呼吁要发展互联网金融，最近我写了一本互联网金融的理论书，也就是《互联网金融：理论与逻辑》，试图从理论和逻辑的层面去寻找互联网金融的生存基础。互联网金融本质上做不大，它是一个草根金融、普惠金融、大众金融，本质是平台金融。平台需要供需双方通过这个平台进行信息对接。互联网金融有两个基本的法律底线是不能动的，第一个是不可以作为资金池，只有申请银行牌照才能做资金池。第二个是非法吸收公众资金。有些事情，不能背离常识，我主张拿常识去判断是非，不要拿专业知识去判断，常识很重要，违背常识的事情就不相信它，过于专业的眼光反而有问题。

在中国，互联网金融是大国金融重要的组成部分。互联网金融的核心是第三方支付或移动支付，这是互联网金融最具有生命力的部分，其他的都是弥补传统金融的缺陷和不足，互联网金融的支付体系，无论是微信支付还是第三方支付，对传统支付体系的挑战巨大，而且是革命性的。互联网金融成本低又没有增加风险，这可能是中国大国金融所应有的，中国的互联网金融在全世界也是最发达的。

从 2001 年之后的十几年中，中国加入世界贸易组织（WTO），通过全球市场的开放获取了巨大的利益，经济取得了前所未有的发展。以前有人曾担忧，我们加入 WTO，民族工业将会遭到毁灭性的打击。事实上，我们加入WTO 的全球竞争，全球分工，我们的产业得到了空前的发展，经济竞争力得到了空前的提升。然而，我们对现代金融领域的思考是有限的，对现代金融的理解是传统的、落后的。我们在整个金融领域的改革、开放的步伐是比较慢的，主要在于缺乏对金融未来和变革的深度理解，心中摇摆。经常会把金融理解成一个制造泡沫的来源，制造风险的来源，至多理解成是财富的再

---

[1] 指昆明泛亚有色金属交易所，该机构后被爆出涉嫌犯罪。

分配，这种理解阻碍了中国金融的市场化改革。

（二）资产证券化是现代金融的基石

在金融里面主要有两部分，一部分是相对比较传统的，也是基础的，如商业银行、保险业等。还有一部分就是现代金融，也就是资本市场，具有不确定性特征，每天都在波动。2008 年前后正是中国大幅度推进金融改革的时期，2008 年全球金融危机有一个非常重要的特点，就是高杠杆和结构化产品信息披露不充分，也有人认为资产的过度证券化和市场的国际化也是其中原因。但是我不认为资产的证券化和国际化是危机的根源，实际上，资产证券化是现代金融的基石，国际化是现代金融的基本趋势。

（三）大力发展资本市场是中国构建现代金融的重要基础

一个国家如果要推动金融的结构性改革，首先必须推动存量金融资产证券化，这是中国金融改革的重点。如刚才所言，由于我们对现代金融缺乏深度的理解，就如同像站在工业社会的初期看待互联网一样。不少人通常都会用过去的视角去观察今天和未来，而不是站在未来观察今天。我们不能把存量资产证券化理解为风险的来源。推动存量资产证券化，推动新的增量更大证券化，实际上就是推动资本市场的发展。

我们有一个较长时期，金融结构存在着向落后方向逆转的趋势。在金融资产中，证券类金融资产比重在下降，银行类机构的资产比重明显上升。实际上这不是一个正确的方向，看似没有风险，实际上是把风险累积在一起。不断累积，爆发起来将不可收拾。在银行类金融机构，资产的规模和比例越来越大，随着经济增速的下降，这类资产的不良率会快速上升，我们无论采取什么样的规避风险措施，资产不良率的上升不可逆转，不良率的上升会大幅增大银行体系的风险，直至危机。我们应该积极推动金融结构的改革，推进资产证券化。

三、要防范未来中国金融出现系统性风险

防范未来可能出现的系统性金融风险，在改革方向的设计上，改革的

目标上，以及发展目标上都是应该思考的问题。防范金融危机，并不是堵住金融风险，而是要疏导金融风险的流动。金融危机有多种形态。常见的有四种：（1）货币危机。一国货币在较短时间内出现了大幅度贬值，如俄罗斯的卢布，泰国的泰铢等。（2）银行危机。银行出现了流动性窒息，兑付出现了困难，银行关门破产了，储户存在这里的钱取不到了。2008年全球金融危机时期，欧洲一些小国经常出现银行危机，老百姓排队取钱说没钱了。一旦出现银行流动性危机，政府如果不救助，社会就会动荡。（3）债务违约危机。公司、地方政府，甚至包括国债，到期不能兑付。（4）股市危机。在一个较短时期内，市场出现大幅度下跌，股市危机是有计量标准的。在现实中，实际的金融危机是上述四种危机的不同组合。

我们在设计整个金融结构改革的时候，要考虑未来我们可以忍受什么样的危机，不可以忍受什么危机，风险底线在哪里。中国在建设大国金融的过程中，在发展资本市场的过程中，以为有足够的能力控制一切的风险，以为什么风险都不能出现，那是不现实。实际上，金融风险或危机一旦来临，我们是难以控制的，比如像2015年的股市危机，但是我们要有自己的金融风险底线。

我们有两个是底线是不能突破的，在改革设计的时候就要避免出现这两种危机。

第一个不能出现的是货币危机。我们绝不能出现人民币的贬值危机。人民币的信用和相对稳定是我们建设大国金融的基石，更大的意义上说是我们国家的基石。维持人民币币值的基本稳定，是最重要的金融政策和改革目标，是构建大国金融的前提条件。

第二个不能出现的是银行危机。一个特定的时候，老百姓排队取不出钱，局部的、个别信用社的出现也许可以容忍，大的全面的银行危机是不允许出现的。中国的银行体系到目前为止，甚至未来十年仍然是全世界相对健康的银行体系，但前提要推动市场化改革，推动资产证券化，要让存量风险提前释放，提前流动。我们需要对银行存量资产结构进行重大结构性调整。

在政策上，在实践中，我们可以容忍局部的个体的债务违约，不能什么都要刚性兑付。我确信我们的国债没有信用违约的可能性，规模亦在安全线之内，在 3% 左右。在经济增长仍维持 6.5% 左右的条件下，中国政府有足够的能力可以到期支付国债的利息和本金。最近，穆迪调低了中国国债的信用等级，这没有什么，核心是我们要思考自身的问题，推动改革。

中国在金融改革过程中，刚性兑付的政策严重影响了中国金融的市场化改革。刚性兑付政策，使整个金融体系没有风险定价的能力，收益率不代表风险。本来收益率是风险的函数，风险定价机制是金融体系市场化的基本要求，是一种健康机制。我们不能再采取刚性兑付，要允许由于市场原因到期不能兑付的行为，这是市场正常的表现，也是金融市场化正常机制，所以不要出现风险就干预。股票市场的波动太正常了，在绝大多数的时候，我们都不可以干预，除非市场波动危及到整个金融体系的安全，才需要干预。

在建设大国金融的过程中，要有系统思考，要有底线思维。要思考未来金融危机的容忍度和范围，想清楚底线，想清楚目标，想清楚代价。在此基础上，找到改革的突破口。中国的大国金融除了与美国、英国的金融体系有一些共同的特质外，还有自身独特的结构部分。日本的金融模式不可学。20 世纪 90 年代前后，一个东京地产的价值可以把半个美国都买下来，就如同中国今天的北上广深的地产价值可以买半个美国一样，这可能就是金融危机的先兆。从 1987 年 10 月 19 日的"黑色星期一"算起，全球出现六七次大的金融危机。1987 年之前，全球金融市场波澜不惊，从 1933 年大萧条结束以来，一直到 1987 年差不多 50 多年的时间里，全球市场都是波澜不惊，虽然其中有中东石油危机，但是很快就过去了。到了 1987 年 10 月 19 日，纽约市场突然间出现了巨大波动，纽交所市场一天损失了 5 000 亿美元，道指一天下跌了 22.6%。从那个时候开始，全球股票市场进入了新的发展阶段。之后，周期性的波动和危机频繁出现。

我们之所以要研究股市危机这个问题，是基于 2015 年 6 月一直到 2016 年 1 月初，差不多半年的时间里，中国市场一直都处在一个高度不确定状态，市场出现了严重的危机。对未来的中国来说，由于那个时候市场已经全部开放，或许已经成了国际金融中心，那时再出现这样的危机，对我们的破坏将是非常大的。要构建国际金融中心就必须研究历史，吸取教训，防患于未然。要从历史上找到教训和规律。1987 年"黑色星期一"之后，人们研究得出了不少结论，其中两条很重要：一是要对程序化交易要做适当的限制，二是建立熔断机制。

1990 年，日本的泡沫经济导致了长达 20 年的日本股市低迷，当时也叫股市危机。股市危机有一些指标，最重要的是 10 个交易日连续下跌超过 20%，基本上认定这个市场开始出现了危机。在我国，从 2015 年 6 月到 2016 年 1 月初的熔断机制结束，这半年时间里至少有三次，每次都有不到 10 个交易日下跌幅度超过 20%。所以，说我们出现了股市危机是有根据的。日本 20 世纪 90 年代后出现股市危机的时候日元没贬值，债务也没违约，但银行体系出了大问题，虽然没有破产，但是银行的不良资产到现在还没化解掉，银行体系应该出了大的问题，但日本出现股市危机是显然的。日本的金融危机是两种危机即股市危机和银行危机交织在一起，情况比 1987 年"黑色星期一"要复杂得多。

美国纽约市场 1987 年的"黑色星期一"也可称之为股市危机，除了股市下跌其他的都没有出现问题，美元没有大幅度贬值，债务没有违约，银行也基本上是安全的。日本在出现危机之前的 2~3 年，甚至从 1985 年开始，它的房地产泡沫又开始严重，并慢慢衍生开来，到 1989 年底资产泡沫达到了顶峰。从资产泡沫到危机的形成，有一个杠杆化的质押效应，加剧了股市危机的到来。市值越来越泡沫化的资产拿到银行去抵（质）押，资金量越来越大，拿了钱又再买房地产，又拿去做抵（质）押，买股票等，它有一个相互交叉和扩大泡沫的过程。到投资品边际收益已经低于质押品收益率的时候，整个市场往下跌的概率开始出现，危机随时爆发。我们研究了东南亚金融危机，也研究了俄罗斯金融危机，发现东南亚金融危机、俄罗斯金融危机、韩国金融危机捆在一起，都是四种危机交织在一起。之后出现了 2000 年的纳斯达克市场危机和 2008 年全球金融危机。

从这里面可以得出一些结论：第一，房地产泡沫一定是金融危机的先兆；第二，高杠杆一定是危机爆发的直接推手，尤其市场融资的高杠杆；第三，信息披露出了重大的问题，加上政府有意推动市场。这些因素相互作用，出现危机只是时间问题。

四、中国资本市场的战略目标：国际金融中心

21 世纪全球金融会有两件大事件与中国有关系：一是上海成为 21 世纪新的全球金融中心，二是人民币国际化。全球金融中心的更选是一个基本趋势。从 14 世纪的威尼斯，到 17 世纪的阿姆斯特丹，再到 18 世纪的伦敦，伦敦一直到现在仍是全球金融中心，维持了 300 年的历史，是个奇迹。20 世纪初全球金融中心移到纽约，21 世纪金融中心应该是在上海以及深圳。这个变化也表示全球经济结构的一个变化。所以，中国成为 21 世纪全球新的金融中心，应该是 21 世纪全球金融领域最大的变革。

人民币成为国际货币体系中重要的组成部分，应是 21 世纪国际货币体系变革的重要事件。我们国际金融中心的战略目标在 2009 年就已经确定，到 2020 年要把上海建设成国际金融中心。《政府工作报告》和"十三五"规划里面都提到，2020 年 GDP 将接近 90 万亿元人民币，现在我们的市值大约 30 多万亿元到 40 万亿元，我们最高峰达到过 70 万亿元，我确信 2020 年中国的市值可以达到 80 万亿元，是全球第二大市场，证券化率接近 100%。

上面的数字没包括新三板。新三板的价值主要在于制度改革的价值，制度示范的价值。中国资本市场的结构，包括主板、中小板、创业板、新三板等，体系基本形成。到 2020 年，中国市场上的创业板、中小板公司应达到 2 000 家，主板 1 800 家，上市公司 3 800 家。新三板虽然很重要，但不能把新三板作为中国资本市场发展的重点，建设的重点仍在沪深交易所，要努力把它们建设成新的国际金融中心。

五、2015 年股市危机的几个热点问题

（一）关于注册制是否推进

注册制是中国资本市场改革的重点，它具有制度改革的示范作用，也是

中国资本市场改革的核心。党的十八届三中全会的核心精神是，要让市场成为资源配置的决定性力量。从这个角度来看，原来核准制是有问题的，本质上是要批准的，需要经过很多的环节。这些行政环节，存在寻租现象。注册制的核心是要去除寻租机制，把规则制定好。只要达到标准，经过交易所必要的质询程序就可以上市，这个程序的核心是信息的充分披露和质询，让社会监督。如果哪个人挑出这个披露的信息是虚假的，必须给社会做清楚的说明。但是，现在的现实是，市场听到注册制就出现恐慌，像熔断机制一样。这实际上在提醒我们，注册制改革需要渐行，但改革的方向不可逆转。事实上，注册制是资本市场重大的制度调整，是中国资本市场基因式变革。我们要高度理解它的复杂性，做好扎实、详细的基础工作，不设时间表，把各种规则修改好。

我们中国很多事情要安民告示的不安民告示，比如说，利率调整，我们通常都是突然进行的。美联储加息有一个漫长的讨论期。美联储主席在 2015 年 5 月就说，有可能在 2015 年 12 月加息，逐渐让市场有一个预期和资产调整的过程，终于到了加息的时候，市场都做好了准备，波动较小。资本市场最需要的是透明度，只要有了信息的透明，市场就不会出什么大事。如果不透明，突然行动，市场就会有剧烈波动。我们的问题经常出在这个地方。所以，注册制要充分讨论，不要作为一个特别保密的事情，重点把相关规则修订好，时间可以讨论，让市场有一个心理预期。

（二）关于熔断机制

熔断机制是一个很专业的术语，现成了全社会都讨论的问题。熔断机制是 1987 年"黑色星期一"之后，建立起的一种新的交易机制，是一种宏观或市场稳定的信息披露窗口。事实上，市场有没有风险和熔断机制没有关系，市场有多大的风险和熔断机制也没有关系。熔断机制最核心的功能就是一个信息披露窗口，其目的是通过这个信息窗口安抚市场，让投资者有一个理性判断期。希望管理层在此期间发布相关信息，稳定市场预期。本质上，它没有平抑市场波动的功能。

有人把熔断机制理解成投资者资产的保护机制，把它看成一个严防风险下跌的机制，基于这种理解我们把熔断阈值定得很低，以为阈值很低，市场风险就小了。这是严重的误解或曲解。停市期间又没有人出来说话，那市场就必然恐慌，一开盘迅速进入第二层熔断值，加速了市场的下跌和恐慌。在一个信息发布功能并不健全的市场中，熔断机制本身并不是一种安全机制，而可能更多的是恐慌机制。这是因为我们没有正确理解熔断机制的功能，所以暂停熔断机制是极其重要的，况且现在我们有个股涨跌停板制度，如再实施熔断机制就有点画蛇添足了。

（三）关于 T+0 交易

如果实行了整体熔断机制就应该实行 T+0 交易，如果是个股或微观实行熔断，那就实施 T+1 交易。这个结论非常清晰。如果宏观上实现了熔断，微观上取消了个股涨跌停板，我们就应当实行 T+0。因为 T+0 和宏观上的熔断是一致的。我们不能违背这样一个环境去思考交易制度改革。

（四）创业板孕育着伟大的企业

我个人认为，中国伟大的企业一定会来自创业板，在创业板里面孕育着一些伟大的企业。有人总说创业板有泡沫，实际上，没有泡沫就不是创业板。退去了泡沫，伟大的企业就出来了。所以，中国的创业板要经历一次洗礼的过程，经得起洗礼的企业，能够生存下来，就可能成为未来的领导企业。创业板、中小板是有投资价值的，因为这里面孕育着伟大的企业，主板市场的企业多数是过度成熟的，虽风险相对较小，但成长性是有限的。

我们当务之急是要把现有的存量做好，不要急于扩大增量。深港通势在必行，它和新增资金一样重要。

未来影响金融变革的四个
"不能小看"

——在"中国工商银行发展战略研讨会"上的发言

【作者题记】

这是作者 2016 年 3 月 1 日在"中国工商银行发展战略研讨会"上的发言。后以《未来影响金融变革的四个"不能小看"》为题,发表在《金融论坛》2016 年第 4 期。

金融业是变化非常快的一个行业，而且未来的变化比过去的变化还要快，特别是组织架构、功能定位、服务对象、产品形态、运行模式、风险特点等在未来都会发生重大变化。对此，有几个"不要小看"，会对金融业带来重大影响。

第一，不要小看超规模的金融机构所带来的风险。未来金融结构的变革是一个既定的方向，而且未来经济的不确定性在上升，这对超大规模的金融机构在规模的外延扩张上带来了新的风险，而且这个风险在以加速度方式增加，边际风险在提高。这就提醒我们在达到一定规模之后的再扩张要小心，主要是基于经济的不确定性和信息技术的变革。

第二，不要小看金融结构变革趋势的力量。金融结构变革的趋势既来自风险管理的需求，也来自信息技术的进步。在不同阶段实体经济对金融产品的需求是不一样的，这在客观上推动了金融结构的变革。金融结构的变革特别是资产结构的变化，资产载体形式的变化等，这类变化会非常大。未来金融面临的最大问题是如何管控风险，收益是次要的，生存下去变得非常重要。金融结构的变革是一种趋势，互联网金融就是顺应这种大趋势而产生的一种新的金融业态，它不是逆趋势的。

第三，不要小看信息技术的变革对社会特别是对金融的影响。信息技术的巨大变化改变了人类社会的运行结构。金融是人类社会经济活动中最核心的部分，它与信息技术进步的基因具有高度的匹配性。因为服务业与信息技术是高度契合的，金融具备了产品的规模性、标准化等，这些都具备了信息技术重构的基因。未来非物质化的结构会大幅度上升，信息技术、互联网等对金融的重构会进一步降低成本，提高信息的对称性。如果没有互联网这样的信息技术，信息的对称性是很难解决的。我们说经济学领域的核心问题是解决信息的对称性和价格的有效性问题，这就是为什么金融要最大限度地吸收信息技术进步的价值。

第四，不要小看未来经济的不确定性。全球金融市场的波动似乎8年左右为一个周期是一个趋势。2008年到现在正好又过了8年，2016年我用了半年时间研究金融危机的周期过程和内在逻辑。金融危机是通过资本的逐利来完成它的周期性的。资本的转移引导了风险的转移，风险有一个国际传递的机制，有一个周期的动能。所以，未来经济的不确定性特别是中国经济的不确定性比以往任何时候都明确。过去经济的存量风险累积很大，存量流动的滞力太强。要靠以后增速越来越低的增量去对冲过去巨大的存量所带来的风险，是不容易的，不像改革开放或者 2000 年前后，那时候的存量小，对冲风险是容易的，现在存量风险太大了。

我们的大学为什么
如此功利而信仰失守?

——在中国人民公安大学的演讲

【作者题记】

　　这是作者 2016 年 1 月 18 日在中国人民公安大学的演讲。演讲前,公安大学教务长来信邀请作者为公安大学全体教师和管理干部讲讲"学科建设和研究生教育",作者说还是讲讲大学的理念吧,因为研究生教育本质上是基于一所大学的理念的。由于长期在大学当教师,后又做管理工作,深知中国大学的积弊。这是作者第一次就有关中国大学主题所发表的长篇演讲。

非常荣幸，今天能够来到中国人民公安大学，进行与研究生教育和学科建设有关的交流。中国人民大学与中国人民公安大学有特殊的关系，都冠有"中国人民"的字样，可见责任重大。

一般来说，在外面做报告，我讲的都是有关中国金融改革和资本市场发展的主题。公安大学的领导要我讲讲新时期研究生教育和学科建设。我在中国人民大学，专业是研究金融特别是资本市场，通俗地说就是融资、投资和财富管理。有时也研究一些宏观经济问题。

除了专业研究外，我还有一个重要工作，就是负责学校的研究生教育和学科建设。研究生教育与学科建设，关系到一所大学的核心竞争力。我做这项工作已经有14年之久，通过长期的积累，对我国研究生教育和学科建设有一些思考。

一、大学教育最重要的是培养一种品格和信仰

（一）大学应该是思想的发源地，必须要有理性的光芒

首先，我认为，我们的大学，应该是一个产生思想的地方，是思想的来源。

中国是一个正在崛起的大国。我们国家现在的 GDP 是 10 万亿美元多一点。大多数经济学家都认为，即使人民币有一些贬值，到 2025 年，中国的 GDP 规模一定会跃升为全球第一位。也有一些人会提出批评，不能只谈总规模，不谈人均。但是总规模依然很重要，它有一种集合效应。

在明朝和清初的时候，中国应该是世界上最富有的国家，当时中国的 GDP 规模比现在美国 GDP 的规模在全球的占比都要大。但是，在新中国成立之前的 100 多年里，中国衰落了。重新成为世界经济强国，是中国人 100 多年以来梦寐以求的一个理想。按照"十三五"规划，如果 GDP 的增速比 2010 年翻一倍的话，2024 年大概在 84 万亿元人民币，按照现行汇率计价，也就是 13 万亿美元至 14 万亿美元的规模，这个规模约占到今天美国 GDP 总量的 80% 到 90%。"十三五"之后再过 5 年，也就是到了 2025 年，按照 6%

到 6.5% 的增长速度来计算，总规模应该可以超过美国。

当然，大国不能仅仅表现为财富的规模和增长。财富规模只是其中一个标志。之所以称之为大国，一定是在人才的培养方面更胜一筹，是人才竞争力上的大国，而且更是人才培养理念上的大国。这个理念要引领全球的发展。大国要有引领人类社会进步的思想光芒。

习近平总书记提出了中国梦，中国梦就是中华民族的复兴和崛起。关于中华民族复兴的理论，很多人都有解读。在我看来，大国的崛起，必须包括理论的引领和思想的光芒，这是中国参与全球治理的重要基础。如果在全球治理中不能发挥作用，还何谈大国崛起？

中国要实现理论的创新和思想的引领，人才是根本。中国的大学理应承担这样的责任，所以中国的大学教育应该作出深度思考。

事实上，在当下这个时代，中国的大学得到了党中央、国务院的高度重视，物质上已经具备了相当好的条件。而在 10 年前，在 2005 年，在中国人民大学这样一所著名的大学，中国一流的教授们都还没有自己的工作室。1993 年，我被破格提升为教授，是相对早的一批教授。因为没有办公室，我找学生谈话都只能在校园的小路上、灯光下。今天，国家层面的关心、大学财力的丰富、教师待遇的改善在当年近乎是不可想象的。今天中国大学的硬条件是相当好的。

但是另外，现在中国社会非常功利、非常世俗、非常短视、非常急于求成。这种环境正在严重污染中国的大学。大学教育是不能马上见效的，人才的培养是一个长期的过程，要从基础做起，从人才的素养、品格、知识结构，甚至是情怀、理想这些方面去培养。但是，我认为，中国大学的教育，在相当长的一段时期都偏离了这些目标，表现得过于功利化，培养出来一批极致的利己主义者和拜金主义者。我们要靠这些一切以自身利益为目的的人去推动中国社会的进步，去实现中国的大国崛起梦想，是不现实的。

所以我认为，大学教育首先培养的是一种品格和信仰。品格和信仰不是一句口号，而是发自内心的坚定信念，一种对未来的希望。有了这个信仰，才能让我们热爱我们的事业，我们的工作，才能让我们的大学生、研究生、知识工作者、社会的中坚力量，发出基于使命感的理性光芒。

我在人民大学研究生教育中试图这样做的，也真实地感受到了这个过程的艰难。比如在引进人才时，有些人看来非常不错，但他在很短的时间内连续跳了两次槽，这样的人能不能要？当然不能要。无论他的水平有多高，况且水平也未必有那么高。如果一个人在 5 年之内跳了两次槽，那么显而易见，他一定是谁开出的条件好就追逐到哪里去。整体而言，我们在大学教学、工作，基本的物质条件是有保障的。作为大学的教师、教授，我们需要体面的生活，这当然是必需的。但是当你已经有了体面的生活，并且在收入水平不菲的情况下，还在频繁地跳槽，这就令人难以理解。有的人觉得品格、信仰并不重要，那是因为你只把它当作一种口号，当它只是一个外在的装饰，它当然很不重要。但是当理想和信仰成为内心的一种制约的力量的时候，它就变得至关重要了。

所以，大学教育应该给学生的内心以一种坚定的力量，这个力量来自信仰，来自对未来的追求，这是大学最重要的使命之一。对人的信念的培养，比知识的传播更重要。

传播知识是教师的基本职责，但教师绝不能忽略对学生信念的培养。我 1996 年在中国人民大学创办了中国资本市场论坛，迄今已经办了 20 年。在筹办论坛 20 周年以及第 20 届中国资本市场论坛的时候，有 2 位我的博士生协助我做一些辅助性的工作。我们论坛参会嘉宾有 500 多人，有来自金融学界、经济学界的 20 多位著名专家、学者，需要起草、送达邀请函，还有大量的沟通协调工作，非常具体。当我把这些工作交给他们来做的时候，有一位博士生就不太乐意，她认为自己的学术水平较高，怎么能做这类基础性的、事务性的工作呢？我同她说，你应当从这些最基础的事情做起，过一段时间你会知道，你的收获会有多大。一个半月以后，她有了很多新的感悟。

做这些最基础的工作，她要跟 20 多位国内一流的金融专家沟通、联系，从中得到的体会和收获，远远超出课本教给她的知识。研究生教育也不仅仅是书本上的教育，还要让学生亲身体验、体会其中的奥妙，要让学生体会到，所有的事情都必须脚踏实地，包括做理论研究。

我从研究生学习到评上教授大约经历了10年时间。这期间，我潜心修学、心无旁骛、非常刻苦。即使到了今天，还是不敢懈怠。现在，我要求我的学生也必须这样做。而现在有一些人，论文没写几篇就到处发表言论、见解，不经研究便炮制几篇哗众取宠的评论博出位、想出名。这都是功利化思想的表现，也是现在社会环境功利、短视的结果，为大学生的成长带来了很坏的影响。而对这样的环境，我们需要呼唤一种坚定的信仰。一所一流的大学，一定是能排除社会上那种短视的、聒噪的声音，用坚定的信仰去培养我们的大学生，这才是一所优秀的大学应该做的事。

（二）大学任何时候都需要高尚的人文情怀

我想说的第二点是，在大学里面，最重要的是包容精神，包容是大学的核心。包容首先是对文化的包容、思想的包容。要想成为一所优秀的大学，一定是能够把古今中外的优秀文化都传承下来的大学，一定不是按照某种教条或者标准去排斥传承与交流的。

我在人民大学负责研究生院的工作，一直在思考，怎么培养人才，怎么形成一种包容的文化。我从人民大学读研究生算起已有30多年，我知道它的优点，也深知它的缺点。它的优点是接地气、懂国情、稳健而厚重。人民大学历史上有一大批大师级的教授，给你解惑关于社会方方面面的种种问题，他们既深刻了解中国社会的现实，又有着文人学者的高尚情怀。公安大学与人民大学法学院有密切联系，比如人民大学法学院的高铭暄教授、佟柔教授等。人民大学的大教授都具备共同的特点，他们不会把个人的利益放在国家利益之上，这是人民大学教育的优点。但是人民大学研究生教育也有严重的缺陷，比如，国际视野不够，国际交流能力较弱。如何理解或比较不同的理论，使我们的研究、我们的理论更加丰满而不失偏颇，也是我们所要思考的。人文情怀决定理论的生命力，决定理论的深度。

（三）大学承担着人类优秀文化的传承责任

人类知识的传承，包括古今中外最优秀的文化，大学都应传承下来，这才是海纳百川、有容乃大。文化的多样性，是社会进步的驱动力，也是人们热爱生命的源泉。大学应该担当起这样的一种责任。我们不能因为一篇文章或一两句话而对一个人作出判断或评价，在大学里，要允许有不同的见解和观点，这是非常正常的，也恰恰是一个大学繁荣的标志。如果一个大学只有一种声音，尤其是人文社会科学，至少我不会认为这是一所一流的大学。我们只要把握一个标准——不要违法，法律是人们行为的底线。

传承人类优秀文化，首先必须了解这些优秀文化的形成历史。2006年，当时人民大学有101个博士点，400多名博士生导师。我请所有的博导，都要在自己的学科范围内，寻找到古今中外的最有价值的学术文献，建立该学科的主文献库，供年轻老师学习，供博士生们学习。我认为，这个寻找过程，是溯清一个学科理论脉络的基础过程。通过这个过程，让我们的研究生、博士生们，知道这个学科发生了什么变化，有哪些人作出了什么样的贡献。

在强调古今中外文献的基础上，我们对自己的论文选取做了数量上的限制。如果本学科的论文文献有100篇，但某个教授占了10篇，那我们会认定这个文献有问题。我们规定，再著名的教授，自己的论文收录最好不能超过3篇。我们的黄达校长，2016年92岁，是新中国金融学科的主要奠基人，在经济学界、金融学界，有无可争辩的威望。他在1990年到1994年担任人民大学校长。金融学科主文献仅收录他的论文2篇。这就是我们人民大学的包容精神。

对自己教授进入主文献的论文数量限制，是让学科点教授们投票确定的。哪篇能上，哪篇不能上，由学科点的老师们来确定。基于学科的不同特点，主文献的中外论文比例是不同的。比如金融学科就很国际化。因为是国际化学科，所以我们收录的文献，国际论文的数量不低于70%。如果国际化程度高的学科，没有足够多的国际上重要学术贡献，那就是坐在自己的房子里当皇帝。缺乏包容精神的理论研究是没有太大意义的。

在推行主文献这个政策初期，也遇到了一些困难。因为每个教授都觉得自己水平高，非常看重我们这次收录文献的价值。有的学院推不动，认为要什么主文献，我们自己的论文就是最好的，甚至认为学生只要自己的论著就可以了。我自己亲自去做工作。我也承认，我们一些教授的水平的确很高，那毕竟是豹之一斑呀。我要的是豹之全身。有的人还是不愿意，当时，人民大学实行责任教授制，由某个教授负责某一个学科，那如果他还是不同意，我只能另请高明。在制度框架下，我先尊重你，先请你来干，那么你确实不干，我请其他的教授来。后来，我们每一个博士生学科最终选出了不超过100篇学术论文，20本学术专著的主文献。经过3年努力，终于完成了这个浩大工程。

理论上来讲，一个成熟规范的大学是不用这样做的，但是我认为，中国大学特别是人文社会科学的研究生教育，可以说长时间处于相对的"游击队"状态，以前通常都是，拿着一张纸片就去上课了。在人民大学，有一些教授的口才特别好，一张纸片可以讲一个学期的课，口才与学识都是一流的。你看我到公安大学来交流，还写了几张纸的提纲，有些教授一张纸片可以讲一个学期，你说他的学问大不大？学问当然大，但是这不符合规范化的研究生教育。你没有告诉学生这个学科的发展历史和理论渊源。你的观点、你的数据究竟来源于哪里？你和前人研究的关系是什么？你应当要告诉学生，然后学生才会知道观点与数据的出处，理论由何处传承而来。如果不去交代，就会导致学生在写论文的时候，从头至尾都只能是"我的"论点，从学术研究规范的角度看，我不赞同这种做法，这是缺乏对历史文献最起码的尊重，在学风上也是不规范的，对学生的危害很大，对学校的影响也是负面的。曾经在相当长一段时间里，人文社会科学的研究生、博士生论文注释非常少，通篇都是"认为"，这种论文是不能过关的，你怎么能没有文献来源呢？你的观点从哪里来？数据引用自何处？又是怎样改编的，都是必须交代清楚的。

通过这样一次对古今中外学术经典文献的整理，人民大学产生了很大的变化。增设了主文献阅读课，既了解理论渊源，更树立良好规范的学术作风。面对浩如烟海的学术文献，我们每个人，只是理论发展长河中的一小分子，像大海中的一滴水。只有秉持这个心态，才能做一个好教授。所以传承知识固然重要，但这个定义又很宽泛，绝对不是指简单的知识传承，而是要把学风传下去，是尊重前人的学风、尊重历史。

（四）一流的大学必须具备创造性精神

一流的大学，一定要有思想的引领，是需要有创造性精神的。中国改革开放 30 多年来，经济、社会得到了长足的发展和进步。在经济学领域，也获得了很大程度的发展。有些人认为，中国没有经济学，没有经济学家。这是因为他们不懂中国经济。中国的经济学有自身的优势，既不完全像西方发达国家那样，基本上是计量化、数理化的经济学，这种方式当然也有它自身的科学性。中国过去的经济学研究多半凭借的是感觉与逻辑。在中国的经济学里，逻辑很重要，就像中华文化的宝库中的中医学，还融入了很多哲学的思维，中国的经济学也融入了很多哲学思想，非常精深，需要充分地理解，这是我们的优势。

同时，中国的经济学有自身的缺点，比如不精确。经济学是需要精确化的，需要大量的数据推导和证明，在这一点上，中国的经济学面临方法论的变革。但是，是不是因为有这个缺点，我们就走向另外的轨道？完全照搬西方的经济学理论，去指导中国的改革开放，肯定也是不行的。事实上，中国的改革开放一方面借鉴了西方发达国家经济学准确性的概念，另一方面根据中国面临的问题，根据中国的国情以及中国文化的特征，提出了一套适合中国社会的经济改革方案和发展思路，这是非常正确的，我们把这两种思维作出了比较好的结合。

有些人完全否认中国改革开放 30 多年来的经济学的成就，甚至说中国没有经济学家，我不能同意。我不知道他说的经济学家的标准是什么。中国这么大的国家，这么多的难题都解决了或者说解决得较好，这是一个综合因素在起作用，但不可否认，经济学、经济学家作出了应有的贡献。他们根据中国的具体情况作出了符合国情的经济学创新和突破。

事实上，在任何时代，任何学科，任何领域，除了传承，都需要创新。思想之源并不是完全现成的，不是拿来就可以用的东西，我们还要正确处理、吸收人类文化的精华，然后再根据自己情况进行结合，需要在大学的理论创新与研究中进行很好的拿捏与平衡。

（五）大学永远离不开人才培养和科学研究

大学是一个国家科学研究的主体。这个科学包括自然科学，包括工程技术、科学发现、技术发明，当然也包括人文社会科学。现在有人把大学的功能做了进一步延伸，比如大学需要咨政社会。从原则上说，这种延伸不是不可以，但是有一个度，有一个主次功能问题。大学最根本的功能是人才培养和科学研究。千万不能把社会服务和咨政作为主体功能。大学就是人才培养和知识传承，要让学生在安静的校园里，培养出一种素养，培养他坚定的信念以及走向社会必备的知识和能力。为了更好地传承知识，科学研究是基础，是必须重视的。这才是大学最重要的功能，与之相比，其他都是次要的。

当然，大学不能脱离社会，但是有些大学太注重咨政社会，变得很功利，精力都用在外面了。学术的根不深，就成不了大器。一个咨询报告的生命力只有两三个月，与一篇有理论内涵的学术论文根本无法相提并论。在科学研究和咨政社会之间，我始终认为前者更重要。当然，我也认同中国的发展需要大量的智库来帮助我们国家在碰到各种复杂问题的时候提供建议，这当然重要。但是，现在不少大学热衷于办智库、热衷于上"折子"、提建议，忽略了大学的根本，我对此很忧虑。一些特别有见解、对中国国情有深入研究的学者提出一些重要的建议是应该的，也是他的责任。但是，刻意成立智库不可取，投其所好不可取。我本人也参加过一些很重要的座谈会，我也会提建议，但这些建议来自我的基础研究以及对中国社会现实的观察，我不会刻意地、察言观色地提建议，更不会为提建议而偏离基础研究的轨道，那样的话会把底子掏空，最终一事无成、误国误民。没有扎实的学术功底，没有对国情的深入了解，所谓的"智"都是短期的易耗品。所以，服务于社会一定是在完成前面两个功能的前提下进行的。

这一点，我想，中国人民公安大学应该会做得更好，因为公安大学是一所高度专业化的大学。这就要回到大学要考虑的核心命题是什么，什么对大学而言是至关重要的。归根结底，新时期大学的责任，永远离不开人才培养和科学研究。办好大学的最重要的因素，都是围绕人才培养和科学研究展开的。大学的最终目标，是要帮助学生实现精神信仰的确立、秉承包容和创新精神，培养一个有理想、有情怀、有信仰、有能力的人。

二、中国大学"为名而战"的背后是教育失守、失节

（一）越是顶尖的大学越应重视本科教育

对于一般性大学来讲，其基础是本科教育，而对于人民大学、北京大学、清华大学来讲，研究生教育应该是它的核心竞争力所在，但是也都面临着本科教育和研究生教育之间的关系问题。中国人民公安大学也属于国民教育体系，其特别之处是纪律更加严明、要求更高。相对来说，一所著名的大学，在相当程度上是指它的本科的社会影响力。比如高校在各地搞招生宣传，从来都是指本科招生，较少见有研究生、博士生招生到处打广告的。一个家庭出了一个本科生，亲戚朋友都要前来道贺，尤其是考上了名校的，更是锣鼓喧天。本科教育显然是社会关注度最高的，也是最不能忽视的。

我有本位和爱校情结。看到有人为孩子考上了北京大学和清华大学敲锣打鼓，我就有点不服气。我们人民大学也是相当了不起的，我们有 9 个一级学科全国第一。任何一所学校都无法包打天下，公安大学有许多二级学科，北京大学、清华大学和人民大学就比不了，在这一点上，公安大学可以说是中国一流大学。所以，正确理解什么是一流大学，千万不要认为，一流大学必须是综合性大学。这既是一种误读，也是一种政策上的误导，"大而全"由此而生。

为什么说我不服气呢？从 1977 年恢复高考之后，到 1989 年之前，人民大学的研究生和本科生招生，不少年都是总分全国第一的，高于全国所有的大学，全国最优秀的学子都到人民大学来了。我当年考研究生直奔人民大学而来，因为人民大学当时是最好的。到了 20 世纪 90 年代，人民大学本科招生分数排名变成第二名了，进入 21 世纪，又退到了第三名。其实第三名也很好。所以千万不能忽略本科教育，它是研究生教育、博士教育的基础。

（二）中国大学"为名而战"背后的贪大求全、不求特色

在把本科教育做扎实的基础上，想做一流的大学，想成为名校，研究生教育肯定是最重要的标志。应该说，未来的领袖人才，或者说科技创新的领袖人才绝大多数都会来自经过研究生教育的人才。当然本科教育也会成就领

袖人才，但是相对比例较小。特别是科学研究领域和理论创新。经过研究生和博士生阶段的学习，才会更接近于未来科学研究领军人才的要求。这里面包括自然科学、工程技术和人文社会科学等。

显然，一所著名的大学不能不重视研究生教育。研究生教育有一个定位问题，要根据各自学校的定位，确定目标。确定目标之后才能确定教学方案、整体思路、课程设计。目标是引领一切的，目标不清楚，或者目标非常低，课程的设计水准也会很低，因为在你设定目标的时候就决定了。

进入 21 世纪以后，中国的研究生教育发展速度非常快，我们俨然成为研究生教育的大国。首先，体现在规模上，规模是最庞大的。但是，因为我们的人口规模是最大的，所以没有必要去在意我们的研究生规模，不能在规模上做文章，主要要看质量、看结构、看效率。就目前而言，我们的研究生招生规模特别是博士生规模太大，质量上，至少没有与我们的规模发展同等比例地提升，客观地说，质量堪忧。这与研究生教育的核心理念有关系。

为什么要培养这么多的研究生特别是博士生？中国办大学有好的一面，给资源、给投入，但仍然存在一些问题，比如说缺乏基于实际情况的机制，追名求利，贪大求全。我们在 20 世纪 80 年代，有一大批在专业上非常响亮的大学，那时候称学院，后来统一变成大学。比如原来上海有一个专业性的纺织学院，后来改校名为大学了。叫纺织学院多好啊！但是改名了以后，有一段时间，我甚至以为它是一所社区大学。我记得，无锡有一所轻工学院，也是我认为非常好的专业性很强的学校，里面有很多专业无人超越，后来也变成了大学，一变成大学，就没有特色了，人们就想不起你了。那么好的专科学校，原来都很有特色，有自己鲜明的风格，有自己的核心竞争力、培养方向的针对性，现在没了，全都变成了特色荡然无存的"深山"大学，这是个很大的问题，很大的教训。

还有的学校，拼命去争博士、硕士学位的授予权。我们每年都有大量的任务，要批准大量的学院变更成大学，我感到非常迷惑，这就是问题所在。贪大求全、不求特色，这绝不是办大学的思路。美国加州理工学院是全世界著名的大学，学校规模很小，全校在校学生总数仅 2 000 人左右，但是人家仍然叫学院。谁能考进去，都是无上光荣的。在它的毕业生里，诺贝尔奖获得者就有30多位。而我们呢？什么都要变成最大的，追求规模，先追求本科规模，要招多少万人，后追求研究生规模，再追求博士点的数量和规模。通常把这些作为校长的政绩。可是大了以后呢？特色失去了，水平下降了，人才培养一塌糊涂。

我有个同事到某地大学当校长，他说他最重要的任务是把博士点攻下来，我说你那里不能办博士点，你没有最基本的学术积沉和基础。没有这样的条件，不要以为你攻下了博士点你就有成就了，在没有基础的条件下办博士点那是把学校害了，把学生害了。

还有，比如平均主义，我也很疑惑，国家要支持西部发展，要支持少数民族地区的发展，这是国家的责任，我们必须在财政、税收、金融等领域向它们倾斜，支持它们尽快脱贫。但是你给它们多少个博士点，我就有疑问。本来学科点是根据学校的师资力量来评价的，一个地区有多少个教授，根据这个力量，可以招多少名博士，能不能达到一定的质量是最基本的要求，这是要评估的。博士点多少与经济、社会发展平衡是不一样的，并不是让这个地区大学有了多少博士点就能脱贫。因为它没有那个条件。要先让这个地区人们富起来，脱贫了，人们才能做更多的事。

也就是说，我们要办出高质量的大学，有些观念需要重新梳理，研究生教育更是如此。

（三）大学改革是要将最好的资源作出最优的配置

研究生教育的目标是什么？这个要认真思考。我对此做了长时间思考。中国人民大学研究生教育有一些良好的传统，但整体而言，随着国家战略目标的定位，我们人民大学的研究生教育需要彻底而系统地改革。它从外面看很光鲜，但是结构上有大问题。我们人民大学的学科数量与北京大学、清华大学比并不多，只有21个一级学科博士授权，北京大学和清华大学都有六七十个。从博士点的一级学科授权来看，我们的学科领域比较窄，但人民大学博士点一级学科的第一名，在全国占比是第一位的，数量第三位的，占比是最高的。有九个博士点一级学科全国第一，包括法学、经济学、公共管理、工商管理、社会学、国际政治、新闻传播、统计学等，在全国是第一位。但我们不能长期沉浸在这样一个成就之中，沾沾自喜，不能每天盯着有多少第一名，要看到问题所在。

我们的问题在哪里？人才培养不太规范，对文献的阅读量不够；不够国际化，国际交流能力不强。这是人民大学研究生教育两个最大的问题，当你发现这两个问题的时候你就要着力推进变革。变革并不意味着丢掉原来的传统和优势，不意味着不再接地气了，更不意味着不要了解中国国情了，这是我们的传统，我们当然要传承。一直到现在，为什么在中央国家机关工作的人大毕业生最多？因为他们太接地气了，太了解中国社会了，他长期接受了这个训练，所以公务员考试人大学生就业率最高。一进入国家机关，不用调教，一说就会。但是这样还不够。这样一个水准，只能做一个优秀的秘书。我们人民大学毕业的学生都非常稳健、实事求是，从秘书做起的有很多，他们都很优秀。但新时期要有新标准，离我们培养未来领军人才这个要求还有差距。在中国，既要接地气，又要有国际视野，有很深厚的理论素养，才可以成为领军人才，才能成为人文社科的未来领袖。

出于这个考虑，人民大学后来有了博士生主文献的制度，每个博士点有一个主文献集，我们101个博士点，大概有100卷，160册，其中有的是一卷分两册、三册，一卷差不多100万字，共计大概有16 000万字。这是我们2007年时期400多个教授苦干3年出来的成绩。人民大学的教授有一个可爱之处：扎实不偷懒、勤奋务实、不好高骛远，这是人民大学的传统。

人民大学还有很好的协作精神，比如2011年我们在教育部组织的学科评估活动中，就体现了这一点。我当时是学科评估的具体协调人，在起各学科、各学院之间的协调作用。这种评估的组织确实很不容易的，但是为了学校的共同利益，各学院最终该让步的都会作出让步。所以，评估取得了很好成绩。当然，我并不十分赞赏学科评估这个工作。这个案例评估我们学校的竞争力也需要不断地去思考，把优势资源作出最好的搭配。我是研究资本市场的，我知道，重组才能出效率。重组不是作假，不是无中生有，重组是把既有的资源进行优化的过程，也是经得起检查的。

（四）年轻人极具创新能力的时期不能一直封闭在校园里

我们所奠定的这些基础，都是为了要培养具有国际视野的人才，培养能够进行国际交流的领军人才。中国是个大国，是需要与国际交流和沟通的，我们必须要让研究生或者未来的人才具备很好的国际交流能力，但是我们普遍欠缺让国际间快速认知的语言的能力。假如我们的科研成果，我们各领域的成果能够翻译出来，变成国际通行的语言，也许中国人获得诺贝尔奖的人数会大大提升。所以，提升国际性是中国研究生教育的重点。

中国还没有强大到让全世界都学习中文的时候，也许50年、100年以后可以实现，但现在必须重视人才国际交流能力的培养，所以，要把国际交流能力放在研究生教育非常重要的位置。我们知道，中国从小学到研究生都在上英语课，浪费的资源太大，社会一片反对声。中国有很多高校的英语老师到英语国家居然没法交流，简单的会话甚至都有障碍，更别说大场合的翻译工作了，这是我们的英语教育出了大问题的表现。我们在想，在英语课上浪费的时间这么多，还是不能培养出真正有交流能力的人才，那么能不能把他直接扔到"海"里？能不能把学生直接送到美国、英国去？我们的研究生教育特别是四年制的博士生教育，至少要送出国交流一段时间，学校出专门的费用，为他支付基本的生活费，回来以后，要求用英文为我们上一堂课。在这方面，我们要投入。所以现在我们人民大学每年要派300人左右出国留学，联合培养也好、拿学位也好、短期访问也好，反正都要出去，这是我们人民大学研究生教育的做法。

我们的博士生学制延长到了四年，原来是三年。过去我们觉得人文社科类的人才培养快，不像理学、工程学科需要反复做实验。经过反复征求意见，我们延长到四年，其中硬性规定博士生在四年中必须出国半年以上，这是培养人才的必备环境，不出去就不能参加答辩，就是要提高国际交流能力。半年时间，可能仍然达不到在国外刊物上发表文章的能力，但是至少可以交流。所以人民大学就向这方面加大投入，包括资金的支持，对研究生人才培养倾注了大量心血，甚至鼓励学生到国外开会，如果到国外开会，并上台讲话，就能拿到经费。

研究生教育是重点，博士生教育是重中之重。研究生教育仅仅两年，对于特别优秀的人才来讲，两年确实有些过短，有些老师反映说能不能延长到三年，但我们考虑，研三博四，延长时间会导致人才培养的时间过长。当然教授们觉得越长越好，可以打磨出一篇高质量的论文，这本身并没有问题。但如果把大量的年轻人极具创新能力的时间一直封闭在校园里，可能也有某种不足，中国还是急需一大批人才的，所以要找一个恰当的平衡点。

考虑到现实需求与未来目标的平衡，后来社会科学研究生仍然是两年学制。这涉及研究生教育的重点在哪里。我认为重点在博士生，好的研究生可以吸纳进博士生，叫硕博直读，这就达成了一个平衡。

概括而言，研究生教育首先要确定目标，要确定培养什么样的人才，就要设定什么样的方案，以及研究生教育的重点是什么，未来的目标市场在哪里，在哪些领域要占据了主导的地位，这些都是非常重要的，需要我们反复去思考。

三、大学之大，乃心灵之静，胸怀之大

（一）不要轻易设置一个没有任何基础的学科

关于学科建设，刚才说了，我们有一种倾向就是追求大而综合，我想这不是办大学的成功之道，大学成功之道是富有特色，具有极其鲜明的核心竞争力，这是办大学的最重要的思路，而不在于规模有多大。这就涉及学科的设计。有些人追求多，我认为要追求精，还是以我所服务的人民大学来讲，它在学科的扩展上并不是很快，虽然我们在过去增加了物理专业、化学专业，有些人觉得很奇怪，为什么人民大学会有数理化？数学当然要有，人民大学原来数学专业还不错。理化为什么会有？人民大学的物理专业、化学专业经过十多年的建设，目前在全国处于 30 位左右的水平，如果仅就科研论文和学术团队来说，物理学排名会更靠前一些，因为招生规模小、历史短，所以声誉不够，所以就排在了 30 位左右。

30 位是什么概念？就相当于北京理工大学。北京理工大学也是很有名的大学，也是非常不错的大学。我们学科建立才短短十几年，取得这样成绩已十分不易。但是在我的心目中，一所著名的大学建立一个学科在全国进不到

前十，还是心有不甘。

所以建立一个学科，要有一个明确的目标，因为它要占据资源，尤其是新建学科，要花费学校领导很多的时间和精力，矛盾大、摩擦大、争论大、协调多。原来的那些优势学科已经各自定位，各个人都知道自己的位置。人民大学财政金融学院，学生规模仅次于商学院，居全校第二，30多名教授没有什么是非。而有些学科水平有限，无事生非，吵来吵去，空耗精力。

有事做的地方不生非，要研究的课题太多了。所以轻易不要设置一个没有任何基础的学科，这个非常重要。

（二）占山为王搞不出"两弹一星"

建立一个学科，最重要的是要有人才，而人才绝不是单独的个体，不要以为把一个全国排第三或者第五的人挖来就可以提升学科竞争力。实践表明，一流的队伍比一流的人才重要，甚至一流半的队伍比一流的人才重要。

一流的人才是一个人，一个人单打独斗，挖过来以后他没有团队，一个人奋斗拼不过团队。团队是有梯队的，有分工的，有协作的，有共同价值观的，"两弹一星"的成功是团队的成功。人文社科也好、自然科学也好、"两弹一星"也好，团队的力量始终比一个人的作用要重要。他们是精密的组织，有共同的理想，有共同的价值观，才能相互合作、相互帮助，这样才能出"两弹一星"。各自占山为王是搞不出"两弹一星"的，所以，我强调首先是共同理想，然后是自然的结合，一群基于共同理想、共同价值观的人在一起才能做大事，共同的理想是纽带。如果一所大学有两三个这样的团队是这个大学的幸运，这需要胸怀与合作，而不是一两个一流人才，给他多少经费就能办到的。

我们现在有一个逻辑，以为钱是一切的基础，有了钱就无往而不利，但是真正做大事的不一定是要钱的。马克思写《资本论》，除了恩格斯给了他一些生活费外，并没有什么基金资助他，他为了理想而著，是兴趣使然，所以才成就了惊天巨著。

（三）教授不干活是大学里"很恶劣的公器"

还有一种现象，现在的大学教授，个个自我感觉良好。当上教授基本上不干活了。科研论文写作基本上都让学生做，美其名曰：培养学生，然后学生写完论文他就署上他的大名，这就是大学里的公器，而且是很恶劣的公器，这种作风是很恶劣的作风。

我们在人民大学研究生中做过问卷调查，主要是调查老师是不是承担了科研，学生怎么看待这些问题。答卷上来以后我很吃惊，有30%的学生认为导师自己不做科研，表达了强烈的不满。所以要想给学生一个良好的印象，导师非常重要。我们学生的论文，署上了导师的名字，那么他当导师的时候，也要这样对待学生？一个教授或许自己写过许多论文，在所有论文里，独立完成的又有多少？这是一块试金石。有些导师不敢在学生的论文里单独署自己的名字，会把学生名字带上，我也不赞成。导师与学生合作我不仅不反对，而且还提倡。但导师不能剥削学生的成果，如果你真的没起到什么作用，那么千万别署名，虽然你认为你讲了一些指导性意见，但这是导师的责任，不是你署名的理由。你本来就应该指导他，这是责任。

另外，我们评选优秀博士论文的一个重要的条件就是学生是否独立发表过论文，如果联合署名，他的论文即使写得再好，也难以被评为优秀论文。通过这种联合署名，导师会不会把优秀学生毁了？这个博士论文可能写得很好，在送审期间写了三五篇很好的论文，却都是和导师联合署名的，这使学生失去了获得优秀论文的机会，是一个学风问题。所以，我们教授要做到心中无愧，处世坦然，心灵安静，你帮助了学生，又不争他的成果，学生自然对你无比尊重，反过来，他嘴上说老师提携我，心里却在愤愤不平。

（四）团队里需要灵魂人物，而不是争名逐利的"领导"

团队是怎么形成的？建设一流的学科没有一流的团队建不起来。一流团队里一定有一个灵魂人物。没有灵魂人物就会占山为王，是混乱的组织。在高校中，在学术界，灵魂人物是在长期的学术研究中形成的，团队也是慢慢形成的。在团队中，有的人可能年龄稍长，资历相对深，人比较开放包容，他不但会出思想，而且不唯利是图，懂得利益共享，他自然会成为灵魂人物。没有这些特点，争名逐利，赚钱我要，课题费我报销，成果署我的大名，是不可能有合作的。我们有些团队往往在利益、名誉上就出现了问题，责任在领头的。领头的觉得自己贡献最多，理应多得。你已经是领导了，无论是自然形成的学术核心，还是行政上的领导，付出一定要比得到的多，这样才会有威信，团队才会存在下去。

坦率地说，我之所以心安理得，是因为我从未在学生写的论文上署上自己的名字，我写的东西也从未让学生帮我写一个字。很惭愧，我不会用电脑，每一篇论文都是我一个字一个字写在稿纸上的，最后由我的助手录入电脑。前段时间，我完成了一篇关于2015年中国股市危机的反思和全球30年来股市危机及各国政府的救市措施的论文，这是一个大工程，3个月的时间，4万字的稿子，170页，终于写完了。一个字一个字写，经历了心灵的磨难，但很快乐，因为这是我自己思考写作的。

在人民大学的金融学科中，货币银行学是主体，但是因为金融活动的市场化非常明显，资本市场这块发展速度非常快，以市场为平台的融资、投资活动和财富管理发展迅速。所以人民大学及时把这方面发展起来了。我最初是研究宏观经济学的，之前的成果也都是宏观经济学的。1993年评上教授之后，发现金融非常重要，资本市场也很重要，所以从那时起就转到金融领域特别是资本市场做研究，一直到现在。20多年来，我们逐渐形成了一个20多人的研究团队。针对中国社会经济发展面临的重大问题，比如面对2015年的股市危机，我们决定要系统研究，怎样让未来中国不再发生这种情况，或者说发生了这种情况我们如何从容面对。我们要做这方面的研究。应对这一次的股市危机，我们有点匆忙，没有经验，是有问题有缺陷的。干预市场当然没有错，但是干预、监管有缺陷，我们就要研究它的问题在哪里。靠我个人是不可能完成的，这个时候，我们团队就起作用了。人民大学有一个金融证券研究所，一个研究和思想交流的平台，我在其中大概起到了一个召集人的作用。在这20多位专家里，有法学、经济学、金融学、信息科学等七八个教授，以人民大学为主，中央财经大学的、中央党校的、清华大学的都来了，还有大概10位副教授，都是很新锐的，他们聚集在一起就2015年股市危机很快写出一个有水平的研究报告。报告发布后得到了社会广泛好评。

这是一件非常有意义的事情。比如针对熔断机制，报告说中国的熔断机制完全是一个戴帽子机制。中国的资本市场靠拿来主义不行，不知道在成熟市场里，那个机制、制度需要什么先天条件，需要什么条件配套才能用。拿来就用，结果一塌糊涂，就像一个人，上身穿西装，下身穿着短裤、拖鞋就出来了，你第一眼以为他一身西服革履，再一看，他是不完整的。所以一流的团队比一流的人才重要，它有强大的攻关能力。

（五）学术理想、信念比报酬和待遇重要

另外，还有一点也很重要：追求一流的学科比追求信息化大学好，比追求一个大而全、貌似综合的大学要好。拼凑而起的综合性大学不会把精力放在学科的建设上，而是放在"综合"上。我确信，公安大学一定会在某几个学科在全国占领先地位，尤其是公安学二级学科下面的技术学科上，包括信息安全、刑侦、证据学和反洗钱技术等，我想这些肯定是非常重要的。如果我们专注于某些领域的提升，在这些方面能培养出中国的福尔摩斯，一提破案都要找公安大学的专家，那就成功了。

我们一定要找到自己的核心竞争力。我想，公安大学一定不会开设金融学，如果要开，那也只能针对经济金融犯罪，针对反洗钱。如果我们的学生出去，都能了解是怎么洗钱的，通过哪个管道出去，地下钱庄怎么运转的，这就是非常有特色的学科设置。人民大学在这些领域不行，我们是进行金融基础理论研究的，研究大政策，我们有这个人才，这与我们的主业密切相关。但说到反洗钱，公安大学应该是一流的，这是我要说的，学科要与我们学校的特点和人才结构相匹配。

我最后还是要强调，学术理想、信念比报酬和待遇重要，给老师、教授提供必要的条件很重要，尽可能地提高老师的收入水平，但同时要强调信念、团结协作，强调集体优先。在这个年代，强调集体利益是很难的，我始终反对个体利益至上，反对个人英雄主义。团队的力量始终是巨大的，而建设一流的学科、建设一流的大学，始终要依靠群体的智慧。

对 2015 年中国股市危机的反思

——在"第二十届（2016 年度）
中国资本市场论坛"上的主题演讲

【作者题记】

这是作者 2016 年 1 月 9 日在"第二十届（2016 年度）中国资本市场论坛"上的主题演讲。这次演讲的重点是，在分析 2015 年中国股市危机的基础上，试图找到股市危机形成的内在逻辑。本次论坛的主题是"中国资本市场：风险与监管"。

这次论坛的重点是研究股市危机和金融危机。2015 年，我们出现了一次重大的市场危机，虽然以前市场也有大幅度下跌，但那种下跌谈不上是危机。2015 年的市场危机是第一次真正意义上的危机。中国股票市场发展时间很短，26 年的时间。由于一些制度变量的影响，分析这次危机所得出的结论或许不具有代表性和典型意义，与此同时，我们分析了全球范围内历史上曾经出现的那些大危机。分析 1987 年"黑色星期一"及之后 30 年所发生的全球金融危机，重点分析其发生的机理，各国政府如何干预市场，干预之后的效果，危机之后这些国家的法律、制度和规则又做了什么样的调整。

如果把这些国别案例结合在一起，提出中国资本市场发展和改革的建议，就可能比较恰当。当然，我们研究的重点还是 2015 年中国股市危机。

一、股市危机的国别案例

我们主要研究几个重要的国别案例。

第一个国别案例是 1987 年 11 月 19 日的"黑色星期一"。虽然这次危机时间不太长，但对后来构建资本市场一系列新规则，产生了重大影响。那一天美国股票市场（道指）下跌了 22.6%，出现了大萧条以来第一次真正的市场危机。

从这一次市场危机后，在总结教训和市场规律的基础上，开始推出了熔断机制。熔断机制的实施是有效的，之后，美国市场只触发了一次熔断。

第二个国别案例是日本泡沫经济时代。1990 年，日本泡沫经济引发了日本股市危机，股票市场出现了大幅度下跌。从 1989 年 12 月 30 日开始市场迅速下跌，下跌速度非常快。除了股市出现危机外，日本的银行体系出现了某种程度的流动性危机。

第三个国别案例就是亚洲金融危机。1997 年亚洲金融危机的演变非常复杂。亚洲金融危机由东南亚各国扩展到韩国和俄罗斯。俄罗斯金融危机是亚洲金融危机的延续。东南亚国家以及韩国，主要依靠国际资本输入发展本国经济。这些国家金融危机是以货币大幅度贬值开始的。

金融危机有四种形态，货币危机、债务危机、银行流动性危机和股市危机。这四种危机形态在亚洲金融危机时期几乎都发生了，韩国最严重，后来延伸到俄罗斯。亚洲金融危机与前面所发生的金融危机不一样。

第四个国别案例就是 2000 年发生在美国的纳斯达克市场危机和 2008 年由美国次贷危机引发的全球金融危机。

2000 年纳斯达克市场危机，是由互联网泡沫引发的。这次市场危机是一场较为单一的危机，对美国金融体系没有带来实质性影响。这场危机过后，美国的高科技企业特别是互联网企业得到了迅速发展。股市危机有时是一把双刃剑，市场的大幅度波动会使一部分财富蒸发，同时，也可能孵化出伟大的企业。危机时市场的淘汰功能是严酷的。

在纳斯达克市场危机 8 年后，终于爆发了大萧条之后最严重的全球金融危机。这次危机源自美国的次贷危机，后来波及全球。这次危机主要表现在股市危机上，美元并没有出现贬值意义上的货币危机，出现了局部的债务危机，金融体系整体没有太大问题。

第五个国别案例就是 2015 年中国的股市危机。关于 2015 年中国的股市危机，后面会详细分析。

对危机的理论研究主要是想探讨股市危机乃至于金融危机发生的逻辑过程，这是一个非常复杂的问题。它涉及一国经济对外部资本依赖的程度，涉及这个国家经济的成熟度，也涉及这个国家的经济规模，以及这个国家的货币在全球的影响力等。这些因素对这个国家的金融危机发生及其现实形态会带来重大影响。

这里有一个股市危机演变逻辑图。

这个危机演变图共同体现了包括 2015 年中国股市危机在内的一些国家市场危机演变的一些共同特征。共同的基因叠加在一起形成这个逻辑过程。这个图示是我研究了两天后得出的。

股市危机的形成，从逻辑上说有两层含义：一是金融危机是否与 M_2 过度增长有关；二是是否与信贷规模过度扩张或者说信贷的泡沫化有关。研究的结论是与不同国家对外部资本的依赖程度有关。发展中国家像东南亚一些国家，其对外部资本的依赖程度很高，金融危机的形成有自身的特点。

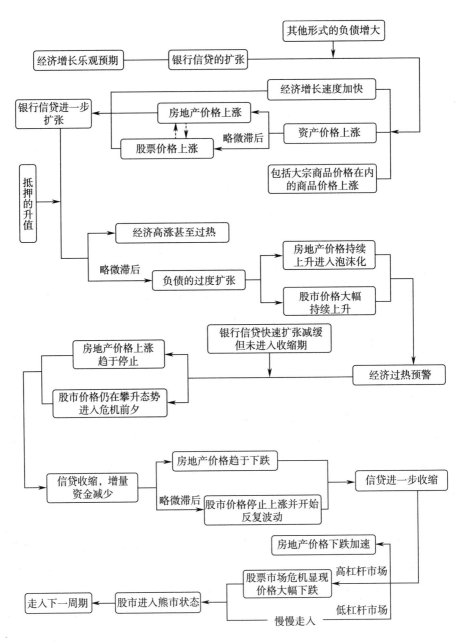

从图中可以看到，股市危机前，首先是房地产价格的快速上涨，这似乎没有例外。股票价格的上涨比房地产价格的上涨要慢半拍。股票价格的上涨会进一步刺激信用的扩张，因为抵押物的价值提高了。随着资产价格的上

涨，杠杆功能在扩大。这里有一个周期。有一天资产价格上涨的收益率不能对冲负债的成本，问题开始出现了。此时，银行信贷开始收缩，市场开始往下跌，股市危机也就内生化了。

这个过程告诉我们，要避免危机，我们需要做什么？要关注哪些节点？要分析股市危机与金融危机的逻辑演变过程。这是首先必须研究的。

二、金融危机的转化机制

现在要研究的问题是，四种危机形态是如何相互转化、相互感染，最后引发全面的金融危机的。

一般来说，经济增长资本内生性国家，发生单一危机的概率比较大，发生全面金融危机的概率比较小。2015 年中国的股市危机，理论上说到今天还没有完全结束。这几天还出现了熔断，表明股市危机还在延续。中国的市场并没有完全开放，虽然出现了市场危机，但其他危机形态并没有出现，人民币虽然出现了一定程度的贬值，但属于市场的正常表现。

中国经济对外部资本的依赖程度不是很高。中国对外部资本的依赖性可能与日本有点接近。

我认为，综合而言，中国出现全面金融危机的概率或者说四种金融危机交织在一起的金融危机的概率比较小，不会出现韩国和俄罗斯那样的状况。

关于四种危机的相互转化机理是什么，报告中有详细说明，这里我就不展开了。

金融危机在全球范围内是否有跨区域的国际传递？大体上 8 年到 10 年全球会出现一次重大的金融危机。从国际资本流动的角度看，是否存在跨期效应？经过研究，我们发现了一种痕迹。数据说明，国际巨额资本涌到哪里，哪里触发金融危机的概率就大。这只是一种理论猜想。资本流动的跨期与金融危机的周期性有什么关系？需要作进一步研究。

三、2015 年中国股市危机

这之前，我研究了吴晓灵副行长领衔完成的关于这次股市危机的分析报告。这个报告的研究是客观的。中国 2015 年股市危机之后我们这个团队也在做研究，形成了目前这个综合分析报告。

2014 年 7 月以后，特别是 10 月以后，中国市场出现了三次大幅度上涨，到 2015 年 6 月 15 日，之后出现了三轮大幅度下跌，最后回到起点。之所以说这次市场大震荡是市场危机，是因为它在 10 个交易日跌幅超过 20%，而且短期内出现两轮跌幅超过 20%，市场流动性出现了危机。

我们要正视现实。是危机就要分析其形成的原因，对这些原因我们做了比较系统的分析。

第一个原因，对国家发展资本市场的战略做了过度解读和反应。党的十八大以来，国家非常重视资本市场的发展，比以往任何时候都重视资本市场的发展。理论认识非常重要，但市场做了泡沫化的误读，以为发展资本市场就是国家牛市。

第二个原因，市场的高杠杆。顺周期的高杠杆是市场危机的催化剂。

第三个原因，交易机制的结构性缺陷。这主要包括涨跌停板机制，也包括程序化交易等。

第四个原因，监管功能的错位。监管最重要的职能不是推动指数的上涨，指数的上涨不是考核监管者的指标，监管者根本就没有市值管理的职责。监管者最重要职责是保持市场的透明度，监管不因市场变化而变化，不能把监管作为市场调节的工具。中国资本市场监管机构的独立性不够。

第五个原因，媒体的过度渲染。媒体深度介入市场，过度渲染情绪，恶化了环境，误导了市场。

改革建议：

第一，我们不能因为出现了市场危机，改革就停止，大力发展资本市场的方向不能变。

第二，在制度改革方面，注册制是要推进的。注册制千万不能像熔断机制那样搞了几天就停了，一定要深刻理解注册制的基础条件是什么，为什么要推行注册制。注册制的推行，最重要的有三个条件：一是要提升市场透明度；二是要建立一个平衡的权责机制；三是上市标准的调整。

第三，要规范市场融资渠道特别是场外融资，形成动态的逆周期杠杆管理。资本市场没有杠杆是不可能的，但杠杆的使用应当是逆周期的。

第四，要建立更加市场化的交易制度。宏观熔断与微观涨跌停板制不能重叠。

第五，回归监管的本能。维持市场的透明度，是监管的核心功能。

2015 年的演讲

"十三五"期间，如何构建大国金融

——在"长江中游城市群首届金融峰会"上的主题演讲

【作者题记】

这是作者 2015 年 10 月 31 日在江西南昌出席"长江中游城市群首届金融峰会"时的主题演讲。

党的十八届五中全会刚刚闭幕。全会将"十三五"规划主题思想、主要目标、主要路径、主要指导思想进行了全面的阐述。"十三五"规划对中国来说是一个非常特殊的五年规划。在过去的"十二五"规划中，我们站在改革和发展的角度，制定了五年规划。"十三五"规划，应用国际视野制定新的五年发展规划，这是因为"十二五"期间奠定了重要的经济基础。中国经济对全球经济的影响力在进一步提升，一些重要指标名列前茅，甚至位列第一。在"十二五"结束之年，经济规模超过了10万亿美元，全世界超过10万亿美元的国家只有两个，就是中国和美国。中国进出口贸易规模已是全球第一，外商直接投资（FDI）曾经也是全球第一位。对外直接投资在2014年是全球第三位，达到1 231亿美元。"十三五"期间，中国将成为重要的资本输出国，未来十年将超过1.5万亿美元。可以看出，中国是全球重要的经济引擎。我们是在这样一个基础上制定未来的五年发展规划，所以要有国际视野、全球思维。

在"十三五"规划中，我们要解决哪些问题？有哪些目标？现在国家发展改革委正在组织一批专家讨论和制定具体规则。

刚才我说的都是成绩。当然，我们也存在着很多问题。有学者说，中国存在着四大问题。一是腐败，二是环境污染，三是产能严重过剩，四是中国的债务率太高。这有一定的道理。"十三五"期间，至少后面三个经济问题，要进行系统规划。其中，债务率太高与金融有密切关系。所以，在"十三五"规划中，金融规划如何做？如果有一个核心词，这个核心词是什么？我想了想，"十三五"中国的金融战略应该突出大国金融，也就是说大国金融应该成为我国"十三五"规划金融部分的关键词和核心要点。"十三五"是中国构建大国金融的关键时期。

纵观全球经济发展的历史，一个在全球有影响力的国家，必将有在全球有影响力的金融。18世纪和19世纪，英国在全球具有重要影响力，同时，也有一个在全球有影响力的金融市场。20世纪直到今天，美国在全球有巨大的影响力，这与它有一个大国金融是密不可分的。

中国在21世纪将发挥重要的作用。我们只有制定一个与中国经济相匹配的大国金融方略，这是中国经济未来持续健康发展的重要基础和重要推动力。如果没有深入理解中国的大国金融对中国经济的重要性，那将是一种严重失误。为此，我们必须认真思考，中国的大国金融究竟是什么？

中国的大国金融，有一些基本要素。我们必须明确中国大国金融的结构性元素，才能找到金融改革和发展的重点。在我看来，中国大国金融结构有这么几个重要元素。

第一，必须是开放的、国际化的。也就是说，未来中国无论是外商直接投资，还是对外投资或资本输出，都将是一个重要的金融现象。国际化意味着中国金融市场或资本市场的国际化，意味着新的国际金融中心的形成，这应是继伦敦、纽约之后的第三个有影响力的国际金融中心。这个目标在"十三五"规划里要明确提出来。

实际上，在 2009 年国务院就已经决定，要把上海建设成与中国经济实力相匹配的国际金融中心的战略目标。这次要明确到 2020 年，"十三五"结束时，中国资本市场应该建设成国际金融中心。这个国际金融中心，主要是财富管理中心。国际金融中心，从全球来看，有的是货币结算中心、货币定价中心，像伦敦市场；有的是全球重要的资产管理中心、财富管理中心，如纽约市场。中国的国际金融中心，我想应该是人民币计价资产的管理中心。到"十三五"末结束的时候，这个国际金融中心地位可能仅次于纽约市场。按照我们的目标，2020 年 GDP 是 2010 年的两倍，2010 年 GDP 是 41 万亿元人民币，照此目标，2020 年 GDP 就是 82 万亿元。我认为 82 万亿元的 GDP 到 2020 年是完全可以实现的。按 6.35 汇率计算，大约是 14 万亿美元。比现在美国经济规模要稍小一些。如果按照证券化率来计算，中国证券市场会有较大发展。狭义的经济证券化率（股票市场的市值除以 GDP），目前我们大概是 65%。到 2020 年，如果狭义经济证券化率达到 100%，意味着到 2020 年中国股票市场的市值会超过 80 万亿元。经济证券化率是衡量一国金融深化程度的重要指标。按照美元计算，大约是 14 万亿美元。14 万亿美元的市场当然是一个很大的市场。纽交所和纳斯达克市场加起来现在大概在 24 万亿美元。

所以，国际金融中心、全球重要的财富管理中心一定是中国大国金融最重要的基础和最核心的标志。

第二，在"十三五"规划中，在中国大国金融架构中，应该明确人民币完全实现可自由交易的改革目标。如果人民币不能够完全自由交易，当然也就不可能成为国际性货币，中国构建大国金融的战略就不可能实现。我们知道，没有当年美元的国际化，就没有美国的大国金融；没有美国的大国金融，也没有美国经济的持续增长。人民币在国际化过程中会遇到一系列障碍和困难，我们必须保持清醒的认识。这个障碍首先来自美国。现在我们正在加快人民币可自由交易的改革，我们已经接近人民币的自由交易，还有一小部分的改革没有完成。我们将审时度势推进最后这一小段的改革。乐观地说，在2015年年底，在IMF的SDR改革中，将会把人民币纳入进去。实际上人民币国际化的进程已经显著加快，人民币现在是全球第四大支付货币。在全球储备市场中，人民币的份额还并不是很高。如果人民币进入SDR篮子改革中，在全球储备市场至少会达到5 000亿美元的等值，乐观说会达到1万亿美元的等值。所以，人民币国际化改革是中国大国金融结构中所必有的元素。我们也应知道，在人民币国际化后，来自国际化上的风险可能会更大。这里有一个利益和风险的权衡比较。人民币的国际化，对中国金融改革和经济发展是至关重要的，具有历史性意义。

第三，中国金融要从融资为主的金融体系转变成融资和财富管理并重，并逐步以财富管理为主的金融。金融功能的转型非常重要。这其中，最核心的内容就是大力发展资本市场。中国金融体系目前最重要的功能是融资功能。如果一个大国的金融体系最重要的功能还主要是融资功能的话，我们说这个国家的金融是相当落后的。当这个国家的金融主要是财富管理，我们说这个国家已经完成了从传统金融到现代金融的转型。中国的金融结构从这个角度来看还是落后的。落后的金融结构为未来的中国埋下巨大的金融风险。因为这种金融结构不能使风险流动起来，配置风险的能力比较弱。这种金融结构最显著的标志，就是银行类金融资产的占比太高。我们必须大幅度提升证券类金融资产的比重，结构改革预示金融体系的转型。所以，发展资本市场是中国金融改革的重要内容。新一届政府高度重视资本市场的发展，这是非常正确的。刚才我说到中国有四大问题，其中之一就是杠杆太高，负债太多。我们要让这种负债过多、杠杆太高的现象得以改变。只有发展资本市场才能完成这一目标。

这就是中国大国金融结构的三大要素。

现在，我们再看一看我们有没有能力完成这样一个金融结构的转型。一个时期以来，中国的金融改革步伐在加快，比如说存款保险制度的建立，利率市场化的推进，民营资本组建商业银行以及汇率波动幅度的扩大等。这些都是我们在金融领域的重大改革，但是，离我们说的金融大国的战略目标，还是有相当大的差距。

差距主要表现在三个方面。

第一，金融体系的市场化程度比较低。这不是说银行之间没有充分竞争，银行之间的竞争已经相当充分了，而是在说金融体系在结构层面上还存在一定的垄断，银行体系较高的利润在一定程度上是有垄断因素的。

第二，金融体系的国际化程度很低。中国金融国际化的程度和中国经济的国际化程度相比较，要差很多，国际影响力也要弱很多。到目前为止，总体而言，中国金融还是一个相对封闭的金融。比如说，在资本市场上，境外投资者占比就非常低，即使加上沪港通在内，也不过 1% 左右。

第三，金融业态比较单一，金融机构比较老化。

为此，我们要推动三个方面的改革。

一是推动资产证券化改革，推动资本市场发展。在思考大国金融战略的时候，在规划"十三五"的时候，我们必须思考未来中国金融会出现什么风险？会不会出现危机？实际上我们今年刚刚渡过了一场真正意义上的市场危机，就是资本市场危机。股票市场 2015 年 6 月和 7 月出现的大幅度下跌，已经构成一场市场危机。在学术界有一个定义，衡量一个市场是不是出现了危机，有一个重要指标，就是两周 10 个交易日之内，市场价格下跌超过了 20%。如果 10 个交易日下跌超过了 20%，一般认为，这个国家出现了市场危机。金融危机有多种形态：货币危机是一种；还有债务危机，债务普遍违约，债券价格出现了暴跌，这是债务危机；还有银行危机，银行流动性出现问题，出现了银行倒闭，银行到期不能支付存款人的存款，这就是银行危机；还有就是市场危机，即股市危机，10个交易日下跌超过了20%。在中国大国金融结构的设置中，我们必须建立一套能有效化解金融风险，有效处置危机的机制。金融危机的出现，在现代社会是正常的。我们不能消灭风险，甚至不能消灭危机，但我们可以让风险控制到可容忍状态，让危机的破坏力降低，让金融体系具有恢复功能的机能。金融结构的设计，可以降低危机对实体经济的破坏，将危机的负面影响降低。风险和危机是不可能消灭的。在经济发展过程中，不断地会有不良资产出现，这实际上是要通过危机的形式加以释放。有的是通过过度发行货币来消化，这可能引发货币危机。有的是通过过度发债，这可能出现债务危机。有一些国家危机过后，能在很短的时间内恢复金融的机能，恢复其对实体经济的推动作用，恢复人们的信心。有些国家则难以恢复，这就涉及金融结构的设计。

不同的金融结构对危机的化解能力完全不同。我们现在能做的事情，就是设计一个富有弹性、有良好风险吸收或化解风险能力的金融结构。为什么美国在2008年全球金融危机之后，能够很快地恢复金融的功能？而亚洲金融危机，很多国家很长时间都不能恢复金融的功能。这与金融结构有密切关系。

我最近在着力思考：未来的中国会出现什么样的金融危机？其衍生过程是什么？今年的市场危机，已经在警示我们。2015年6月和7月市场大幅度波动，在我看来就是一场危机，因为在10个交易日内价格下跌大大超过了20%，甚至达到了30%下跌的幅度。这当然是危机。之后，政府出面救市了。救市是必要的。在那个时候救市也是恰到好处，当然我们可以做得更好一点。这是后话。

我们国家出现的这场市场危机，是单一的，只是股市危机。人民币在这期间只有2%的贬值，2%是正常的市场波动。到目前为止，我们没有大面积的债务违约，没有债务危机。我们的银行体系总体上是健康的，没有任何流动性问题。所以，中国只出现了股票市场危机，金融的其他方面没有问题。有些国家的危机是交织在一起，像1998年俄罗斯金融危机就是四种危机交集在一起，解决起来非常困难。单一危机相对来说好解决。如果四种危机全面爆发，交织在一起，这就非常困难了。我们要做的事情，是防止四种危机交集在一起，防止四种危机的交织出现。

防范未来发生金融危机，是金融结构设计的重要内容。大力发展资本市场是其中的必然，因为资本市场是降低宏观杠杆最重要的金融机制，也是企业降低杠杆的重要机制。我们必须把存量金融资产证券化，以降低金融杠杆。降杠杆是金融改革的重要内容。这一次市场危机，一个直接原因就是杠杆太高。中国股票市场的杠杆在那一个时期是全世界最高的，达到了无以复加的地步，达到了近乎疯狂的地步。本来这个市场就有投机性，如此高的杠杆使这个市场成了拿生命赌博的地方，我们的场内两融杠杆就有点儿高，但可控，场外配资是 3 倍到 10 倍。你说这个市场能不出现危机吗？高杠杆必然带来市场结构的脆弱性，一旦出现下跌就是崩溃性的。高杠杆与我们监管不到位有关系，现在都是大数据、云平台，可以看得非常清楚，怎么能不知道呢？发展股票市场，不能用高杠杆，那是自杀，是自掘坟墓。管控市场风险，打击内部交易，打击违规违法的事件，是监管部门的核心责任。市场涨不涨跟你没有关系，那是由企业价值、宏观经济走向、宏观经济政策决定的。高杠杆的市场一定是短命的市场，自掘坟墓的市场。

所以，对市场的监管一定要独立。监管机构必须对市场透明度负责，对法律负责。无论是上涨还是下跌，只要违规违法就必须查处。这与市场趋势没有关系。

研究全球金融危机史很重要。历史或许能告诉未来。在中国走向崛起的时候，在大国金融建设中，我们必须了解其他发达国家的金融发展历史，了解他们如何应对金融危机。

1987 年 10 月 19 日美国市场上爆发的"黑色星期一"，是一个重要标志。标志着现代金融市场规则形成的开始。在这之前的市场，都是比较稳定的，从大萧条到 1987 年的 10 月 19 日，差不多 50 年多的时间，全球股票市场都是相对稳定的。1987 年 10 月 19 日，史称"黑色星期一"，美国市场在没有什么征兆的情况下，突然间，一天道琼斯指数下跌了 22.6%，之后全球市场全部下跌。香港市场当时停牌，想躲过这个劫难，如同我们国家在这一次危机中，很多企业停牌想躲过一样，躲是躲不过的。香港市场一复牌，跌了40%多。"黑色星期一"之后，有很多美国金融市场的经验，值得我们学习。美国金融市场那套办法，那套理念值得我们学习。1987年10月19日，"黑色星期一"之后，美国在认真研究，为什么会出现这种情况？无论是投资机构、咨询机构，还是国会、大学，对这一天发生的情况，研究了很长时间，得出一系列结论，做了一些重大改革。比如说，在那之后提出程序化交易是有问题的。那时程序化交易在美国很普及。程序化交易，到止损就止损了，如果大家都用程序化交易，市场会出现真空，某一时刻，有卖方没有买方。我们这一次市场大幅度下跌，市场也没有买方。

再说说2008年全球金融危机和2000年互联网泡沫的金融危机。2000年互联网泡沫所带来的市场危机，很多公司破产了，之后发现透明度很重要，经过两三年的调查，改革了信息披露机制，严格约束了公司管理层的行为。2008年，这是刚刚过去的全球金融危机，之后有一个重大法律的出台，就是美国的《投资者保护法》。

我在想什么问题呢？我在想，这是前面走过的道路，我们这一次应该有系统的反思，绝不能到国际金融中心形成之后，重犯我们刚刚犯过的错。我们有一个毛病，伤疤还没有好就忘了痛。我们并没有系统地反思这场危机，没有反思形成的原因。未来怎么防止重现？我当时向领导建议，必须系统反思我们的政策、理念、制度和规则。有一些改革必须彻底进行，比如场外配资，要把场外配资彻底切掉。优化杠杆是现代金融的基本趋势，我们没有必要通过高杠杆获取巨大的力量，这对整个金融体系会产生巨大的破坏。我们不能这么急于求成，要去杠杆，场内融资也要规范。同时也要加强信息披露的监管。如果这场市场危机还有第二个原因，那就是信息披露。在那个时候，上市公司大面积停牌是不正常的。中国市场必须走法治化的道路。规则非常清楚，只能按规则走。随心所欲，怎么能建成国际金融中心？国际金融中心是要对国际投资者负责任的，国际投资者看什么？看你的规则，你不能朝令夕改。英国市场大家都非常熟悉，投资者觉得很安全，因为有严格的契约精神。我们要总结经验教训。这次危机给了我们一个分析的样本、吸取教训的机会。

二是大力推进人民币国际化。刚才我谈到了这一点。以前，美国国会总说我们操纵了人民币汇率，现在不说了。我可以预言，因为中国经济基础比较扎实，经济转型会成功。在这个前提下，人民币稳健的基础是存在的，人民币作为全球最重要的货币之一是具备条件的。如果人民币实现了完全自由交易，到 2020 年在全球市场上会占一定的份额，比如 5%，现在国际市场上美元 65% 以上，日元 3%，欧元 25%，还有英镑等。未来若有一天，人民币的国际储备市场份额达到 20%，就意味着其他货币的储备份额要下降，如果美元下降到 40%，那美国会着急。美元是其立国的基础，如果失去这个基础，可能就要真的衰退了。

经济全球化、贸易市场化、投资便利化，是欧美发达国家提出来的，现在我们国家讲得最多。"十三五"之后，人民币有可能成为全球最重要的货币之一，那时候美国又会想方设法阻止人民币国际化。当然，在相当长的时间里，人民币还不能取代美元。我们在金融开放过程当中，相对比较谨慎。金融的开放是中国经济最后一个开放，也是最艰难、最复杂的改革，需要谨慎行事。金融开放的重要标志是人民币的国际化，只有人民币的国际化，才可以让国外资本到中国市场上来投资。

三是改变金融业态，提升金融功能。这里我要谈一下互联网金融。我记得上一次专门讲到互联网金融。中国金融改革开放非常重要，但还有一个也很重要，就是要完善金融功能。如何让中国金融更多地为中小微企业服务、为中低收入群体服务，是我们面临的巨大难题。我们必须调整金融业态。我在学界是最支持互联网金融的。我写了一篇互联网金融的论文，主要讲为什么互联网金融在中国土壤上，从理论角度上说有生存发展的空间，有生存的逻辑。互联网金融在中国有很大的发展空间，它给小微企业提供了服务。现在 P2P 有一些跑路，不跑路也不正常。为什么？因为它的收益率比较高。因为跑路，所以有风险，形成了一种平衡机制。监管部门有个指导意见，从第三方支付开始，到众筹，包括股权众筹、债务众筹等，到余额宝财富管理，到互联网交易平台等，都在规范。第三方支付，是一个巨大的进步，是金融巨大的变革，推动了人们消费方式的变革。

网上电子商务、网上消费，要有与此相适应的支付方式。以移动互联为基础的第三方支付顺应了这个要求，推动了中国支付业态的革命。当前，为防范风险，要重点提升第三方支付平台的技术等级，对技术平台提出更高要求，而不应限制第三方支付的发展。

中国已处在金融结构的转型期，必须要用发展的理念去看待它。我认为，只要老百姓喜欢的东西，一定有它的合理性，不要限制老百姓喜欢的东西。我们要做的是，对落后金融进行改革，以最大限度地满足客户的需要。不是把金融创新的部分简单归并甚至完全切除掉，试图回到传统体系中，这可不行。新的金融理念一定要树立起来，否则还搞什么创新？创新就是对过去某些东西的否定，而不是重复。

中国金融处在一个变革的时代。在"十三五"时期，我们必须站在未来的角度，站在全球的角度，站在世界地图的面前来思考中国的未来。

股市危机之后的反思

——在"中国与世界经济论坛第 25 期
讨论会"上的演讲

【作者题记】

这是作者 2015 年 10 月 17 日在清华大学出席"中国与世界经济论坛第 25 期讨论会"时的演讲实录。后以《中国股市最黑暗时期暂时过去》为题目，发表于《清华大学中国与世界经济研究中心简报》总 46 期。

股市危机之后我们最缺的是什么？最缺的是反思。反思是为了弥补制度漏洞。但是我们不知道如何反思，如何弥补，这是我们最大的缺陷。

从目前的周期看，中国股票市场和整个宏观经济没有特别高度的相关性，但是 2015 年 6 月和 7 月股票市场这样一次大的波动，是我们两个交易所建立之后 25 年来，第一次真正的市场危机。中国以前的市场波动并不算危机，即使 2007 年至 2008 年那次也不是危机。学术界对一个国家或一个经济体股票市场出现危机有一个指标，就是在 10 个交易日两周之内下跌幅度超过 20%，我们国家这次的市场下跌幅度显然超过了 20%。

按照这个指标测算，全球 1987 年之后大约有六七次称得上危机。1987 年 10 月 19 日美国市场的"黑色星期一"是大萧条以来第一次股市危机。学术界一般认定现代金融市场的规则体系开始从那个时候逐步形成。从大萧条以来到 1987 年 10 月 19 日星期一那天，道琼斯指数一天下跌了 22.6%，是大萧条以来第一次资本市场危机。在这之后，有 20 世纪 90 年代日本泡沫经济时期的股市危机，1997 年亚洲金融危机，1998 年俄罗斯金融危机，2000 年美国互联网泡沫纳斯达克市场危机，2008 年由美国次贷危机引发的全球金融危机，以及中国 2015 年股市危机。

一、三大原因导致我们 2015 年股市危机

2015 年中国股市危机的出现有三大原因。

第一，我们的目的性太强。我们从来没有像今天这样如此重视资本市场的发展。大力发展资本市场从理论看是非常正确的，因为中国要调整现行的金融结构，就必须大力发展资本市场。中国金融结构中证券化金融资产比重较低，宏观经济杠杆率过高，金融体系吸收风险的能力很弱，所以必须通过发展资本市场来改善中国的金融结构，使之更具有弹性。

但是目的性太强会有两个问题：一是容易使投资者漠视风险，会误以为国家鼓励发展资本市场，市场一定会上涨。但是，实质上市场的风险是永远存在的，而且指数的泡沫化意味着风险的来临。二是媒体也做了没有根据的放大，更为重要的是会使监管者失忆监管者的职责，会以为监管者的职责是

要推动市场发展，这是一个很大的误解。监管者必须保持独立监管的特性，市场涨也好，跌也好，实质上与监管者没有关系。监管者的职责就是根据法律法规监管和查处违规违法行为。在这次市场危机中，监管者对市场的独立监管功能受到了削弱。

第二，中国市场是全球所有市场杠杆最高的市场。2012年之前，中国市场的交易没有融资融券交易，几乎没有杠杆。2013年证券公司创新，产生了杠杆，这本身没有错，因为金融的本质上就是杠杆，没有杠杆不成为金融。但是市场杠杆，要有一个度。人们贪婪的特性自始就已存在，杠杆不能让这种贪婪无约束、无底线。这一次市场危机不仅有场内两融，还有高杠杆的场外配资，在股票市场场外配资从3倍到10倍不等。在这样一个高杠杆的融资结构下，市场已经内生了脆弱性，一旦下跌，必然是雪崩式的，谁都阻挡不了。据估算，这次市场危机，场内场外加起来应该是3万亿元的融资规模，这是非常严重的。市场有没有风险，不能简单看指数，也不必看那么多技术分析和复杂的指标，就看交易量和换手率。我们的市场交易量2015年3月就突破了12 000亿元人民币的规模，换手率超过了3%，实际上这时市场已经开始累积了巨大风险，6月12日交易量更是超过了24 000亿元人民币，市场危机已经来临，崩溃式的下跌势在必然，因为我们已没有更多资金支持这个市场了。

第三，中国和全球市场一样，程序化交易渐成趋势。1987年美国"黑色星期一"的出现，从交易机制上看与程序化交易有关。我们学习的能力很差，前车之鉴，没有吸取。

二、救市的三层要义

危机之前市场在加速度累积风险，监管者是否清楚呢？我认为有一些人应该知道高杠杆的现状及风险，因为大数据平台可以体现出场外高配资，只不过，可能有些人认为这是发展资本市场的重要机制，可能不知道正在加剧累积市场风险，这或许是专业能力判断的不足，也与监管机构的监管职能不清晰有重要关系。实际上，证券监管机构应该对这个市场负责，观察、判断市场风险，独立监管很重要。

这次政府救市了，这是以前从未有过的。政府有一个基本职能，就是要维护金融市场和金融体系的稳定。我是赞成政府在危难之时救市的，因为如果在危难之时不救这个市场，可能金融体系的稳定性会出问题。

救市必须认真研究，中国资本市场的配资结构，我们的配资有三层或三级。第一级是危机前的股权质押融资，第二级是场内两融，第三级是场外配资。我始终认为，第三级的场外配资不能救，高杠杆配资是不能救的，实际上这些人是市场规则的破坏者，是市场秩序的破坏者，这就是我赞成4000点以上不能救的原因。场内融资平仓线是救市的时机，我们不能等到上市公司大股东拿股份质押达到了银行的平仓线的时候去救，那时就太晚了。所以危难之时救市是恰当的，当然我们应该做得更好。

出了这么大的市场危机，怎么没有责任承担者？监管不力是一个重要原因。我们很多大事件没有引咎辞职的机制，我认为应该有引咎辞职的机制，这是现代政府治理结构完善的重要内容。

三、缺乏对危机的反思

市场是不是最黑暗的时期已经过去？我认为从短期来看，最黑暗的时期已经过去了，但是如果我们没有吸取教训的能力，未来还会有更糟糕的事情等着我们。任何一次灾难，都是一种制度的进步，都是一种法律的进步，都是一种规则的进一步完善。透过全球金融市场危机史就会发现，每个国家，特别是美国，任何一次危机，都带来了法律的进步、规则的完善。1987年的"黑色星期一"，美国在多个层面都在反思，认真分析原因，完善制度和规则，后来才有了熔断机制，才有了对程序化交易的特别约束。

具体到我们这次危机，我认为我们的市场有一些东西必须改掉，比如说高杠杆。2008年全球金融危机一个重要教训就是要去杠杆化，或者叫降杠杆。而中国市场则是不断追求高杠杆，不断地加杠杆，这肯定是有问题的。所以，我们首先必须去杠杆，或者说降杠杆，场外配资必须切断。

当然，还有很多的改革包括程序化交易和其他交易制度的完善，衍生品市场和现货市场在交易制度和交易规则方面要进一步完善。有一种倾向，总认为衍生品多么重要。实际上衍生品市场一定要考虑现货市场的状况，两者之间在交易规则和交易制度上要有一个适当安排。

股市危机之后我们最缺的是什么？最缺的是反思，是反思之后对原来漏洞的弥补。我们有时候也不知道如何反思，如何弥补，这是我们最大的缺陷。我真的希望等到中国资本市场成为国际金融中心之后，不要出现这么严重的市场危机，出现这样的市场危机对于我们的危害极大。为此，必须反思。

从信息的管控来看，这次救市的保密工作做得不好。救市是非常重要的国家机密，否则就会衍生出重大的内幕交易。因为它的利益太大了，事后看现在已经发生了一些事，的确非常严重，从已有披露的信息来看，我们救市是对的，但是我们可以做得更好。

还有救市后的退市问题，研究得太早。救市不到一个月就在传播什么时候退市，这是有问题的，会严重影响市场信心。实际上美国政府2008年全球金融危机时候的救市到现在还没有退完。救市之后的退市是一个漫长的过程。救市不是短期炒股票，而是稳定市场信心，稳定投资者预期，这是重要的目标，收益是次要的。我曾经建议救市后别匆忙退市，可把一些资产划拨给社保基金长期持有。社保基金以货币形式还给证金公司，证金公司再去还债。证金公司不能长期作为救市的市场主体存在，更不能成为一个盈利性的投资主体。

2014 年的演讲

深化改革，扩大开放，
促进中国证券市场的健康发展

——在第十二届全国人大常委会
第十二次会议上的专题讲座

【作者题记】

这是作者 2014 年 12 月 28 日在第十二届全国人大常委会第十二次会议集体学习时所作的专题报告，张德江委员长主持了本次讲座。

中国正处在改革的深水区，发展的转型期。中国证券市场也开始进入了关键期、敏感期。如何通过深化改革，扩大开放，促进中国证券市场的繁荣发展，是我们必须考虑的一个重要战略问题。

经过 24 年的改革和发展，中国证券市场发生了根本性变化，取得了令人瞩目的成就。但是，应当看到，按照我国建设国际金融中心的战略目标，中国证券市场还存在相当大的差距，必须在政策体系、制度规则、法制建设、市场结构等方面加快改革，全面推进中国证券市场的市场化和国际化，争取到 2020 年把我国证券市场基本建设成新的国际金融中心，为经济增长模式的转型和实体经济的持续稳定增长奠定基础。

一、证券市场发展：历史和现状

（一）国际证券市场发展概况

从 1609 年阿姆斯特丹证券交易所成立至今，证券市场在全球的发展走过了 400 多年的漫漫历程。400 多年来，随着全球经济格局的变化，证券市场也经历了阿姆斯特丹证券交易所、伦敦证券交易所和纽约证券市场（包括纽约证券交易所和纳斯达克市场）为主导的不同发展时期。在 20 世纪 30 年代危机之前的时期，全球证券市场基本上都处在自由放任发展阶段，竞争无序、鱼目混珠、暴涨暴跌、欺诈和投机现象十分严重，股票价格出现过严重的泡沫化。20 世纪 30 年代金融危机之后相当长的时期，全球证券市场都处在萧条之中。

20 世纪 30 年代金融危机之后，各国政府意识到加强对证券市场监管的重要性，形成了一系列规范与约束证券发行和交易活动的法律，为证券市场的规范发展奠定了法律基础。美国是其中最具代表性的国家。从 20 世纪 30 年代开始，美国完成了对证券市场的统一立法工作，颁布了《证券法》（1933）、《格拉斯—斯蒂格尔法》（1933 年）、《证券交易法》（1934）、《公共事业控股公司法》（1935 年）、《信托契约法》（1939 年）、《投资公司法》（1940 年）和《投资顾问法》（1940 年）等。之后根据实际情况的变化，对前述法律进行了修改和完善，继而又推出了《证券投资者保护法案》（1970 年）、

《金融服务现代化法案》（1999 年）、《萨班斯—奥克斯利法案》（2002 年）、《多德—弗兰克法案》（2010 年）等重要法律，对促进证券市场公开、公平、公正目标的实现和持续健康发展起了重要的保障作用。

20 世纪 70 年代以来，随着资产证券化趋势的不断发展，全球证券市场进入了蓬勃发展时期。从西方发达国家到新兴发展中国家，都呈现出市场繁荣的景象，特别是 20 世纪 90 年代之后，随着高新技术产业的发展和金融制度、金融工具的创新，全球证券市场进入空前繁荣发展时期，证券市场在全球经济的作用和地位不断提升，经济证券化率不断提高，英国和美国在这一时期，股市市值已超过 GDP 规模。2000 年新旧世纪交替之际，全球证券市场特别是占主导地位的纽约证券市场出现了对高科技特别是互联网过高预期的资产泡沫化，市场出现了较大的波动。之后即 2008 年又出现了源自美国次贷危机的全球金融危机，全球证券市场的大幅度下跌势如海啸。经过一个时期的市场整理，全球证券市场又进入一个新的繁荣发展时期。道琼斯指数连破纪录，至 2014 年 12 月 23 日突破 18 000 点到达 18 024 点的历史新高，以高新技术企业上市公司为主的纳斯达克综合指数亦呈现出强劲的上涨势头。

图 1　道琼斯指数趋势（1900—2014 年）

（资料来源：Wind 资讯）

随着指数的不断上升，纽约证券交易所市值达到创纪录的 194 452 亿美元，上市公司数为 2 456 家；纳斯达克市场市值达到 70 964.34 亿美元，上市公司数为 2 772 家。在经历 2008 年全球金融危机后，全球证券市场又进入了一个新的发展周期。

图2 纳斯达克指数趋势（1971—2014 年）

（资料来源：Wind 资讯）

（二）中国证券市场发展现状

中国证券市场的萌芽出现在清末。清末至新中国成立之前，有过一个短暂时期的发展，但市场欺诈和投机现象相当严重，且上市交易的证券主要是外国企业股票、外国公司债券、南洋一带橡胶股票以及中国政府的金币公债等，中国上市公司股票份额较小。新中国成立后，证券市场一度被取消。1990 年 12 月 1 日，深圳证券交易所开始试营业，1991 年 7 月 3 日正式营业。1990 年 12 月 19 日上海证券交易所正式开业。沪深交易所的设立，开创了中国证券市场发展的新时期。

从沪深交易所的正式运营到今天已有 24 年的发展历史。24 年来，中国证券市场经历了从无到有，从小到大，从无序到有序，从人们不太关心到大家都关心，从对经济几无影响到对经济的影响越来越大的发展过程。我们从创办时期的两个市场的 10 多家上市公司、几亿股票市值到今天的 2 600 多家上市公司（A 股 2581 只、B 股 104 只），股票有效账户数超过 1.4 亿户，市值超过 36 万亿元人民币（截至 2014 年 12 月 17 日），指数趋于上升的全球第二大市值市场。

图 3　上证综合指数趋势（2000—2014 年）

（资料来源：Wind 资讯）

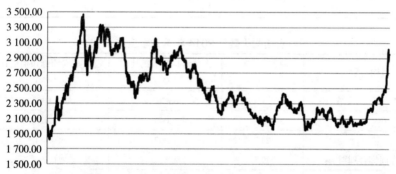

图 4　上证综合指数近期走势（2009—2014 年）

（资料来源：Wind 资讯）

图 5　创业板指数走势（2010—2014 年）

（资料来源：Wind 资讯）

中国上市公司现状一览表

市场结构概况（截至 2014 年 12 月 17 日）

项目	A 股	B 股	合计
上市公司数（境内，家）	2 582	104	2 603
市值（亿元）	362 835	1 706	364 541
期末股票账户数（截至 2014 年 11 月末）	1.79 亿户	255 万户	1.82 亿户（有效账户 1.39 亿户）

注：截至 2014 年 11 月末，H 股共有 174 家，N 股共有 69 家，S 股共有 163 家。

主要指数数据

项目	12 月 17 日收盘价
上证指数	3 061.02
深证成指	10 786.72
创业板指数	1 644.21

投资者结构（截至 2014 年第三季度末）

机构类别	持股市值（亿元）	占总机构持股的比重（％）	占 A 股总流通市值的比重（％）
一般法人	121 371.80	86.365	49.853
银行	56.75	0.040	0.023
信托公司	424.37	0.302	0.174
券商与券商集合理财	729.36	0.519	0.300
非金融上市公司	2 392.03	1.702	0.983
企业年金	6.17	0.004	0.003
QFII	1 058.85	0.753	0.435
财务公司	67.60	0.048	0.028
保险与社保持股	6 374.14	4.536	2.618
基金	8 052.84	5.730	3.308
合计	140 533.89	100.000	57.72

资料来源：Wind 资讯。

在中国证券市场发展的历史中，如同其他国家证券市场所经历的一样，其间也出现过恶意欺诈和疯狂投机，市场出现过多次剧烈波动。与此同时，根据不同时期面临的不同任务和所要解决的不同问题，我们制定了一系列法律、法规和规则，进行了一系列的制度改革和创新，中国证券市场逐步进入规范发展的轨道。这其中，我个人认为，最重要的制度建设和市场创新主要有三个方面。

一是《证券法》的颁布和实施[①]，标志着中国证券市场法治时代的到来。《证券法》以及《公司法》的颁布与实施，为制定中国证券市场的法规体系奠定了基础，对中国证券市场的规范发展提供了重要指引。

二是 2005 年 5 月启动、2007 年 4 月基本完成的股权分置改革[②]。股权分置改革是中国证券市场独特背景下的特殊改革，是中国式的制度创新，在中国证券市场发展的历史进程中具有里程碑的意义。它完成了一个从半流通市场到全流通市场的重大转型，由此开创了中国证券市场的繁荣发展时期。股权分置改革集中体现了中国人攻克难关、制度创新的智慧。可以这么说，没有股权分置改革的成功，就不可能有今天中国证券市场的繁荣和发展。

三是围绕建设多层次资本市场进行的一系列金融制度创新。其中，最重要的是 2004 年 5 月深交所开设中小板，2007 年 6 月推出证券交易第三方托管制度，2009 年 10 月 30 日深交所开设创业板，2010 年 4 月 16 日在上海开设股指期货，2014 年 11 月 17 日沪港通开通等，由此推进了多层次资本市场的逐步形成。

二、中国证券市场：问题和原因

（一）中国证券市场存在的主要问题

由于中国证券市场是在市场经济相对薄弱的基础上建立起来的，虽然这些年我们非常努力，进步不小，成绩很大，但存在的问题还是相当明显的。

概括地说，中国证券市场主要存在以下问题。

---

① 《证券法》是 1998 年 12 月 29 日由九届全国人大常委会第六次会议通过，并于 1999 年 7 月 1 日起施行。之后于 2004 年 8 月 28 日、2005 年 10 月 27 日、2013 年 6 月 29 日进行了修订。

② 所谓股权分置，是指 A 股市场上上市公司的股份，分为流通股与非流通股。股东持有的社会公开发行的股份，且能在证券交易所上市交易的，称为流通股。公开发行前股份暂不能上市交易的，称为非流通股。股权分置改革主要是通过对价方式消除非流通股和流通股的流通性差异，使改革前不能流通的股票可以与流通股一样上市流通。

1. 市场化程度不高，行政的或非市场性力量配置资源的作用仍然相当明显

在股票发行审核（核准）制度、并购重组规则、退市机制以及企业上市标准的设计和上市公司的选择等诸多环节，行政的或非市场的力量仍起重要的甚至是决定性的作用。

2. 国际化水平不高，离国际金融中心的标准还有很大差距

总体而言，中国证券市场仍然是一个相对封闭的市场。2002 年推出了QFII（合格境外机构投资者）制度，截至 2014 年 11 月，QFII 实际批复额度是 662.48 亿美元，2014 年第三季度末，QFII 持股市值为 1 059 亿元，约占 9 月末 A 股流通市值的 0.43%，占总市值的 0.36%。国际化投资者的比例非常低。2014 年 11 月 17 日，推出沪港通，一定程度上加快了国际化进程。迄今为止，中国证券市场还不允许外国（境外）公司在中国（内地）市场上市。

3. 信息披露和市场透明度有待进一步改善

信息公开和透明度是证券市场存在和发展的基石。应当肯定，从 2001 年核准制改革以来，特别是 2007 年 4 月股权分置改革完成以来，随着监管的不断规范，中国上市公司信息披露质量有了较大程度的提高，市场透明度有了明显改善，虚假陈述、内幕交易和操纵市场等违规违法行为得到了较大遏制。但由于种种原因，仍然出现了像绿大地、奥赛康等虚假陈述、欺诈上市的事件，内幕交易和操纵股价的行为时有发生，市场透明度和"三公"原则仍然面临严峻挑战。

4. 市场投机色彩相当明显，市场投资功能明显不足

受多种因素的影响，中国证券市场缺乏持续、稳定的基石投资者[①]。中国是全球市场换手率最高的国家。远的不说，只看近期。2014 年 12 月 3 日至 12 月 11 日的 7 个交易日（中间有两天周末），沪深市场交易总量每天都在 8 000 亿元人民币以上，其中 12 月 9 日达到了创纪录的 12 600 多亿元人民

---

① 所谓基石投资者，指的是资金规模大、证券市场资产是其主要配置的基础资产、交易相对稳定的长期投资者。

币交易量，这一天整体市场的换手率超过了 3%，交易规模和换手率创造了人类自有证券市场以来的新纪录。巨额交易量和高换手率，是市场投机的重要指标，市场的过度投机加剧了市场的波动和风险，损害了市场长期成长的基础。

（二）原因分析

存在上述问题的原因是多方面的，但以下四个深层次的原因可能是主要的。

1. 对发展证券市场缺乏深刻的理解，认识上有误差

存在上述主要问题，与我们对证券市场的理解和认识是有内在关系的。例如，对为什么要发展证券市场，证券市场的作用有哪些，我们很多人都是从融资的角度去理解，在早期甚至还有人从国有企业减负甩包袱的角度去理解证券市场的作用。不少学者也是从证券市场的融资规模去阐释证券市场的作用，有些政府部门或地方政府在总结证券市场的成绩时，也是从上市公司数量和融资规模去总结。这种认识实际上把证券市场简单地理解为资金池，把证券市场的功能简单地理解为融资功能，而实质上证券市场是资产池，最核心的功能是投资功能或财富管理功能。"融资说"显然误读了证券市场。正是因为这种认识上的偏差和误读，导致了一系列政策和规则的扭曲，我们的制度设计和政策取向，就会更多地倾向于融资者（企业）而不是投资者（资金供给者），这显然是不正确的。重融资、轻投资就会是一种必然现象，投机就会盛行，证券市场长期发展的基础就会受到侵蚀。

2. 证券市场制度设计上的偏差

认识上的误差，会导致制度设计上的偏差。规范证券发行与上市的法律制度，主要是《证券法》（也有《公司法》）。如前所述，《证券法》的颁布与实施，对规范中国证券市场发展起了重要的保障作用。然而，随着改革的不断深入和证券市场的进一步发展，现行《证券法》中有一些法律规定，可能要因环境和战略目标的变化而作适当甚至是重大调整。例如，股票发行要不要批准或核准，由谁来批准或核准就是一个需要重新思考的问题，因为它涉

及《证券法》第十条关于证券发行的核准权和核准机制的相关内容。

证券市场是现代金融体系中重要的资源配置机制，既涉及增量资源配置，更涉及存量资源的再配置。党的十八届三中全会明确提出，市场在资源配置中起决定性作用。对证券市场来说，这就意味着市场化是我国证券市场改革的基本方向。所以，从这个意义上说，《证券法》第十条就应根据这一基本思路而予以修改或调整，否则就将阻碍证券市场的市场化改革。

让什么样的企业上市，在中国证券市场发展过程中始终是一个让人疑惑的问题，同时也是一个涉及证券市场长远发展、上市公司股票是否具有投资价值的核心问题。现在的基本标准是要有盈利能力，财务状况良好。可能的问题在于：评价上市公司关键点是未来成长性还是现实盈利性？或者说，从投资者角度看是现实盈利重要，还是未来预期重要？在实际经济活动中，有些重化工企业现状是盈利的，因为其相关产业比较成熟；有的高新技术企业（比如说互联网企业）现状可能是亏损的，但未来预期趋好。在现行法律框架内，前者可以上市，后者难以上市。如此下去，大家都知道这样的证券市场成长性是不足的。可如果让后者上市又担心出现恶意圈钱的现象，因为我们的信用约束是不足的，自律也不够。这是一个让人纠结又需要认真讨论的问题。我个人的看法是，这一财务标准需要修改，修改后通过透明度和信息披露来约束。

3. 证券市场发展政策上的不明晰

证券市场终究是个市场，是由供求双方构成的，其基本走向，从长期看，由市场内在价值决定；从短期看，供求双方的力量则起到重要作用。如果供求双方力量长期不匹配，则在一定程度上会扭曲市场的长期趋势。在中国，相关市场供求政策会严重影响市场趋势，进而造成市场的长期不平衡。这里说的政策指的是影响市场供求变化的相关政策或规定。

在成熟市场国家，这一问题是不存在的，因为市场的供给即上市公司的股票（当然还有债券）发行、上市和退市，都是在透明度规则的约束下有序地进入和退出，预期是相对明确而稳定的，需求即证券市场的投资资金来源也是自由的。除特定资金（如政府财政资金）一般情况下不能进入市场进行投资外，其他各类社会资金进入市场投资，法律并不禁止（有的资金投资有比例限制），市场有一种自动平衡机制。

在中国，证券市场的新增供给源源不断，退出机制又不通畅，上市公司的存量越来越大。与此相对应，资金来源则相对单一，除财政资金以外的其他社会资金能够进入证券市场投资的并不多，受到相关政策有形或无形的限制。例如，地方政府管理的庞大社保基金就不能或不会进入证券市场，即使像大学里的校友基金会，政策也不鼓励进入证券市场，国有企业、事业单位的盈余资金更不允许进入证券市场。中国证券市场投资资金主要还是个人的收入盈余和储蓄资金，个人资金要么直接投资于市场，要么投资于公募或私募基金而间接进入市场。非国有企业的资金进入市场进行投资，政策并不限制。

由此可见，与源源不断的供给相比较，需求或资金来源相对狭窄，规模也比较小，市场缺乏一个动态平衡机制。这就是中国证券市场为什么会出现"牛短熊长"格局的重要原因，也是中国证券市场为什么投机盛行的重要原因。这是因为，市场缺乏稳定的基础力量。所以，调整证券市场的资金投资政策，在理顺资金性质的基础上消除证券市场的投资约束，是推动证券市场发展的重要政策支点。

4. 对投资者利益保护不够，违规违法成本低，处罚轻

应当看到现行法律对投资者利益关注、保护和赔偿等相关内容是不充分的。对证券市场虚假陈述、内幕交易、操纵市场等违规违法行为的处罚，与其他金融违规违法行为的处罚相比，要轻得多。我国证券市场较低的违规违法成本无法遏制某些人为了攫取巨大利益而以身试法，也形成不了对这些违规违法行为的威慑作用。虚假陈述、内幕交易、操纵市场是证券市场上的三大违法行为。它们有一个共同目的，那就是非法牟利。这三大违法行为践踏了证券市场的"公开、公平、公正"之"三公"原则，扰乱了市场秩序、损害了投资者的合法权益，为世界各国法律所禁止，是法律规范和证券监管的重点。在我国，证券市场中违规违法行为所要承担的责任分为行政责任、刑

事责任和民事责任。对虚假陈述所要承担的责任，我国《刑法》[①]、《证券法》[②]和《证券市场禁入规定》[③]等相关法律法规做了相应规定。但从实践角度看，面对巨大的利益诱惑，现行法律法规所规定的处罚标准，似难以遏制某些人铤而走险牟取巨大非法利益。因而，法律在严格刑事处罚的基础上，必须加大经济处罚，让那些妄图践踏法律、蔑视法律而牟取不法利益的人，不但要失去相应的人身自由，还必须付出倾家荡产的代价。

建立集团诉讼和民事赔偿制度，是保护证券市场投资者合法权益的重要制度安排，我国应尽快建立并有效实施这一法律制度。

三、中国证券市场：战略目标与改革重点

（一）中国证券市场发展的战略目标

中国是个大国，中国经济是大国经济。中国必须构建与大国经济相匹配的大国金融。这样的大国金融，既要有高效的、强大的资源配置能力，又要有良好的风险分散机制，同时，必须是开放的、国际化的，是全球重要的金融中心。2009年4月，国务院作出了"到2020年要把上海建设成与我国经济实力以及人民币国际地位相适应的国际金融中心"的决定。这一目标的确定是恰当的。在这一目标的基础上，我把中国证券市场（资本市场）发展的战略目标做了如下简要归纳：到2020年，将以上海—深圳证券市场为轴心的中国金融市场，建设成为全球最具影响力的金融市场增长极，并将上海建设成为全球新的金融中心，基本实现中国金融体系的现代化、市场化和国际化。届时，中国证券市场（资本市场）将呈现以下特征：

第一，中国证券市场（资本市场）将是全球最重要、规模最大、流动性最好的财富管理中心之一。上市公司总数达到3 800家左右，其中，主板市场上市公司1 800家左右，国际板、中小板、创业板达到2 000家左右。股票

---

① 参见《中华人民共和国刑法》第一百八十一条。

② 参见《中华人民共和国证券法》第三十一条、第七十八条、第一百八十九条、第一百九十二条、第一百九十三条、第二百条、第二百零七条和第二百二十一条。

③ 参见《证券市场禁入规定》第二条、第五条和第六条。

市场市值达到 80 万亿元人民币，经济证券化率达到 90% 左右，接近或基本达到发达市场经济国家这一指标。中国证券市场的资产成为全球投资者必须配置的核心资产。

第二，中国证券市场（资本市场）将形成股票市场、债券市场、金融衍生品市场相互协调、共同发展的结构系列。其中，股票市场结构系列更趋合理，其交易制度将不仅满足中小投资者的交易需求，而且将满足机构投资者、上市公司并购的交易需求；我国债券市场和金融衍生品市场规模将不断扩大，产品将不断创新，效率将不断提高，不仅要为各类投资者提供种类丰富的固定收益产品，而且要为资本市场上的各类产品提供改善流动性、优化资产配置的工具。

第三，中国证券市场（资本市场）将形成涵盖主板市场、中小板市场、创业板市场、国际板市场、场外交易市场（包括新三板）在内的多层次股票市场（权益类市场）结构系列，股票市场的透明度日益提高，流动性充分，具备了财富储备的功能。B 股通过必要的改革和转板，将慢慢退出历史舞台。

第四，投资者队伍进一步发展，类型趋于多样，功能日渐多元，规模不断扩大。投资者中机构投资者、国际投资者所占的市场份额将进一步上升。据 Wind 资讯统计，到 2014 年第三季度末，机构投资者（含一般法人）持股市值约占同期 A 股流通市值的 57.7%，以 QFII 为代表的外国投资者只占 0.435%；到 2020 年，机构投资者（含一般法人）持股比例应达到 75% 左右，机构投资者将在市场交易中起着明显的主导作用。在机构投资者中，由于风险与收益之间约束机制的不同，私募基金的作用将日渐凸显且超越公募基金在市场上的影响力。与此同时，国外（境外）机构投资者作用明显提升，个人投资者中或许会出现百亿级的投资者。

第五，市场功能进一步改善，将从关注增量融资（IPO 和增发）过渡到关注存量资源配置（并购重组），市场更具持续性和成长空间。市场波动将表现出与经济周期、政策趋势和国际市场波动大体相协调的状态。这种波动特征表明，中国证券市场将进入相对成熟期。

有种种迹象表明，全球新的金融中心正在向中国（上海）漂移。纵观全球经济发展的脉络和金融中心演进的路径，历史上曾经出现过五大金融中心。从威尼斯商人到阿姆斯特丹郁金香，从伦敦的工业霸主到纽约的华尔街奇迹，金融中心用几个世纪的时间，在欧洲画了一道绚丽的弧线后，漂移到北美洲上空后落地生根、开花结果。20世纪中后期全球新的金融中心似乎显示了向东京漂移的愿望，然而新的金融中心并没有足够的时间去欣赏东京的美景和富士山的壮丽，而是向着有灿烂文明和具有巨大发展潜力的中国漂来。全球新的金融中心的形成和中国金融的崛起将成为中国经济崛起的重要标志，是中国这样一个大国经济持续稳定增长的重要保障。中国（上海）成为全球新的金融中心，成为全球金融新的增长极，已经势在必然。

（二）中国证券市场改革的基本思路和重点

正确认识证券市场的功能，深刻理解发展证券市场的战略意义，是深化证券市场改革，扩大证券市场对外开放，推动证券市场变革的重要前提。

1. 必须解决思想认识问题

第一，必须深刻理解证券市场的功能。证券市场（资本市场）是现代金融体系的基石和核心。证券市场的发展是推动金融结构变革的重要力量。中国是个大国，如何从战略层面上维持中国经济长期持续稳定增长，是一个十分重要的战略问题。为此，我们需要找到这一成长道路的体制基础，必须构建一个与大国经济相匹配的现代金融体系。按照我的理解，我们构建的现代金融体系必须具有在全球配置资源的能力，又有在全球分散风险的机制，这其中，发达的证券市场（资本市场）是金融体系具有这些功能的重要基础。这是因为，证券市场不仅是资源配置特别是存量资源配置的重要平台，而且通过资产证券化提供了一种收益风险匹配机制，进而有利于风险的缓释、流动和组合，以降低经济和金融体系的风险。发达而健全的证券市场可以有效地改善金融体系的结构弹性，是金融体系的一种风险分散机制。在现代经济金融结构下对金融体系功能的评价，不仅要看资源配置效率，也要看风险配置的能力。证券市场不仅为金融体系创造了一种风险分散机制，而且为投资者提供了一种财富成长模式，或者说，为金融资产价值成长与经济增长之间建立了一种动态的正向关系，从而使人们可以自由公平地享受经济增长的财富效应。这就是说，资源尤其是存量资源配置、风险流动和分散、经济增长的财富分享机制，是资本市场最重要的三大功能，也是现代金融体系核心功能的体现。

第二，必须正确认识证券市场的发展对中国经济社会的重要作用。

我认为，中国证券市场在推动中国经济发展和社会进步中至少具有六个方面的作用。

（1）证券市场作为现代金融的重要基础，推动着中国经济的持续增长。2014年，中国经济总规模可能接近60万亿元人民币，约合9.6万亿美元。资本市场从资本筹集、公司治理、风险释放、财富增长和信息透明度等方面不仅推动了经济的持续增长，而且大大提升了经济增长的质量。

（2）证券市场的发展，加快了社会财富特别是金融资产的增长。经济的发展需要财富的集聚和优化配置，社会的进步需要以财富的大幅增长为前提。证券市场的发展为社会创造了一种与经济增长相匹配的财富成长模式，建立了一种经济增长基础上的可自由参与的财富分享机制。证券市场的财富效应，加快了中国社会财富特别是金融资产的增长速度。

（3）证券市场为中国企业特别是国有企业的改革和机制转型提供了天然的市场化平台，从而极大地提升了中国企业的市场竞争力。

没有证券市场，中国企业特别是国有企业就不可能建立起真正意义上的现代企业制度。证券市场使单个股东或者少数股东组成的企业，成为社会公众公司，对中国企业来说，这是一种彻底的企业制度变革。

（4）证券市场推动了中国金融体系的结构性变革，大大提高了中国金融的功能和效率。金融功能效率的提升，有赖于金融结构的变革，金融结构变革的基础是证券市场（资本市场）的发展。

（5）证券市场发展培育了数以千万计的具有风险意识的投资者，从而极大地提高了中国投资者的政策意识、大局意识、金融意识和风险意识。在中国，证券市场既是投资者的乐园、经济前行的"发动机"，也是现代社会成长的重要基础。证券市场对投资者风险意识的形成、国民素质的提高、政策观念的培育，比任何流于形式的口头教育都要好得多。

（6）证券市场给全社会提供多样化的、收益风险在不同层次匹配的、可以自主选择并具有相当流动性的证券化金融资产。给投资者提供多样化的，不同收益与风险相匹配的、具有充分流动性且信息透明的金融产品是一国金融体系和证券市场的基本任务。现代市场经济体制有两个重要标志：一是消费者对消费品的选择权，不存在任何非货币性因素的约束，或者说在有支付能力的条件下，对消费品有充分的选择权，这一点，我们已经做到了。二是投资者对资产有充分的选择权。在我们国家，这一点还难以完全实现。从这个意义上说，我们还不是发达市场经济或现代市场经济。投资者对金融资产的充分选择受到一定程度的压抑。这种压抑主要不是来自制度，更多来自市场的不发达。对投资者自主选择金融资产权利的压抑，是金融压抑的重要表现。证券市场的发展，将有效释放这种压抑，从而使金融投资充满活力和创造力，而这也是经济充满活力的重要源泉，是现代市场经济的重要内容。

2. 未来改革的基本思路

按照我国确立的到 2020 年把中国金融体系特别是证券市场（资本市场）基本建设成新的国际中心的战略目标，推进证券市场的市场化改革和国际化战略，应是中国证券市场改革开放的核心任务。概括地说，中国证券市场改革的基本任务是：根据市场化改革和国际化目标的要求，修订相关法律、法规和规则，推动制度调整和改革，不断提高市场透明度，逐步扩大证券市场规模，改善上市公司结构，提升市场的投资价值，改革证券市场投资体制，拓宽市场资金渠道，形成以机构投资者为主体的多元投资主体，大力提高证券市场的国际化程度，从供给和需求动态平衡的角度，努力造就证券市场的正常成长机制。

3. 改革的重点和开放的顺序

（1）修改相应法律法规中有关股票发行审批或核准的内容，进一步严格法律法规对违规违法行为的处罚标准，加强对投资者利益的保护。首先，要修改《证券法》关于股票发行以及相关法规关于再融资（二次发行）的审核规定，为注册制的改革提供法律基础。其次，要根据市场化改革的进程，修改《刑法》有关违规违法行为的处罚标准，强化法律的威慑力。最后，包括《证券法》在内的所有与证券市场有关的法律法规都必须重视对投资者合法权益的保护，把对投资者合法权益的保护作为证券立法的基本准则。与此理念相适应，尽快建立集团诉讼制度，完善投资者民事赔偿（救济）机制。必须清醒地认识到，证券市场法律、法规的精髓是保证市场透明度和保护投资者利益。

（2）相关具体制度的改革。股票市场改革的重点。发行制度的改革、并购重组规则的调整和退市机制的严格执行，是中国股票市场改革的重点。股票发行制度改革的方向是注册制。注册制政策是中国证券市场改革的重中之重。目的是加大市场对发行人的硬约束，建立权责对称的制度和机制。注册制的推行有利于提高市场透明度。并购重组规则调整的重点是，简化程序、明确标准、强化责任、事后监督。制度和规则的调整要突出资本市场并购重组的作用。通过并购重组，提升中国上市公司的竞争力和市场投资价值。退市机制必须严格执行。退市机制应当成为市场的清道夫而不是保护伞，有效的退市机制是市场保持足够吸引力的重要机制。

债券市场改革的重点。在控制债务风险和完善信用评级的前提下，逐步扩大发行规模，改革发行审批体制，明确债券发行审批和监管的单一主体，统一债券交易市场，打破部门分割，形成统一的开放的市场体系，使其真正成为市场化的社会财富管理机制。

进一步完善资本市场成长机制。改革的要点之一就是要使资本市场（特别是股票市场）成为资产池而不是资金池，成为社会财富管理的重要机制而不主要是融资套现机制。为此必须形成资本市场多元化的投资资金来源，改革现行的证券投资资金管理体制。在改善和扩大资本市场投资需求的同时，必须优化资本市场特别是股票市场的资产供给，使其具有与实体经济增长相匹配的成长机制。要从成长性的角度，调整上市公司的选择标准，让成长性而不仅仅是盈利性成为选择上市公司的核心标准。

（3）资本市场开放的顺序。优先考虑提高国际资本进入中国资本市场的投资比例，之后再考虑国际板的设立。为此，要不断探索资本市场开放和国际化的过渡性措施。RQFII（人民币合格境外投资者）和沪港通是有益的探索。证券市场（资本市场）的发展，是中国金融结构调整的关键，是中国金融改革的两大战略性任务之一，是中国金融体系现代化形成的基石。我们正处在一个伟大的时代，处在一个中华民族全面复兴的黄金时期。我们一定要抓住机遇，顺势而为，励精图治，深谋远虑，深化改革，扩大开放，为中国证券市场的繁荣发展，为中国经济的持续稳定增长，为中国人民的幸福生活，为实现中华民族伟大复兴的中国梦而共同努力。

中国金融的现状、问题及
深化改革的基本思路

——在国务院经济形势座谈会上的发言

【作者题记】

这是作者 2014 年 11 月 3 日参加由李克强总理主持召开的国务院经济形势座谈会上的发言。

我发言的题目是"中国金融的现状、问题以及深化改革的基本思路"。发言内容主要有三点：一是对当前中国金融运行态势的判断；二是通过一组数据来分析中国金融所存在的缺陷和潜在风险；三是如何通过深化金融改革来消除或降低我国金融体系发生大风险的可能性。

一、对当前中国金融运行态势的基本判断

金融的范围很宽，我这里主要集中讲银行体系和资本市场，它们是中国金融的主体和基础。就当前中国金融的运行态势来言，大体可用八个字来概括：总体稳健、风险可控。

从商业银行资本充足率、存贷比、拨备覆盖率、不良资产率和盈利能力等主要监管指标、重要财务指标情况看，商业银行目前的运行态势是正常的。资本市场（股票市场）虽然已经突破了 2400 点，但股票市场杠杆比不高。沪深 300 指数市盈在 9 倍左右。除少数股票价格存在一定泡沫外，总体而言，资本市场资产价格是在正常区域波动，运行状态趋好。

二、中国金融存在的缺陷和潜在风险

通过一组数据来分析。这是一张 2004—2013 年 10 年间中国金融资产结构变动表。这里有一组很重要的数据，其中最重要的是：银行业金融机构总资产占金融业总资产的比例及其变化，商业银行资产占 GDP 的比例及其变化，证券化金融资产占金融业总资产的比例以及和 GDP 的比率。还有一张表在文字稿中，就是 M_2 和银行业金融机构资产与 GDP 的比例变动趋势表。这个表有一个数据很重要：M_2 与 GDP 的比例变化。指标解读：（1）银行业金融机构资产规模占金融业总资产的比例呈上升趋势。2004 年 62.77% → 2007年 67.97% → 2013 年 78.46%，呈上升趋势。（2）银行业金融机构总资产与GDP 的比例。10 年 GDP 增长了 255%，银行业金融机构资产规模增长了483%。（3）M_2/GDP 比例。2004 年是 1.58 倍，2007 年是 1.52 倍，2013 年是 1.95 倍。

这三组数据加上其他数据如经济证券化率等数据，我个人认为，中国金融体系存在以下三个主要问题，并隐含着较大的潜在风险。

1. 商业银行金融资产在整个金融业资产的占比较高，并呈上升趋势，表明中国金融体系的潜在风险较高。在经济增长速度从高速到中高速后，风险会略显，未来如经济增长进一步放缓，进入中速后，风险可能会明显。我们知道，经济增速由高速进入现在的中高速，一段时间后再进入中速可能是一个基本趋势。

2. 金融结构证券化程度较低。这表明中国金融体系分散风险的能力相对较弱，风险定价的能力不强，也表明中国金融体系财富管理的作用有限。M_2 与 GDP 比例较高，也有上升趋势。这一较高比例会在一定程度上扭曲货币政策操作，降低货币政策效率，从而在一定程度上损害实体经济。

3. 不利于盘活存量金融资产。

三、必须通过深化金融体系改革特别是推动金融结构改革，来消除或降低金融体系中的潜在重大风险，防止金融危机的重现

深化金融改革的一个关键点是推动包括债券市场和股票市场在内的整个资本市场的发展。大力发展资本市场，是改善中国金融结构、提升金融功能和效率的关键，是中国金融改革的战略性任务。中国资本市场改革和发展重要的任务是：在防范风险的前提下，不断扩大资本市场的规模，改善资本市场的资产结构和价值，推动资本市场的制度变革和对外开放，提升资本市场国际化程度，形成资本市场的正常成长机制；与此同时，积极稳妥地深入推进商业银行信贷资产证券化改革。

股票市场制度变革的重点是发行制度的改革、并购重组规则的调整和退市机制的严格执行。股票发行制度改革的方向是注册制，要加大市场对发行人的硬约束。注册制的重要特点是权责对称，有利于强化市场透明度。并购重组规则调整的重点是：简化程序、明确标准、强化责任、事后监督。要突出资本市场并购重组的作用。通过并购重组，提升中国上市公司的竞争力。退市机制必须严格执行。退市机制应当成为市场的清道夫而不是保护伞，有效的退市机制是市场保持足够吸引力的重要机制。

完善资本市场成长机制的关键。要使资本市场（特别是股票市场）成为

资产池而不是资金池，成为社会财富管理的重要机制而不主要是融资套现机制。必须形成资本市场多元化的投资资金来源，包括多渠道的外部资本和内部资金。在改善和扩大资本市场投资需求的同时，必须优化资本市场特别是股票市场的资产供给，使其具有与实体经济增长相匹配的成长机制。为此，必须调整上市公司的选择标准，让成长性而不仅仅是重要性成为选择上市公司的核心标准。

债券市场改革和发展的重点。在控制债务风险和完善信用评级的前提下，逐步扩大发行规模，改革发行审批体制，明确债券发行审批和监管的单一主体，统一债券交易市场，打破部门分割，形成统一的开放的市场体系，使其真正成为市场化的社会财富管理机制。推进商业银行信贷资产证券化改革，对改善商业银行信贷资产结构和风险结构，丰富资本市场投资品种，有重要意义。

资本市场开放的重点是逐步提高国际资本进入中国资本市场的投资比例。为此，要不断探索资本市场开放和国际化的过渡性措施。RQFII 和沪港通是有益的探索。资本市场的发展，是中国金融结构调整的关键，是中国金融改革两大战略性任务之一（另一战略性任务是人民币国际化），是中国金融体系现代化的基石。我们必须从战略高度认识而不是从实用主义角度去理解发展资本市场的深远意义。

我如何从一个乐观派
演变成了忧虑派

——在"'新浪财经首届上市公司评选'颁奖典礼"上的演讲

【作者题记】

　　这是作者 2014 年 5 月 28 日在"新浪财经首届上市公司评选"颁奖典礼上的演讲。后以《直面中国资本市场发展中的忧虑因素》为题，部分发表于《文汇报》2014 年 6 月 23 日 010 版"文汇学人·经济 | 社会"栏目。

我要讲的题目是："我如何从一个乐观派演变成了忧虑派"，副标题是："一位学者研究中国资本市场的心路历程"。大家知道，在我的专业研究中，我长期以来对中国发展资本市场都充满了乐观，充满了期待，也充满了热情。在过去的这些年，我作为一个研究者参与了中国资本市场发展的一些重大改革，也参与了一些战略性规划的讨论和设计，始终都是满怀热情地去推动中国资本市场的改革和发展。

从 1993 年起，我从宏观经济研究转型金融特别是资本市场研究之后，研究的重点从来就没有转移过，我不像有些学者什么问题热点就去研究什么问题。在过去 20 年的时间里，我绝大多数的研究成果都与资本市场相关，研究的内容涉及资本市场的方方面面，从基础理论到模式选择，从制度变革到规则调整，从估值体系到风险定价，从上市公司结构到投资者结构，从信息披露到法律体系等。还系统研究了全球资本市场的漂移史，也从西方发达国家资本市场发展和经济增长关系的角度，得出来资本市场在中国这么一个大国是多么重要的基本结论；得出来在中国金融体系改革中，在建设现代金融体系中资本市场起着核心的基础的作用的观点。的确，无论是从逻辑还是从实证的角度，上述结论都是没有问题的。在过去 20 年研究资本市场中，我从经济增长与实体经济的关系、社会财富管理的需要、资本市场发展与金融结构调整，以及金融变革的历史及趋势等角度都做了较充分的研究。多年的研究告诉我，在中国经济的发展过程中，如果没有一个以资本市场为平台的发达的现代金融体系，中国经济是难以维持持续稳定增长的。这就是我认为在中国必须大力发展资本市场的重要缘由。

资本市场是现代金融的基础。这样的结论，实际上是在总结美国经济之所以有百年经济成长，与其有一个发达的现代金融体系密切相关基础上得出的。研究结论和实际效果都表明，美国的现代金融体系既可以在全球配置资源，也可以在全球分散风险。那样一个现代金融体系的核心是什么？是资本市场。沿着这个思路，中国要构建一个现代金融体系，显而易见，如果没有一个发达的、透明的、流动性好的、具有财富管理功能的资本市场，那是不可能的。中国经济就将失去一种使其持续稳定增长的、有效的资源配置机制。中国是一个大国，建设一个具有优良资源配置能力和有效风险分散机制的现代金融体系，应是其未来的战略重点。我的研究大体上就是沿着这样一个思路来求证的。

这个求证过程，我至今都认为是严密的，我从不怀疑求证过程的逻辑性，从理论上也不怀疑其正确性。理论逻辑上是严密的，同时也得到了大量的数据验证。所以，在这种理论支持下，我过去始终对中国资本市场充满着期待、充满着乐观。2010 年，中国证监会在做未来 10 年（2011—2020 年）规划的时候我也参加了，把我与我的合作者的研究成果编成了一本书，即《中国资本市场：2011—2020》。在这个规划中，在研究的基础上提了一些战略性目标。现在已经过去 4 年了，我心中对到 2020 年的战略目标能否实现有点忐忑，有个大问号。比如，在这本书中我说了到 2020 年，中国资本市场应该是全球最重要的财富管理中心之一，并成为继纽约市场之后第二个全球财富管理市场。现在看来，要达到这个目标真的不容易。因为要实现这个目标，首先市场要有足够的透明度，要有足够大的市值规模，要有很好的流动性，要有较高的成长性，要国际化。从这些因素看，我们只有 6 年的时间，能不能达到，的确有一点忧虑。2008 年金融危机之后，中国资本市场 6 年来的表现，让人忧虑，有时甚至在动摇我的研究是否正确。所以我从一个乐观派逐渐变成了一个忧虑派。

对中国资本市场发展的前景，我为什么会从一个乐观派变成了忧虑派呢？最近一直在思考这个问题。中国资本市场现状为什么会表现出如此不乐观呢？与在座的董秘可能关系不大，因为在座的各位都是金牌董秘。各位作为董事会秘书认真履行了信息披露的法定义务。中国上市公司信息披露的规则是非常详尽的，从其程序来说是完整的。但是这个市场的表现还是非常不好，原因是什么呢？有人说宏观经济环境不好，经济预期悲观。实际上，7.5% 的经济增长不能认定宏观环境不好，更不能得出太悲观的经济预期。美国经济增长 2% 怎么就好呢？所以不能说从 9% 到 7.5% 就作出很悲观的预期。从上市公司盈利和利润增长速度来看，整体状况还是不差的，利润实际上是在增长的，但其市值却在不断减少，投资者的热情也在下降。所以说，还不能单纯地从经济预期的角度去做解释，可能还有更深刻的原因。

这个比经济因素更深刻的原因是什么呢？可能是文化和社会结构层面的因素。我们知道，资本市场是一种现代金融制度，它与传统商业银行相比较是一种金融制度的创新，因而也是金融制度上的巨大进步。通常说的金融脱媒，指的就是资本市场对商业银行这个金融媒介的创新，使金融的投融资活动可以实现直接的交易，从而使金融交易更有效率，使金融产品能实现收益与风险的平衡，使金融体系更有风险定价的能力。所谓金融脱媒，虽然始于利率管制，但其核心的推动力还是金融体系市场化的风险定价能力的形成过程。一种金融体系，如果脱媒不是一种趋势，那其金融产品就无法实现收益与风险的平衡，从而也就可能无法形成市场化的风险定价机制。这就是金融脱媒最重要的原因。所以从这个意义上说，资本市场是一种比传统商业银行更加发达、更加精巧的金融制度。我丝毫不怀疑资本市场这种金融制度设计。所以，不能从资本市场的制度设计上找原因，这可能行不通。

我们还得回到原点。在中国，资本市场的表现为何如此令人失望？我们知道，资本市场对环境的要求是比较严格的，与传统商业银行相比较，它有些娇气，比如说它要求环境没有污染，要求社会具有良好透明度。信息披露的及时、完整、真实是资本市场的生命线。这种公共平台的透明信息是投资者决策的依据，所以它对透明度的要求显而易见比商业银行要高很多。

当前的中国经济虽然发展了，但社会的透明度是不够的。我们在透明度方面可能离资本市场的要求还有相当大的差距，这会从根本上影响投资者对这个市场的信心，会使投资者对这个市场天生地形成一种"陷阱"意识。这是其一。

其二，我们从观念上还没有正确理解资本市场。这表现在，我们对资本市场的功能定位基本上是扭曲的，我们太重视这个市场的融资功能了，虽然资本市场有融资的功能，有"资金池"的功能，但资本市场最本质的功能还是"资产池"功能，即财富管理功能。资本市场的金融产品，可以是融资工具，但更重要的还是投资工具，是一种可以配置的资产。就资本市场而言，"资产池"的功能要大大超过"资金池"的功能。因为我们对资本市场做了扭曲的理解，太注重融资功能了，我们没有多少人把资本市场真正看成一个财富管理的市场。实际上，这种对资本市场功能上的曲解，会影响到我们的制度设计和政策制定。

在座的大概都知道，美国的资本市场，最核心的功能还是为社会提供财富管理的机制。财富管理是其最重要目的，融资功能处在相对辅助的地位。否则，美国的养老金就不会将其中30%的资金配置到这个市场中来。中国的养老金基本不敢也不允许将其资金配置到这个市场中来，因为都觉得这个市场风险太大。要说风险大，那么这个大风险源自哪里？既然认为风险如此之大，那又为什么让老百姓来投资这个市场呢？这里实际上似乎存在一个悖论：己所不欲，勿施于人。若要施于人，己先所为。

2014年我反复呼吁，要改革中国养老金的财富管理制度，在健全风险控制机制的基础上，要对中国现行的养老金制度进行市场化改革，要提高市场化资产配置的比率。实际上，这个市场的风险从一个长期过程来看的确不要那么害怕，不要过分夸大它的风险，如果真的有问题，那一定是我们在制度设计上出了问题，我们在标准上、理念上出了问题。功能定位的严重偏差影响了后续的许多政策安排。

其三，与功能定位偏差相一致，我们的不少制度设计上应该说不适合资本市场发展。制度设计涉及的内容非常多，今天我不可能全面展开。2013年我写了一本书，关于中国资本市场制度系统性改革方面的，研究了10个方面的改革。关于制度设计出现了偏差，我举个例子，大家就可以看得很清楚。从发行制度上看，我不说发行审批制度，也不说由谁来审、怎么审、如何审，这些内容已经基本达成共识了，即由核准制迈向注册制。还有比审批制度改革更重要的，即让什么样的企业上市，也就是上市标准的确定。实际上，上市标准的设计涉及对资本市场的理解。我们有时候会把一个企业或者一个行业对于国民经济的重要性，与它能不能上市混为一谈，以为是国民经济的核心企业、骨干企业，就一定要上市，我觉得重要性与要不要上市是两回事。允许上市的企业一定要有成长性，它可能在现阶段国民经济中不是很重要的，但是它的未来是具有成长性的。上市的标准一定是成长性，不是重要性，投资者需要的是成长性，而不是重要性。钢铁企业重要吗？当然重要。钢铁企业是中国现代化建设中一个非常重要的产业，如果我们没有 10 亿吨左右的钢铁产能，显然就很难实现中国工业的现代化，但是显而易见，钢铁产业是难有成长性的。

所以，我们在制度设计中，让什么样的企业上市是极其重要的。我是核准制后第一批（2007 年）证监会发审委委员，我认真研究过我们资本市场发行上市的标准，这些标准里透视出现代工业的理念，就是说上市标准中重资产、重过程、重盈利、重财务、重规模、重在国民经济的地位和重要性等，至于说这个产业和这个企业有没有成长性，似乎不太关心。这就是新经济时代的很多重要企业像阿里、腾讯、新浪等，为什么不能在中国 A 股市场中上市的根本原因，虽然后来有了创业板，但发行上市标准除了规模是缩小板的主板外，其他标准变化不大。这类新经济时代的企业怎么可能达到工业经济时代的重资产、重规模那个标准呢？它们早期就几十个人，租了几间房子，有点想法，这种企业怎么可能让上市呢。所以说，中国上市公司庞然大物很多，但是它们多数中都没有成长性。所以这个制度设计和上市标准是有问题的。

再说制度设计缺陷的第二个例子。我们一方面要重启 IPO，新兴市场没有新鲜血液进来市场就没有新的活力。但是另一方面我们对有多少资金进入是没有把握的，虽然说资金的进入不是设计出来的，但放松对有关资金的投资限制是必需的，这就是资金管理体制改革。有人说，只要市场有投资价值资金自然就会来，我不能认同这个看法。我们有很多上市公司的确有投资价值，但资金就是不来或不能来。所以，我们要对资产供给方的对立面资金来源方做系统的市场化改革，要让这些资金进入市场投资没有制度约束。举个最简单的例子，现在不少大学都有校友基金会，规模越来越大，目前的现状是，这些大学基金会的资金都存在银行，收益很低。如果哈佛大学、耶鲁大学等大学基金会都是这么管理的，也就不会有今天这样的规模了。所以，中国大学里的校友基金会要走市场化、专业化的管理模式，要允许它们配置一定比例的股票。中国社会有很多这样的基金，它们都不来这个市场，资本市场还怎么发展呢？

其四，我们的金融投资文化与资本市场所要求的文化有点不匹配。我们的金融投资文化两极分化。一方面，上了年纪的人或者观念相对保守的人都把钱存在银行，所以银行的负债成本很低，中国具有商业银行发展的良好文化环境。另一方面，有一批敢于冒险投资的人，但是这些人中的相当多数从来都不是来投资股票的，而是来投机的。有趣的是，在这些人中，他赚了钱，比如每年赚了50%，就自以为是巴菲特第二，一旦赔了钱就要找政府。企业退市了，也要找政府。这也是中国上市公司退市难的一个原因。所以，我们没有一个收益风险匹配的投资文化，这的确是个重要的制约因素。

我认为，上述四个方面都从根本上制约着中国资本市场的发展。要发展中国资本市场，必须在这些方面推进改革或转变观念。我们要调整现行的发行上市标准，要科学定位市场功能，要不断提高市场透明度，要科学设计资本市场政策体系，要逐步建立一个收益与风险相平衡的投资文化。这些改革，有些涉及我们这个社会的基因，非常困难，过程也将很漫长。

正是基于这样的思考，我慢慢变成一个忧虑派。忧虑派不是绝望派，心中还充满了理想，只不过它提醒我，在发展中国资本市场的过程中，可能比以往想象的要更加艰难，为此我们要做好充分的思想准备。

中国金融的"三维改革"

——在中组部司局级干部选学班上的学术讲座

【作者题记】

　　这是作者 2014 年 4 月 21 日在中组部司局级干部选学班上的学术讲座。经录音整理，部分内容刊载在《中国经济周刊》2014 年第 21 期。

　　非常荣幸与中组部 2014 年选学班的各位同志在人民大学一起交流金融改革的一些设想。我曾经在这个选学班上多次上过课，这次我要讲的主要内容是中国的金融改革。

根据十八届三中全会的精神和我国金融发展和改革的实践要求以及这些年来的研究心得，与大家一起交流一下如何进一步推进中国的金融改革，以期构建一个与中国经济相匹配的现代金融体系。

中国是一个大国，如何从战略层面上维持中国经济长期的持续稳定增长是一个十分重要的研究课题。维持中国经济的持续稳定增长并不是指中国经济只保持一个10年或20年的快速增长，而是要有更长远的战略目标，实现中国经济30年、50年甚至更长时间的稳定增长。为此，我们需要寻找这一发展道路的体制基础，特别是如何建立维持这种经济增长的现代金融体系。

现阶段，经济和金融的关系正在发生微妙的变化。它们之间是相互依存、相互促进、共同发展的关系。从根本上看，经济是金融的基石，没有经济的持续稳定增长，没有经济竞争力的提升，中国就难以形成有竞争力的大国金融体系。

另外，我也认为，如果中国这样的大国金融体系是低效的、落后的、封闭的、垄断的，那么中国经济也难有持续的、有效率的增长。因为，金融是经济的核心和心脏，是推动经济发展最重要的力量之一。经济发展中有两个力量不可或缺，一是科学技术。没有科学技术的经济增长是粗放式的，这种增长模式会破坏环境、滥用资源，以耗竭使用资源的方式去维持一个貌似高速度实则低效率的经济增长，这也是中国在过去相当长时期内的发展模式。所以，科学技术是经济发展的第一推动力，它能够提升经济的竞争力，提高经济的附加值，改善包括生态环境在内的整个经济的运行环境。二是既能优化配置资源，又能有效分散风险的金融体系。我们应深刻地知道，要发展经济，仅有科学技术是不够的，还需要一种优化资源配置的机制，这就是现代的、市场化的、富有结构弹性的金融体系。打个比方来说，科学技术对经济增长的作用就如同把卫星送上天时的第一级推动力，没有这第一级的推动力卫星不可能进入大气层以外的空间，但是仅有第一级推动力是不够的，是不可能进入运行轨道的，还需要第二级推动力，如果没有第二级推动力，卫星迟早还会掉下来的。经济增长的第二级的推动力是什么？是市场化的现代金融体系。我们要深入理解金融在像中国这样一个大国的经济活动中的重要作用。金融不仅仅为企业提供融资服务，虽然这是金融一个非常重要的功能，但是仅仅将金融的作用停留在这个层面显然会阻碍金融的改革和发展，会阻碍金融的开放，会使金融体系的结构凝固而不断衍生出巨大的风险。

当然，我们也不能将金融在经济活动中的作用简单地理解为收入再分配。很多人误认为金融只是收入再分配的过程，对社会财富的创造不起作用。实际上，资源的再配置本身就在创造新的财富。它通过资产的并购重组和再配置，通过金融产品的创造和引导资本的合理流动来创造新的财富。所以，金融不仅仅是收入再分配的过程，也是财富增长的重要机制。社会上通常还有一种误解，认为金融是制造泡沫的部门。这实际上是对金融极大的误读。金融部门范围很广，包括商业银行、证券市场、信托、保险、基金等，这些都是金融的重要组成部分。不少人认为金融天生就是制造泡沫的机制，尤其是在资本市场繁荣之后这种认识更加流行。实际上，这种观点没有正确理解现代金融的作用。邓小平同志在 20 世纪 80 年代就曾指出，金融是现代经济的核心。我认为，这个看法非常准确、非常具有现实意义。从这个高度来看，我们必须构建一个与大国经济相匹配的现代金融体系，这是当前中国金融改革面临的最大课题。与我国其他领域的战略相比，我国的金融发展战略并不清晰，我国金融发展的方向和战略目标也不明确。这种现象的背后还只是把金融当作融资的机制。但实际上，金融的竞争力是一个国家强盛的重要推动力之一，也是一个国家强盛的标志之一。金融竞争力的强弱与一国产业竞争力有密切关系。我国金融体系缺乏明显的竞争力优势，人民币在国际市场的影响力也不足，人民币计价资产还不是全球可自由配置的资产。缺乏竞争力和影响力的金融体系不可能成为强大的金融体系。要建设一个强大的金融体系需要深化对现代金融战略价值的认识。

近年来，我正是怀着这样的理念研究大国金融战略。两年前，我写了一篇论文《大国经济与大国金融》，回望了以美国为代表的发达国家经济与金融相互发展的历程，从中可以看到金融在经济发展中所起的决定性作用。美国经济实现了长达百年的成长，人们已经充分认识到科学技术在这其中的重要推动作用。基于这样的认识，我们国家实施了科教兴国战略，这是正确的选择。与此同时，现代金融在推动美国经济百年成长中的重要作用却鲜有理解。2008 年全球金融危机之后，有人开始怀疑美国金融体系的竞争力，认为开放度太高可能是金融危机的重要原因，由此得出我国金融体系开放和国际化步伐不应太快。如果这种认识成为主流，中国的金融改革和开放就会受到影响。

事实上，金融危机与美国金融体系的开放和国际化并无太大关系。相反，正是因为美国金融体系的开放和国际化，才较好地化解了 2008 年这场全球金融危机。如果没有开放和国际化的金融体系，它就无法在全球配置资源的同时又在全球分散风险。2008 年的那场被认为是有史以来最严重的全球金融危机，就会将美国带入深重的灾难。但事实上美国的经济和金融只不过生了一场可治之病，不是癌症，其沉积的风险通过开放的金融体系得以释放。这说明金融体系的开放和国际化是非常重要的。为了推动中国金融体系功能的提升，我们要认真研究这一案例。但是，我们又不能完全照搬盲目崇拜美国的金融体系，我们要认真研究它，搞清楚金融危机之前美国金融体系的内在缺陷，比如过度的自我服务、高杠杆化、贪婪成性等。美国金融体系的结构设计是值得我们学习的。这种金融结构富有弹性，通过分散风险而适时地化解风险。所以，我们要从战略的角度去思考什么样的金融体系可以推动中国经济的百年成长，这并不是说我们要全面照搬美国金融体系模式，而是要认真研究其中的精髓。中国的文化传统、金融投资意识以及社会基础和法制环境不同于美国，中国的金融体系在吸收了其精髓之后在形式上仍可能会有别于美国的金融体系。我认为，日本的金融模式并不适合中国，日本的金融模式从形式上看似乎比中国金融体系先进，但其结构带有非常深的传统烙印。

总之，中国金融改革和开放是一个重要的课题。我们需要明确战略目标，厘清思路，找到正确的方向。为此我们需要认清中国金融体系的现状，找到其根本性缺陷，思考如何克服这些缺陷，如何使得我国金融体系朝着正确的方向发展。基于此，我把今天的演讲题目定为"中国金融的三维改革"。

一、中国金融体系的"三大缺陷"

回顾中国金融过去 30 年的改革开放，所取得的成就是有目共睹的。中国金融体系改革始于 1983 年，到现在已有 30 年的时间。30 年来，中国金融体系的市场化程度、资源配置能力、公司治理结构、风险管控机制、盈利水平和市场价值都有了极大的提高，金融改革的成就是巨大的。中国经济的快速稳定增长，中国金融的贡献是很大的。但是，我们不能陶醉在已有的成就上，这会使我们迷失方向，会使我们找不到未来前进的动力，找不到改革的着力点。对一个研究者来说，在看到成绩的同时一定要关注它所存在的问题。我把中国金融体系目前所存在的问题概括为三个方面。

第一个方面，是金融体系的市场化程度不高，金融效率相对低下，金融功能相对单一，金融结构相对错位，并存在一定程度的垄断。这里说的金融的垄断可能更多指的是价格垄断，金融体系内部的竞争还是相当充分的。总体而言，我不太同意肢解中国大金融机构的主张。相对来说，中国可能更需要一个以大金融机构为主体结构的金融体系而不是小金融机构为特点的金融体系，也就是说中国金融的主体结构不应该是零零散散的。我前一段时间参加中国城市金融学会常务理事会，姜建清董事长在会上报告了中国银行业的发展，其中特别谈到中国银行业的集中度，在中国银行业中四大国有商业银行（工商银行、农业银行、中国银行和建设银行）集中度为 42% 左右，这个比例比美国和日本前四大银行所占的比重要低。从实践看，中国银行业内部还是有一个相对充分的竞争，但即使如此也仍然存在一定形式的垄断，其中最显著的就是价格垄断。目前准入垄断已经开始放松，最近 10 家民营商业银行已通过审批，但价格垄断仍然存在。

一般认为，中国经济体制改革成功的要素有两个：一是让包括国有企业在内的所有企业成为市场的主体，自主经营、自负盈亏。二是商品价格由市场供求关系决定。20 世纪 80 年代末 90 年代初进行价格双轨改革时，我们也曾认为价格改革会引发恶性通货膨胀，但实际上并没有出现。所以，我们需要相信市场的力量，相信市场可以自动平抑供求失衡的状况。

我认为，中国金融体系改革需要从这两点经验中寻找启示。一是要让金融企业成为真正的市场主体，这一点目前还有提升空间，比如缺乏满足客户最优需求进行产品创新的权力，目前这部分权力还主要是由监管部门来掌控，这就如同一个生产型企业如果缺乏对一个产品进行设计和完全自主生产的权力，也就难以成为一个完全的市场主体的道理是一样的。

二是金融体系价格的市场化形成机制。我国金融体系价格的市场化改革刚刚起步，贷款利率刚刚开始放开，存款利率尚未市场化。利率不完全市场化是中国金融体系特别是商业银行高额利润形成的重要因素之一。这个高额利润里面当然有这些金融机构特别是商业银行近几年来改革创新的成果，但是应该看到，这种高额利润有垄断的影子，特别是价格垄断。价格一定程度的垄断，使实体经济和金融部门的利润平行化难以实现。在目前条件下，金融机构特别是商业银行获得了过高的收益，相应地，昂贵资金成本使实体经济部门失去了应有的一些利润。

中国 M_2 与 GDP 之比是全世界最高的。我们现在有 56 万亿元人民币相当于 9 万亿美元的 GDP，我们有超过 120 万亿元的广义货币 M_2，相比于世界重要经济体，这个比例是非常高的。在研究和政策制定中，也有人据此认为经济活动中资金是充裕的。然而从目前实体经济状况看，资金是不充裕的，资金成本也越来越高。在有着高量 M_2 的情况下，资金成本为什么会越来越高？这个矛盾的现象值得我们反思。

实际上，因为市场化程度不够，大量的资金会通过影子银行流到实体经济，影子银行推高了实体经济的资金成本。目前，中国金融体系的市场化程度还不高，受到限制的资金会通过影子银行大规模流出，而通过这个管道流出的资金就不只是 8% 的贷款利率回报，而是要求高达 12% 甚至更高的回报，这是实体经济难以承受的。一些商业银行与担保机构一起将本来可以通过正规金融渠道贷出的资金转为通过担保机制贷出，并借此增加几个百分点的资金成本，这客观上会提高资金成本，这种状况要求我们必须推动中国金融体系的市场化改革。

中国金融体系从资金流出和价格形成角度看，是一种事实上的"双轨制"。市场相关利益主体试图通过这种价格"双轨制"去进行寻租和套利，而寻租和套利的受益者大多都是那些利益相关者或相关权利人。我从来不认为"双轨制"是个好制度，"双轨制"对经济运行的秩序通常都起破坏性、腐蚀性作用，往往也是腐败的源头。因此，从制度设计看，一定要最大限度地消除"双轨制"。正是由于金融体系里存在价格的双轨制，很多人通过权力寻租、制度寻租一夜暴富。一夜暴富肯定不是一种正常的社会现象，这其中折射出中国金融体系的问题，这个问题就是价格垄断和价格双轨。垄断带来的结果是竞争不够充分，形成超额利润，客户对金融服务满意度低，金融体系效率低。当然，我们也有一些金融活动是高度市场化的，客户对它们是比较满意的，比如后面将会提到的互联网金融。互联网金融，特别是基于互联网的第三方支付给老百姓特别是中低收入阶层提供了相适应的服务，它在很多方面远远超过了传统金融给老百姓提供的服务，它便捷、快速、灵活、安全，为客户着想，把客户放在第一位。传统金融则是把自己放到第一位。"控制风险"本身没有错，但是很多时候传统金融为了控制风险，会给客户带来很大的不便，控制风险的价值要大大低于客户为此损失的效率。通过互联网金融与传统金融两者间的比较，我们很容易理解，为什么传统金融会遇到严重的挑战，为什么很多年轻人喜欢互联网金融。人们不喜欢的一般是落后的、僵硬的金融服务，而喜欢的一定是方便的、低成本的、高效率的金融服务。

第二个方面，是金融结构的弹性较低，吸收平滑风险的能力不强。就像人的需求会随着收入的增长而升级一样，金融的功能也会随着人们的需求的变化和金融结构的变革不断升级。金融最初的功能就是支付清算和配置资源即存贷款的功能，社会经济和贸易活动都需要金融提供支付清算服务，从而提高经济运行的效率，促进贸易的活跃。金融通过存贷款活动完成资源配置促进经济增长，这是金融两大初始的功能。但是金融发展到今天，一些新的功能已经出现，而且这些新的功能有时候变得更加重要。这就跟人的需求一样，人最初始的需求是生存，但显而易见这不是人生最高的追求。随着收入的增长，人的需求会越来越高，需求结构也会随之升级。金融的功能也是这样。到了今天，金融的功能已由支付清算、资源配置两大功能，增加了包括财富管理、风险配置在内的新的功能，而且财富管理或者风险管理慢慢成为金融更为重要的功能。要实现这样的功能升级，就必须推进金融结构的变革，要求金融结构具有弹性，证券化的金融资产比重要不断提高，否则就无法完成全社会财富管理的功能要求。如果一个社会的财富要么以储备房子的形式表现出来，要么以银行储蓄的形式表现出来，那么这个国家的金融体系一定是十分落后的，因为它没有给社会提供一个流动性好、透明度高、收益与风险相匹配的不同层次的金融资产。实际上，金融发展到今天，除了给企业提供融资功能外，更为重要的一个功能是要为全社会提供一个透明性好、流动性强、收益与风险相匹配的金融资产供投资者配置。这种趋势本质上是一种金融脱媒现象。我国金融体系在这方面显然不足，以至于大家只能将资金投向房地产或银行储蓄。所以，当互联网金融出现时，余额宝出现时，大家会把存款取出来去购买余额宝。这说明我国金融体系未能提供一种流动性好、能够有效管理财富的多样性的金融资产，原因是我国金融体系中证券化金融资产比重低。

在现实中，企业要融资，可以找商业银行，也可以找影子银行，还可以通过资本市场发行股票或债券融资。在实践中，发行债券难度大，发行股票需要排队，所以一般还是到商业银行去贷款。但是，我们的商业银行通常都是戴着有色眼镜看企业的，如果是个大企业，贷款很快就能办下来。如果企业比较小，虽有增长潜力，也很难获得贷款，这类小微企业有时只能找影子银行获得高息贷款。高昂的融资成本会扼杀新生企业，正是由于没有配套的金融制度安排，中国的创新企业成长相对较慢。反观美国，如今著名的网络企业都曾得到了金融部门的支持，这个金融部门不是传统金融，不是商业银行，而是新金融。因为商业银行的风险承受力不高，商业银行在放贷时只会考虑能否收回本金和利息，并不奢求获得中小企业的成长红利，这从商业银行的贷款准则角度看是完全正确的。这个金融部门来自美国发达的资本市场，特别是风险投资，它孕育了创新型企业，而这正是当今中国所缺乏的。

当前，金融体系面临很大的压力，企业缺乏优化资本结构的工具和机制，个人和机构投资者没有足够多的可自由配置的流动性好的资产。金融体系现代化的重要标志之一是证券化金融资产在整个金融资产中的比重。我国金融资产证券化率在 20% 到 25% 之间徘徊，10 年前是这个水平，今天仍然是这个水平，也就说经过 10 年市场化改革，金融资产的证券化率并没有显著提升。这样的金融体系客观上会存在一个重大缺陷，就是风险存量化趋势。金融风险出现后不断累积，风险积累到一定程度仍然不能得以分散和流动，就会出现金融危机。也就是说，传统金融体系会通过金融危机的形式释放不断积累的金融风险。所以，我们必须创造一种机制让金融风险流动起来、分散开来，金融体系才是安全的。在大多数人观念中，风险的流动才是真正的风险，这是一种误读。流动的风险难成危机，累积的风险必成危机。表面上风平浪静的金融体系并不是安全的，往往孕育了巨大的风险。所以说，金融市场正常的波动是金融体系健康的标志，就如同股市一样，好的股市走势往往会有波动，没有波动的市场是没有希望的。

第三个方面，是开放度不够、国际化程度低。开放度低的标志有：第一，人民币还不是可自由交易的货币；第二，外国投资者进入中国资本市场投资还存在制度性障碍。人民币汇率改革已经进行了很多年，但时至今日人民币还不是完全可自由交易的货币，虽然最近我们放宽了人民币对西方主要货币的汇率波动幅度，由原来 1% 扩大到 2%，但是它还不是一个可自由交易的货币，而可自由交易是人民币汇率改革的重要目标。前面提到，美国金融体系之所以能够推动美国经济的百年成长，能够在全球范围内配置资源，又在全球范围内分散风险，其最重要的基石是美元的国际化。美元在国际外汇储备市场上占据 62% 左右的份额，也就是说全球接近 2/3 的财富是以美元的形式来储备的，加上美国金融体系特别是资本市场的国际化，造就了美元作为全球最重要的储备性货币的地位。因为美国资本市场很发达、很开放，所以持有美元的人会很方便到美国资本市场进行投资。外国投资者很少会将持有的美元存入美国的商业银行，我国外汇储备中相当多的部分是投资美国国债或政府担保债，从中可以看到美国资本市场的重要作用。

一个时期以来，美国政府和国会不断对人民币汇率施压，核心就是说我们的人民币不是可自由交易的货币。实际上如果人民币成为可自由交易的货币，如果我们继续推进改革和开放，我想人民币成为全球重要的储备性货币之一的时间不会太长。到时候，他们无法再说人民币币值的问题。实际上，人民币国际化客观上会部分分食美元奶酪。这个奶酪就是美元的国际化地位，而不是美国某个产业会受到中国产业的挑战。中国和美国两国的产业分工是相对明确的，产业存在较大差异，相互补充。虽然我们也想在一些高新技术产业领域做到全球领先，但是这并不会给美国带来全面的挑战。人民币国际化则不同。如果人民币成为国际上重要的一种储备性货币，比如达到当今欧元的比例，那就真正动了美国的奶酪，这才是美国经济最后的底线。因此，中国要成为真正意义上的金融大国，在全球有重要影响力的大国，人民币的国际化是一个标志，人民币占全球储备市场的比重是个标志。在实现这个目标的过程中，我们碰到的困难和摩擦将会比想象的多，比我们加入WTO之后的各种贸易摩擦要大得多、多得多，为此，我们要有充分的准备。

一个大国的崛起，会有摩擦，也需要时机。在大国崛起过程中，我们要充分认识到其艰难性和复杂性。人民币国际化比任何一种国际化都要艰难和复杂。我个人将中国的改革开放分为三个阶段。1978年到2001年是第一个阶段。在这第一阶段的20多年的时间里，我们初步完成了市场经济体制的改革，建立了一个我们自认为的初步的市场经济体制。2001年开始是第二个阶段，标志就是加入WTO。2001年对中国来说，是一个值得记住的年份，因为这一年，我们加入了WTO。这是中国经济在近现代以来第一次全面融入国际经济体系，其意义十分重大。如果说，从1978年到2001年我们是按照自己的标准去建立社会主义市场经济体制的话，那么2001年我们加入WTO，就意味着要用国际通行的市场规则来校正我们过去建立的那套体制和规则。比如在知识产权保护方面，在加入WTO之后，得到了进一步保护和规范。加入WTO对校正我们的市场经济规则极其重要，其价值可以与加入WTO对经济增长的贡献相媲美。我们不能仅仅看到加入WTO后中国经济和外汇储备获得了高速增长，更应看到通过加入WTO去校正我们已有的一些规则和标准的重要性。要影响世界就必须融入世界，而融入世界就必须在规则上相适应。第三个阶段就是中国金融的全面开放，难度之大要超过我们加入WTO时的程度，标志就是人民币国际化和金融市场的开放。如果有一天，人民币成为可自由交易的货币，很多国家、很多金融机构、很多投资者都把人民币作为储备性货币，如果有一天中国的金融市场特别是资本市场非常发达，高度国际化，那么我认为，中国就已经成为现代化的经济强国。虽然我们是世界上贸易规模最大的国家，但是我们金融的影响力较小，而要改变这种现状，实现人民币的国际化至关重要。

既然这三个方面都存在缺陷，那么我们就需要从这三个方面推进改革。我认为，中国金融体系需要进行"三维改革"，也就是宽度改革、长度改革、深度改革。我们金融体系在宽度、长度、深度三个方面都有重要缺陷，需要同时拓展这三个方面的改革。

二、中国金融的"宽度"改革

中国金融体系的融资渠道和投资渠道都比较狭窄，企业也好，个人投资者也好，机构投资者也好，可以选择的融资工具和金融资产种类有限，也就是我们的金融体系是狭窄的金融体系。目前，商业银行主宰了金融体系85%以上的金融资源，居民金融资产中银行储蓄产品占了约80%。我们要把金融体系的宽度拓宽，要让企业有足够多融资工具来优化它的资本结构，让投资者有足够多的可选择的金融资产来优化其资产配置。中国金融体系宽度改革的核心，就是要为融资者和投资者在融资、投资上提供更大的便利、更自由的选择空间，使他们能够根据自身需求以及成本和风险偏好去选择最合适的产品。在市场经济体制下，消费者可以完全自由地选择商品，投资者亦可以自由投资任何想投资的资产。投资者对资产的自由选择在中国尚不充分。所以，中国金融的宽度改革的重点是发展资本市场，推进金融结构的市场化、证券化，核心是提高证券化金融资产的比重。要实现这一目标，大力发展资本市场是基本前提。中国金融体系的现代化离不开发达的资本市场。没有资本市场这个平台，金融体系的现代化无从谈起。

2008年全球金融危机后，中国经济平均仍以9%左右速度增长，虽然

2013 年降到了 7.6%，2014 年大概在 7.5%，这个增长速度世界范围内是少见的，虽然我们在推动经济高速增长所用的政策、方法值得研究。我主张宏观经济政策的制定和实施必须顺应经济发展的客观规律。在中国，政府的作用可以很大，但不能盲目，不能违背经济规律。经济波动是客观存在的，世界范围内的经济均如此。经济有周期性，既有短周期也有长周期。经济周期是由不同的原因引起的，有的是产业升级带来的，有的可能受短期政策的影响，有的则来自需求的周期性。宏观经济政策的干预，可以适当地减缓经济波动的幅度但不能消除经济波动。经济波动有其价值。在经济波动中，我们可以从中反思哪些领域产能过剩，哪些领域不能继续投资。如果为了抑制波动而继续盲目加大投资，只会给未来留下更大的风险。因此，宏观经济政策的制定要顺应经济的周期性变化，我们可以适当地平滑经济波动的幅度，减少经济波动给社会带来的不必要的振荡，但是我们不能消灭波动。即使现阶段波动没有了，将来也要为此付出更加昂贵的代价。当前中国经济调整中最重要的任务就是压缩过剩产能。

再看中国的资本市场的表现。我国经济实现了高速增长，但在资本市场中却没得到有效反映。大家都说资本市场是国民经济的晴雨表，可是这个结论在中国却很难得到验证。我国资本市场的表现和经济表现似乎并没有显著关系，经济增速 7.5%，我们的股市通常会作相对悲观的预期。要知道 7.5% 的经济增长并没有什么不好，现在全世界也没几个国家能达到这样的速度。关键的不是经济增长速度，而是经济增长的社会福利性。如果一个国家的经济增长没有什么社会福利性，那么这个增长就没有什么意义。以破坏环境为代价的经济增长，虽然增加了财政收入，但居民和社会却没有由此提高福利水平，居民的生存环境恶劣了，生活质量没有得到相应提升，这种经济增长并没有什么价值。

我国资本市场对经济增长缺乏应有的反映。反观美国资本市场，道琼斯指数在 2008 年全球金融危机时一度跌到 7 000 多点，现在又创历史新高，美国经济最近才推出退出量化宽松政策。量化宽松政策的实施意味着美国经济出现了问题，需要靠货币量的扩张来刺激经济增长、维护就业。如今量化

宽松政策正逐步退出，美国股市创造了新高。中国股市长期以来基本徘徊在
2 000 点左右。如前所作的分析，中国不能没有发达的资本市场，它对于人民
币的国际化有非常重要的支撑作用，是人民币成为国际储备性货币的重要后
台支撑，是重要的资产池，没有这个资产池，人民币就难以实现国际化，即
便实现了可自由交易也无法成为国际储备性货币。从我国国力的角度看，我
相信人民币有可能成为一种重要的储备性货币，但是目前资本市场的现状显
然还难以支撑人民币的国际化特别是储备性货币的地位。我国资本市场的规
模相对较小，流动性也不够，透明度也需改善。现在人民币离岸业务在快速
发展，一旦实现国际化，离岸市场中的资金要回流，回流的资金一般不会存
入商业银行，这就要求相应规模的资本市场承接回流的资金。

我国资本市场中债券市场不太发达，虽然有较大规模但是流动性不好，
开放度不够。建设一个规模大、流动性好、信用优良、有足够开放度和广泛
参与度的债券市场，是发展资本市场的重要内容。但目前，我们的债券市场
被分割成银行间市场和交易所市场，银行间市场占绝对主导地位，两个分割
市场同时存在，使得债券市场无法成为全社会范围内的大市场。在这种情况
下，债券市场很难成为回流资金的投资渠道。

我一直以来怀着一种理想去研究中国的资本市场，也积极参与资本市
场的改革和战略规划讨论，如股权分置改革、十年发展规划等。随着研究的
深入，特别是中国资本市场的现实，我慢慢从一个乐观派演变成了一个忧虑
派。在金融学界大家都知道我的观点，被称为金融理论研究中的资本市场
派。我一直认为，中国金融改革的核心和发展重点是发展资本市场，现代金
融体系形成的基石也是资本市场。商业银行作用固然很大，但金融脱媒是基
本趋势。可是为什么资本市场还是发展不起来？有人说我们的经济不行，也
有人说我们的规则不行。证券监管部门都很努力、也很专业，规则在不断地
修改，市场体系也在不断地完善，但市场依旧低迷，即使暂停 IPO，低迷的
状态也没有实质性改变。这其中有什么深层次的原因吗？是中国社会基因和
资本市场基因不匹配吗？难道资本市场是水稻，我们的土壤是旱地吗？如果
说是旱地，那在旱地里种水稻真的很难，旱地里面应该种麦子、种玉米。南

方水田才种水稻，因为水稻需要充分的阳光、合适的水分、较高的温度和辛勤的耕耘，而旱地作物在这方面的要求就不很严格。旱地是难以满足水稻的生长要求的。改良土壤可能需要一个较长的过程。

资本市场是对传统商业银行进行脱媒的新的金融制度安排。这种"金融脱媒"的直接原因，固然起因于利率管制，实质上是通过金融活动的直接交易，从而提高金融效率，形成收益与风险的匹配机制。这种直接交易的金融制度在早期出现过严重混乱的现象，包括内幕交易、虚假信息披露、操纵市场等，最早的发源地阿姆斯特丹，产生过著名的"郁金香泡沫"。

与传统商业银行相比，资本市场有几个显著特点：第一，透明度高。社会必须是透明的社会，不能虚虚掩掩，一旦虚虚掩掩就意味着信息不对称，内幕交易就会泛滥。在这种情况下，市场就会失去了公平性、公正性，投资者会由此丧失信心，市场也就失去了存在的价值，所以资本市场必须要求信息的高度透明。第二，良好的信用机制。不但信息披露必须完整、真实、系统、全面，而且必须说到做到，不能说一套做一套，不能欺诈投资者。第三，健全的法制环境。相比于商业银行对企业贷款点对点的市场，资本市场是公开市场，投资者数以百万、千万计，因此必须对所有投资者负责，任何人触动法律都必须严厉处罚。在这三个方面，中国资本市场还有巨大的改进空间。

中国市场隐性内幕交易还是比较多的，这损害了资本市场的根基，也使社会对通过投资股票而致富的行为产生怀疑。在中国，如果通过投资股票致富，大家不会顶礼膜拜。而在西方社会，巴菲特为什么会受到顶礼膜拜？是因为他依靠他的专业能力而不是内幕交易致富。在中国也许存在这样的人，但是相当多的人还是通过内幕交易致富。所以，市场透明度不够，信用制度也不完善，法制环境虽然有所改善，但离资本市场的要求还有相当大的差距。我国资本市场对虚假信息披露和欺诈上市案件的量刑都比较轻，违规违法的成本很低，从而使资本市场成了违规违法的重灾区，这给资本市场带来了极大损害，动摇了整个市场的根基。

所以，我认为，对资本市场的违规违法行为要"重典治市"，对欺诈上市、内幕交易者要在财务上重罚，不是罚款了事，而要罚得他一生都难以翻身。现在对在商业银行领域的金融犯罪行为判刑很重，与资本市场的判罚形成鲜明对照。在自动柜员机里取款人误操作多取了三五千块钱和在资本市场骗取上市资格获得巨额利益相比，骗取募集资金几亿元判刑就很轻。在中国的司法实践中，这两种金融制度违规违法在法律上的处理上有显著差异。实际上，资本市场的违法行为性质更严重，因为它是对所有投资者利益的损害，也是对法律和制度的挑战。

我曾经逻辑地认为，经济发展一定会带动资本市场的发展。在1998年我与我的博士生合写了迄今为止我还比较满意的一篇论文，主要研究居民收入增长的边际投资倾向。成熟市场的数据表明，居民收入增长后资本性投资部分也会增加，如果这个结论正确，那就意味着随着中国经济的发展，资本市场一定会有发展的动力，但中国资本市场的实际表现却不是这样的。这里面可能还有很多非经济性的因素制约着中国资本市场的发展。由此我得出了"雾霾中的中国资本市场"这样的认识。资本市场是要在蓝天白云下才能发展，可是中国资本市场到处充溢着雾霾，雾霾的环境与资本市场的基因格格不入，所以要发展资本市场必须消除产生雾霾的原因。

文化和投资理念的改变是个长期过程，我们不能静等，可以在具体的制度、规则、政策层面上做一些改革和调整，以推动资本市场的发展。2013年中国人民大学出版社出版了我和我的合作者共同撰写的一本著作《中国资本市场制度变革研究》，我们从发行制度、交易制度、并购重组、信息披露、股权激励、退出机制以及股权变动等10个方面对资本市场改革路径进行了探讨，同时提出了有利于市场供求平衡的政策安排。中国证监会最近推出几项重要的改革，其中一项改革就是发行制度的注册制改革。中国的股票发行制度经历过行政审批制到核准制两个阶段，但发行制度依然饱受市场诟病。我曾担任市场化之后的第一届即2007年中国证监会发审委委员，审查过一些企业，对核准制有一些体会，发现核准制有合理的一面，通过这一制度安排过滤虚假信息、提高上市公司质量。初衷是好的，但并不意味着结果一定好。实际上谁来审，如何审，审什么很关键。首先是要不要审，审当然是要的，关键是用什么机制审和审什么。从实践看,核准制存在一些重要缺陷,最明显的缺陷是权责不对称,职责不清楚,责任和权力边界不确定。目前处罚欺诈上市等案件一般都是对一线人员如保荐人、注册会计师及其机构等处罚。他们的确负有直接责任,他们有义务、有责任保证信息披露规范透明。在核准程序中,保荐人、审计师、律师和发行人是透明度的第一层次的责任人。他们审核确认后报证监会核准,证监会内部有四道关,发审委是最后一道关,由其来投票决定企业能否上市。所以如果出现了欺诈上市,证监会发审委委员就没有责任吗?从权责平衡角度看,应负相应责任。是什么责任?当然不是刑事责任,除非存在内幕交易的事实。但事实上,在一般情况下,发审委委员是不承担责任的,所以这个制度本身是存在问题的。在核准制规则下,出了问题只处罚保荐人、审计师等中介,为什么证监会发行审核环节不受处罚?实际上也需要承担相应责任。所以这个制度安排是有缺陷的,核心是责任和权力不对称。一个责权不清、没有边界的制度不是一个好的制度。发行核准主体可以有很大的权力,但是一定也要有与这个权力匹配的责任。所以我们应该向注册制或备案制过渡,大幅度削减证券监管部门股票发行方面的权力,充分发挥市场中介机构的专业作用,完善法治环境。一旦查出欺诈上市,不仅要处罚造假人及相关助假人倾家荡产,还要终身禁入,涉及犯罪的一定要负刑事责任。注册制要求市场有关中介机构承担相应责任,督促他们尽责调查,以期最大限度地保证信息披露的透明度。注册制的另一个重要环节的改革就是交易所质询机制,这个质询机制需要相应的专家团队,就疑问提出专业质询,没有决定权。

由于证券法的限制,上述设想不能马上实施。证券法规定,企业的股票发行与上市必须要国务院授权的证券监督管理部门批准,所以要把核准制改为注册制,前提是要修订《证券法》《公司法》等法律。这些法律法规在推出时对规范市场确实发挥了很大作用,但都带有过去时代的烙印,离真正的市场化要求和建立现代金融体系的要求还有差距。修订需要一个过程,并且牵一发而动全身。证监会及两个交易所的规则都是依照这些法律的精神来制定的,所以也要对这一系列规则重新修订,任务比较繁重。

　　并购重组是企业成长的重要途径。资本市场的重要价值就是通过并购重组机制推动企业成长，所以在制度设计上应该鼓励并购，同时对假借并购之名行内幕交易之实的行为要严厉处罚。但是目前的一些制度和规则安排对并购重组设定了严格的审核程序，过程耗时长达几个月甚至更长。这客观上会降低并购的时效性，延误市场时机。所以，要完善资本市场的并购重组制度。

　　有一种观念认为，与发行融资相比，并购重组是资本市场的辅助功能，这也是一种典型的误读。实际上并购重组是资本市场的主要功能。在美国市场，跨国公司大企业大都是依靠并购成长的，这是成熟市场企业成长的重要机制。在并购重组的核准环节，我们可以采取相对简易的程序，让并购重组更具时效性。退市制度需要进一步完善并严格执行。我国资本市场虽然存在退市制度，但一直没能得到有效实施。

三、中国金融之"长度"改革

　　中国金融长度改革的核心，是人民币的国际化以及金融体系的开放。中国金融"长度"改革的战略目标是建设具有在全球范围内配置资源和分散风险的金融体系，从而提升金融的功能和效率。要实现这一目标，需要从几个方面推进改革。

　　进一步推进人民币汇率的市场化改革，加快人民币国际化。2008 年全球金融危机前，我国就在不断推进人民币汇率的市场化改革，启动金融体系的开放。2007 年 6 月，开始在香港特别行政区发行人民币债券。2008 年全球金融危机之后中国又陆续和多个国家（和地区）的央行签订了货币互换协议，同时鼓励中国的边境省会和城市与周边国家在贸易结算时使用人民币，以提高人民币在中国周边国家和地区的影响力。人民币汇率的市场化改革近来亦有进一步推进，波动幅度已由原来的 1% 扩到 2%。从目前情况看，人民币可自由兑换还没有一个明确的时间表。我个人认为，从一些国家汇率改革的历史和实践看，中国目前应该具备甚至超越那些国家当时本币自由化的基础条件。中国改革开放 36 年，市场机制发育较为成熟，风险意识有明显提升，已经成为全球最大的贸易国和全球第二大经济体，这些都为人民币国际化奠定了扎实的基础。同时，中国的崛起也需要人民币国际化作为后盾。要实现这一目标，当然还需要人才保障。中国市场化金融人才短板是显而易见的。中国金融体系国际化所面临的人才短板可能比制度和规则短板还要严重。这对高校金融人才的培养提出了新的要求，需要用全球化视野培养人才，特别是金融专业人才和金融管理人才。我现在兼任全国金融专业硕士教育指导委员会的副主任委员，对金融人才的培养状况比较了解。目前，全国有88家大学培养金融专业硕士，试图借鉴MBA的教学方式和理念来进行培养，使其成为具有国际视野的金融人才。这就要求其掌握风险管理、资产定价等方面的专业知识，熟悉国际金融市场，了解各类金融产品的风险结构，具有卓越的解决实际问题的能力。但要实现这一目标相当困难，因为缺乏配套的师资队伍，缺乏足够的与中国实践相结合的案例教学及案例库。如果金融专业硕士不了解市场，不知道创新金融产品的基本原则，对金融问题的解决束手无策，金融专业硕士的培养就不成功。金融专业硕士不能只会拉存款，只会喝酒。金融专业人才培养体制和观念必须调整。如果不进行改革，人才短板会越来越凸显。我认为，在金融人才培养上，也需要改革，需要创新，需要树立面向市场的人才理念。

如前所述，推进人民币国际化的条件已基本具备。我在有关背景材料里对印度、俄罗斯、日本、韩国推行本币自由化时的条件做了总结，对比这些条件可以看到，中国所具备的条件远远超过它们。它们其中的一些国家是危机来临时开始放松管制，开放市场。中国目前在资本项目下还有若干小项未放开。国际货币基金组织将资本账户细分为7大类11大项40个子项，目前中国基本可兑换项目有14个子项，占比35%，主要集中在信贷工具交易、直接投资、直接投资清盘等方面；部分可兑换项目有22个子项，占比55%，主要集中在债券市场交易、股票市场交易、房地产交易和个人资本交易四大类；不可兑换项目有4个子项，占比10%，主要是非居民参与国内货币市场、基金信托市场以及买卖衍生工具。按照国际货币基金组织的分类，这4个子项非常重要，它限制了国际间资本的自由流动。

由于中国的大国地位，可供中国金融改革借鉴的经验不多，可参考的对象主要是美国，可吸取教训的对象是日本。梳理美元国际化的进程，可以发现其对美国经济以及对美国金融体系的国际化所做的特殊贡献。以 1913 年美联储成立为标志，美元开始替代英镑，到 1916 年美元作为储备性货币的地位开始超过英镑，但是还不具有法定地位，1944 年布雷顿森林体系确立之后，才确认美元是全球的核心货币，这是美元成为国际性货币的关键点。美元本位制的形成，在相当长的一个时期，对战后全球经济、贸易的发展起了重要的促进作用。但随着全球经济结构的调整和经济力量的再平衡，原来以美元为核心的国际货币体系所暴露出来的问题也越来越多。2008 年的全球金融危机与国际货币体系结构有密切关系。所以，在金融危机之后的多次 G20 峰会上，一个重要的议题就是改革现行国际货币体系。大家都意识到这种货币体系结构有巨大风险。现行的国际货币体系结构使一个国家的经济和政策事实上绑架了全球。这就是潜在的风险。

胡锦涛主席在 G20 峰会上的四次演讲都提到三个问题：一是改革现行的国际货币体系。中国最高领导人提出这个议题背后实际上是想推进人民币的国际化，促进国际货币体系多元化结构的形成，给投资者提供更多的货币选择权。但是从实践看，人民币国际化没有我们想象的那么快，虽然最近披露已有 40 个国家的央行开始将人民币作为储备性货币，但因为人民币目前不可自由流动，所以储备性货币的性质是不完整的。实际上，2008 年全球金融危机为人民币走向国际舞台提供了历史性机遇。当主导性的货币出现某种信用危机的时候，新的国际性货币会更容易被接受。在美联储执行 QE 退出政策的背景下，人民币国际化的难度有所增加。二是贸易自由化。以前都是美国和欧洲谈贸易自由化，要求中国开放市场。而如今，中国在国际上积极主张贸易自由化。这意味着西方发达国家采取了一些措施阻挠全球贸易一体化的进程，破坏了贸易自由化的规则和精神。三是投资便利化。目前，中国的资本规模非常庞大，资本出现较大盈余，根据国家战略如何走出去，是一个现实问题。但由于国际间资本流动障碍较多，走向海外变成了一个难题。另外，投资方式也很重要，以中投为例，中投的主权财富基金身份到哪里去都会引起警惕，总让人觉得你有什么企图。所以如何使中国的包括民间资本、国家资本走出去，是投资便利化所要解决的问题。中国对外资的态度是积极的，各地吸引外资还有奖励、提成和优惠。外国则不同，他们通常都是警惕的。只有在金融危机这一特殊时期有些国家采取了一些优惠条件吸引外国投资，危机一旦过去又不欢迎了。到美国去投资除买国债外都非常难。

中国现在越来越开放，要抓紧机会完成第一个阶段即人民币可自由交易的改革，扩大人民币的流通范围，提升人民币的国际化地位。

国务院计划在 2020 年把上海建成国际金融中心，只有 6 年的时间了。人民币国际化需要国际金融中心作支撑。人民币可自由交易应在 2015 年前后完成，我认同这一主张。利率市场化和汇率市场化具有内在联系。应该在未来两年内完成。人民币的可自由交易，是人民币国际化的初级目标，更重要的是人民币成为国际性储备货币，储备份额在 20% 左右，与现在欧元的储备比例相近。从可自由交易到 20% 的储备比重既是中国金融国际化的过程，也是中国社会成熟的过程、中国社会法制化完善的过程、中国现代化的实现过程，应是我们长期的一个战略目标。

人民币的国际化特别是国际金融中心的形成，实际上对中国社会的现代化和民主法制建设具有重要的推动力。美元之所以能够受到国际认可，一个重要原因，就是美国社会软硬环境非常健全，包括法制环境、透明度、经济实力等。美元的国际地位与其整体的现代化程度密不可分。人民币国际化除了具有巨大的经济、金融效应外，更重要的可能还在于有利于推动中国社会的现代化、法制化和国际化。所以说，"长度"改革的意义特别重要。也可能因为这些原因，中国金融的"长度"改革即国际化改革比较谨慎。因为一国金融体系的开放和国际化影响面广，对经济的影响力巨大而深远。

除人民币国际化改革外，金融体系的开放也要继续推进。目前合格境外投资者（QFII）的规模非常小，对市场的影响力也较小，这与之前的设想有较大出入。现在市场出现了供求严重失衡问题，解决这一问题的思路是，既要考虑内部资金管理体制改革，也要从战略上考虑外部资金的进入。

中国资本市场估值偏低，很多外国投资者想进入中国资本市场。在不久前由中韩两国有关部门共同主办的亚洲金融论坛上，韩国的金融机构大都认为中国市场非常有吸引力，但就是不能进入。我们多年前也推出了QFII，但QFII有较高的门槛，这在一定程度上限制了外部资金的流入。QFII门槛要逐步降低，让外国资金能更便利地投资中国市场。

与允许外国资本投资中国资本市场相匹配，还有一个就是中国资本如何走出去。这涉及资本的双向流动。中国资本如何走出去，要符合国家整体战略，特别是中国的长远利益和国家经济安全。这是个大话题。

所以资本的双向开放是人民币国际化战略目标实现的重要机制，以人民币国际化战略为核心的中国金融"长度"改革，对中国经济的现代化和竞争力的提升具有重要的战略价值。

四、中国金融之"深度"改革

只有宽度和长度改革是不够的，水浅不能行载航空母舰。有了宽度、长度以及深度，那就是太平洋——可以承载航空母舰的浩渺无际的海洋。实际上，在我心目中，中国金融体系和金融市场就应该是浩渺无际的海洋，但是目前我们还没有达到。除了宽度和长度这两方面没有达到，深度也是不够的。中国金融体系深度不够的核心是市场化程度不够：价格垄断比较明显，金融产品的多样性不够，投资者配置资产的选择空间不大。在我看来，深度改革的核心是促进适度竞争、提高金融效率，主要内容是推进利率市场化，实现利润在实体经济和金融领域的平均化，消除歧视、打破垄断，允许新的具有巨大能量的战略竞争者推动金融的结构性改革。

我这里所说的战略竞争者并非传统意义上的民营资本。让民营资本发起设立几家民营商业银行并不属于这个范畴。对于目前已经批准的10家新的民营商业银行，如果不改变思维、不改变观念、不改变传统商业银行的运行结构和平台，增加几家民营商业银行对中国金融改革意义不大。它们能够对工商银行带来挑战吗？不太可能。如果不改变商业银行的传统理念，不改变传统商业银行的运行平台，我认为，50年之内不可能对工商银行有任何挑战，甚至对招商银行这样具有标志性意义的股份制商业银行也难以提出挑战。

　　要进行金融的结构性变革，思路不在于或者说重点不在于发起设立几家民营商业银行，最重要的是要改变传统金融体系的运行结构，使传统金融体系有一种整体竞争压力。现在传统金融最大的问题是，作为一个整体是没有压力的，虽然其内部是高度市场化的，金融体系内人才和业务的竞争也是比较充分的，但作为一个整体是没有挑战的。所以，金融业的利润非常丰厚：前五家国有（控股）商业银行2013年的利润超过9 000亿元，这9 000亿元利润超过了我们实体经济上市公司利润总和。上市金融企业的利润占到了我们所有上市公司利润60%以上。当丰厚利润存在的时候，传统金融体系难有改革的动力——因为没有生存压力，没有挑战者。这个体系能做的就是通过各种手段来固化其现有规则，向监管部门、政府说明当前的规则是最合理的，并且通过各种手段来固化它。从全社会看，从整个经济发展的角度来看这是有害的。面对传统金融体系，应当要有一个战略竞争者。事实上这个战略竞争就是互联网金融。从已有的实践来看，互联网金融的发展，可能是倒逼利率市场化和中国金融体系改革的重要力量。

　　互联网金融是最近一年来学界也包括社会最关注的热点之一。以前大家关注的是股票市场和房地产，现在股票已经慢慢不再成为人们谈论的热点了，而房价的涨跌仍然是人们关注的。与此同时，互联网金融开始被广泛关注，并取得了较快发展。互联网金融为什么能够取得如此蓬勃的发展？值得我们去研究和思考。

　　我们首先谈谈什么是互联网金融。

　　互联网金融有几个要素。第一，互联网是其运行平台。所有离开互联网平台的那些金融活动都不能称之为互联网金融。如果说仅仅是借助于网络和现代信息技术，其运行结构和平台不是互联网，就不能把它看成互联网金融。第二，从事的是金融六大功能之其一。所谓金融的六大功能是指：（1）支付清算；（2）资源配置，主要是指存贷款；（3）财富管理，也称之为风险管理；（4）资源储备或资源分割；（5）信息发布；（6）激励制度设计。如果金融这六大功能在互联网平台上有一个功能得以实现，那就是互联网金融。

从目前的实践看，中国的互联网金融有四个业务平台，或者说四条业务线：一是支付清算，这里最重要的是支付，代表性支付工具就是支付宝；二是基于互联网平台的财富管理，最具代表性的是余额宝；三是以互联网为平台，以大数据为风险甄别机制的信贷活动，这里最具代表性的是阿里小贷；四是信息发布、销售网络以及基于互联网平台的各类金融交易。这四条业务线是目前中国互联网金融的核心内容。它们统称为互联网金融。

最近 P2P 网络借贷平台频繁跑路出事，因而有人就说互联网金融有重大风险，存有重大问题。实际 P2P 网络借贷平台不是互联网金融。P2P 网络借贷平台是互联网金融和传统金融结合的产物，是城乡结合部的东西，它身上集合了传统金融落后的风险管理手段和互联网金融客户潜在的新的风险点，是两种金融业态风险的集合，展现出的风险是叠加风险。它在网上找客户，网下进行风险评估和对冲，既有客户的信用风险，又存在巨大的风险评估成本。当然，P2P 网络借贷平台在经济活动中还是具有相当重要作用的，它解决了部分小微企业融资难的问题，虽然这种融资方式成本很高。

互联网金融在成本控制方面有着得天独厚的优势，这也是它之所以存在的深层次的道理。如果没有成本控制优势，那么互联网金融也就没有什么市场价值。

互联网与商业在一起形成电商模式。电商之所以能给传统商业带来巨大的挑战甚至是颠覆性的影响，其一，因为成本优势；其二，电商克服了时间、空间上的约束；其三，解决了信息不对称性问题。电商模式具有成本优势，传统商业则成本太高，租用店面的固定成本以及人力成本占据了商品价格的大部分。而在电商模式下，这些成本都得以节省。电商还解决信息不对称性问题。在传统商业模式下，消费者承担着较高的时间成本、搜寻成本和固定费用成本，并且商家在商品的定价权上与消费者之间存在着严重的信息不对称，这也是传统商业模式最大的问题。相比之下，电商在这方面的问题大大减弱，它解决了传统商业在商品定价方面所存在的信息不对称性的问题。信息对称性是市场定价最重要的基础，没有信息对称性就没有合理定价，就难有公平交易，效率也会受到严重损害。互联网推动了竞争，垄断受到了一定的限制。电商还解决时空约束问题。在现时代，消费者把时间看得非常宝贵，电商大大节约了消费者的时间成本，并且通过发展物流业摆脱了时空束缚，给消费者带来了更多的便利。

除了极个别情况外，绝大部分商品都是可以标准化的。99%消费者选择的都是标准化的商品，这正是电子商务生存的逻辑，电子商务对传统商业进行颠覆性的影响也就有了必然性。20世纪八九十年代，年销售额超10亿元如北京的王府井百货大楼，被称作超级商场，现在电商仅"双十一"这一天的销售额就几百亿元，这就是互联网对传统产业带来的革命性影响。像王府井百货大楼这样当年非常辉煌著名的商场如果不转型也会成为展览馆、博物馆。互联网金融和传统金融的关系虽然没有这么严重，但有着类似的趋势。我们的传统金融无论是商业银行还是其他的金融机构如果认识不到这一点的话，迟早会被淘汰掉。互联网金融通过互联网技术使产品具有成本优势并进行标准化，解决了客户在时空和信息对称以及成本约束等发展中的重大障碍。

互联网金融为什么会有如此蓬勃的发展？除了前面所提到的几点即信息聚合、成本优势和无时空约束等原因外，更重要的原因是互联网技术和金融功能的高度耦合。如果金融功能的实现是以互联网为平台，效率就会有大幅度提升。没有互联网作为平台的金融，它是汽车，而由互联网去完成金融的功能，就已经不再是汽车而是飞机了。所以，相较于传统金融，互联网金融是一种金融的基因变革。

现实生活中，有些金融机构也会利用一些新技术，包括互联网去改变它的商业模式或营销手段，但是，如果其运行结构和核心理念没有发生重大变化，那只能是一种工具创新，就如同夏利车变成了奔驰车一样，是一种进步，但归根结底还是汽车，而不是飞机。在这里，互联网貌似是一种新工具、新技术，其实质是一种新观念、新精神。这个新观念、新精神是什么呢？一切因客户而变，满足客户的需求是互联网的核心理念，而这也是互联网金融的精髓。

传统金融的精神和观念是什么呢？一切为自己或者说为自己赚取更多

的利润。所以，传统金融会把管控风险放在特别重要的位置。管控风险本身是正确的，但当管控风险严重阻碍了技术的进步，严重损害了客户的效率，这种管控风险就值得反思。因为它把自身的安全和利益看得比客户的利益和服务还重要，本末倒置了。互联网金融则恰恰相反。它极为看重客户的需求，通过互联网思维来吸引客户，在最大限度保证客户财产安全的前提下，首先考虑的是如何给客户提供便利。相比之下，传统金融更在意事先的风险管控，对于客户是否方便则思考较少。商业银行给客户设定了很多门槛和准则，其产品的设计没有内在逻辑。如果商业银行有创新意识就一定会把定期和活期之间的逻辑关系理清楚。互联网金融不是，它的产品体系具有内在的逻辑关系，功能是一体化的。从余额宝到支付宝就体现了这种一体化的逻辑。另外，证券公司也是以自身方便为主。到证券公司开户必须本人到场。它的理由是为了保障客户的财产安全，而这实际上给客户带来很大不便。相比之下，互联网金融把传统金融存在一些问题都解决了。这里很重要的就是精神和理念。精神、理念不变，只是用一些互联网技术，这并不是互联网金融。这只是在传统金融的外壳穿了一件马甲而已，其灵魂深处并没有发生本质性的变化，充其量是金融互联网。

传统金融除了自己高高在上，一切以自己为主之外，另外一个特征就是为富人和大企业服务。商业银行的贷款要么给了大企业，要么给了富人。小微企业始终面临贷款难的困境。无论是商业银行还是证券公司，都非常乐意为富人服务。他们的理财是有门槛的，在超越这个门槛后，会有专人为你提供定制或非定制的财富管理服务。中国的金融机构大多都是为富人管理财富的机构，并不在乎大众的财富管理。对于中低收入阶层，储蓄或者理财产品有着时间的锁定期限，缺乏灵活性。传统金融提供的仅仅是理财，而不是服务。中低收入阶层将钱存入商业银行，商业银行当然欢迎，因为银行可以通过极低的成本吸收存款并且以较高的利率贷出，中低收入阶层由此成了银行利润的重要来源。传统金融之所以利润如此丰厚，与有广大中低收入阶层较低收益率的储蓄有关。互联网金融理财平台的出现，为中低收入阶层提供了极大的便利，其活期收益率远远高于银行储蓄利息。与此同时，消费可以通过互联网金融平台直接支付，其支付功能并没有由此受到任何影响，且非常方便。

互联网金融现在之所以受到传统金融体系的抵制，归根结底还是因为动了传统金融的奶酪。资金向互联网金融的转移使得商业银行的活期存款突然间急剧下降，进而导致其负债成本上升。商业银行本身的服务不能阻止资金向互联网金融的转移趋势，因此就利用其垄断地位，采取限额支付等措施加以限制，试图让这些通过互联网支付平台的支付回到网银支付体系中来。大家知道，相比第三方支付，网银支付十分麻烦，会产生大量的时间成本，其安全性并不比互联网支付体系好。商业银行的这些措施实际上是逼着客户回归到传统支付体系中。对于以商业银行为代表的传统金融，与其阻止别人进步倒不如改变自己，因为互联网金融代表的是未来，它体现了金融的普惠性原则。金融的基本原则或者说最高准则，就是普惠性。普惠性是指金融不能只是为大企业服务，不能只是为富人服务，它要为所有人服务。不管客户的出身背景、收入高低、资产多少，都应当在金融体系中获得他应该得到的适当的金融服务。过去，大概70%、80%的人被传统金融体系忽视掉了。互联网金融恰好为这些被忽视的人群提供了适当的金融服务，这是值得提倡而不是阻挠的。在实际生活中，通过互联网金融的支付一般都是小额支付，主体是年轻人。大额支付还是通过商业银行来实现的。

关于互联网金融的财富管理。互联网金融的财富管理本身并没有动传统金融的奶酪，只是把传统金融的一部分资源拿走了。尽管传统金融也有各种"宝"，但是它们仅仅是穿了马甲的模仿，互联网金融的"宝"和传统金融的"宝"的出发点是不一样的。互联网金融的"宝"如余额宝，最主要是为支付提供服务的，是支付的资金池，是为了支付便捷而进行的创新，核心还在支付。相比之下，传统金融的各种"宝"纯粹是为赚钱的"宝"，纯粹是为了把客户拉回来的"宝"，被拉回来的那一部分客户纯粹是为了6%的收益率，那些为了支付方便的余额宝用户是不可能被拉回来的。由此可见，商业银行的"宝"们的目的依然是拉客户、占资源，而不是提升金融服务。

互联网金融由于实现金融的普惠性原则而受到了大家的欢迎，同时，互联网金融的发展将使中国金融体系的服务结构更加清晰，推动着中国金融体系的专业化分工。银行为大企业服务没问题，为富人客户提供理财服务也没有问题，这属于他们的市场。他们长期忽视的部分正是互联网金融的目标对象。中低收入阶层和年轻人属于互联网金融的市场。实际上，互联网金融与传统金融可以相互分工、相互发展、相互协调、相互促进。

最后说说互联网金融的监管。如何监管互联网金融是个大课题。之前，不少人提出要加强对互联网金融的监管，这当然没错。但是，互联网金融监管标准在哪里？没有标准何来监管？当务之急是研究互联网金融，了解它，熟悉它，分析它的风险特点、风险结构，以此来确定监管标准，再开始监管，完善监管。现在有些人提出的加强监管有其潜在逻辑。潜在逻辑就是根据现有金融监管标准去监管，这就有问题了。互联网金融是一种新的金融业态，无论是根据信托的标准、证券公司的标准还是根据商业银行的标准进行监管都可能不完全合适。当前，互联网金融的监管更多的是参照商业银行监管标准。通常，一个新生事物的出现会让人想当然以为它是异物。新生事物在最初的时候，由于它突破了人们原有的思维，人们会以为那是个怪东西，一开始都会排斥它。但随着时间的推移，人们会发现它实际上是代表未来的，互联网金融就是个典型。当然，这里还必须提出对互联网金融的监管。监管标准制定之前，必须研究它的风险特点，才能得出它的监管标准。金融领域的任何一个准则，任何一个标准都是用来对冲特定风险的，监管标准不会无缘无故地设定，它的设定一定是要保证相应金融活动的安全，所以金融监管标准的设定最重要是要对冲特定潜在风险。对商业银行而言，存款准备金、核心资本充足率、存款保险制度、存贷比限制等，是商业银行监管的基本标准，每个标准都是针对特定金融风险的。这个逻辑是清楚的，也是可以用来研究互联网金融的监管标准的。所以，研究互联网金融的特定风险是制定监管标准的前提。

去年，我和人民大学的几位教授组成了一个研究团队，开始研究互联网金融。首先要研究互联网金融的逻辑基础和理论结构。互联网金融作为一种新的金融业态，研究其存在的逻辑是至关重要的。商业银行有商业银行的理论基础，资本市场有资本市场的理论基础，相应地，互联网金融也有自己的理论基础。我把商业银行看成第一金融业态，资本市场是第二金融业态，互联网金融是第三金融业态，这是我第一次做的划分。根据以上的划分，我们可以很明确地看到，现有的金融监管标准不能完全适用于互联网金融，因为它是第三金融业态。它与第二金融业态资本市场更加接近，它们之间重合度可能更高一些。它与第一金融业态基因的重合度要小一些，它们的基因交集在减少。我们试着从信息经济学、新的产业组织理论和金融功能理论等角度去寻找互联网金融的存在逻辑和理论基础。

但是，我们当时还意识不到互联网金融的风险结构是什么，这个我们还得慢慢讨论，找到它的风险源，分析它的风险类型。通过研究，我们初步认为，互联网金融有两大风险与传统金融是相类似的。首先是技术风险，比如盗取密码、黑客攻击等。但是，不要以黑客攻击、盗取密码来否定互联网金融，因为网银以及各种银行卡的密码也可能被盗取。仅此不足以否定互联网金融。我们不要夸大它的技术风险，技术风险是存在的，因为技术还没到一个完美无缺的地步。其次，它也存在信用风险，我们大多数人对信用的理解存在潜规则，即收入高的、地位高的、资产多的人，一般都认为是有信用的，这可能也符合大数定律。但在实践中，有时也不尽然。如何鉴别一个人的信用呢？仅靠刚才所说的那些硬条件是难以有说服力的。信用是人的行为轨迹，要通过行为判断其信用，不要看其外在的东西，因为外在东西有时候并不完全符合他内在的行为特征。这时，我们需要大数据去加以验证。大数据能够在撇开了人的身份、资产和收入的前提下观察判断人的行为，它只关注人的行为特征。大数据将信用的内涵进行了重新梳理和调整，把识别风险的技术做了调整，所以才会有阿里小贷的产生。大数据中如果客户根本不存在问题，甚至在不认识的情况下，在没有任何抵押、没有任何担保的条件下，也可以作小额借贷。

针对互联网金融特点，有两类风险可能很重要。一是透明度风险，尤其是理财产品的后端和前端的衔接，这是需要注意的，因为这涉及理财产品的结构化是否具有足够的流动性。透明度可能是互联网金融非常重要的一个监管准则，这与资本市场监管准则高度一致。只不过资本市场透明度主要是针对上市公司的信息披露的，而互联网金融的透明度则主要是对互联网金融的结构化产品的。二是互联网金融发起人的资质风险。互联网金融毕竟是一个"二次脱媒"的金融业态，因此需要对互联网金融的发起人或实际控制人进行资质评估，这在中国当前的社会环境下更加需要认真考虑。

我们需要制定一个与互联网金融业态相适应，与互联网金融风险相匹配的监管标准。这样，才能在监管标准制定出来之后既能够有效监管互联网金融可能存在的风险，又能够推动互联网金融的发展，从而使中国金融体系向结构化、相互分工、相互协调、效率不断提升的方向发展，各自找到各自的生存空间，谁也不会消灭谁。互联网金融在功能上不可能全部覆盖现有的金融功能，从而也难以覆盖现有金融体系。传统金融要敞开胸怀，迎接挑战，改造自身，成就未来。传统金融不能因为互联网金融规模相对较小就忽视其存在。要知道，任何新生的力量都是慢慢由小到大，由弱到强的。所以，以开放宽容的态度来推动互联网金融的发展，对于市场多方都是有益的，实现共赢是我们共同追求的目标。

互联网金融的理论逻辑

——在"第十八届（2014年度）中国资本市场论坛"上的演讲

【作者题记】

这是作者2014年1月11日在"第十八届（2014年度）中国资本市场论坛"上的主题演讲。本次论坛的主题是"互联网与金融变革"。

本届论坛的主题是"互联网与金融变革"。互联网金融的确是 2013 年最火热的一个词。2013 年，中国金融体系对内、对外改革开放的步伐明显加快，自贸区内金融全方位的市场化改革，允许民营资本参与商业银行的发起和设立，利率市场化的启动，股票发行制度向注册制方向的改革，互联网金融的蓄势而发等，是这一年金融变革的重要标志。

金融市场化改革的趋向，影响着人们对诸多问题的思考。事实上，中国的金融改革从 1983 年人民银行成立之后就开始启动了，但是，全方位的战略性改革从 2013 年开始启动。而改革开始之后，就有很多理论问题需要思考。中国金融体系需要"三维度"改革：一是通过资本市场的发展推进金融体系的"宽度"改革；二是通过改革和国际化推动金融体系的"长度"改革；三是以打破行业垄断、促进适度竞争、提高金融效率为目的的"深度"改革。互联网金融是对中国金融的"深度"改革，即打破垄断、形成适度的竞争结构，具有重要的牵引作用，它可能是推动中国金融体系结构性变革的战略力量。打破垄断，只靠民营资本设立新的金融机构是远远不够的，它或许只是中国金融体系的有益补充，对中国金融体系的重大变革是不起决定性作用的。推动中国金融体系进行战略性改革的力量，除了利率市场化以外，只有互联网。我们需要从战略性的高度认识互联网金融对中国金融改革的重大意义。

基于这个原因，我曾经试图邀请对互联网金融有深刻理解或研究的几位重要人物，和他们交流一下，包括马云、马化腾、马蔚华、谢平、杨凯生等。实际上，互联网对金融的冲击点主要是商业银行，商业银行具有广阔的利润空间，是互联网最具发展潜力的地方。经过我努力的邀请，他们有的来了，有的因故未来。

互联网金融发展具有自身的逻辑。一种新的金融业态的成长一定要富有逻辑，没有逻辑的话不可能长成大树。而逻辑的存在需要肥沃的土壤、充足的阳光，甚至还要蓝天白云，充满"雾霾"的环境是不行的。中国的资本市场发展经历了 20 多年，但是我发现资本市场在中国发展很艰难。为什么呢？因为中国资本市场的"天空"不是"蓝天"，而是"雾霾"重重。在发展中国资本市场方面，我从一个乐观派逐渐变成一个忧虑派，因为中国的文化传统、金融意识、财富观念、信用基础、法律体系、制度环境等都从深层次制约着中国资本市场的发展，而不是在推动着中国资本市场的发展。

互联网金融在中国会不会是一个处在"雾霾"中的互联网金融呢？我想可能不会，因为互联网金融在中国有深厚的逻辑基础。当然，互联网金融对所有人来说都是一个全新的课题、一个不太熟悉的领域。研究互联网金融，应当了解互联网是如何推动社会进步的，了解互联网如何再造一个网上的社会结构，了解互联网是如何改变人们的消费习惯，了解互联网如何颠覆传统的商业模式，这是研究互联网金融的知识前提。要研究互联网金融，就必须从历史的长河中了解互联网为什么会有如此强大的能量，为什么会重构社会组织形态，为什么可以颠覆如商业这样的传统的产业帝国。互联网必有它的过人之处，互联网金融也必有它生存和发展的逻辑所在。我们不仅要研究成熟国家比如美国的互联网金融的历史经验，更重要的是，我们要结合中国的文化传统、金融意识、财富观念、信用基础、法律体系、制度环境、政策取向等来研究中国的互联网金融的生态。

要研究互联网金融，以下几个重点似应思考。

第一，互联网金融独特的运行结构。在运行结构方面，我认为互联网金融和现行金融是完全不同的。如果互联网金融只是在传统金融上做了一些技术改造，那么，也只能称之为一种创新，而不能称之为革命。互联网金融实际上是"基因"式的革命，它和现行的金融所做的事情可能一样，但它们在"基因"上是不同的。就像玻璃和水晶在外观上相似一样的，其实内在结构是不同的。它们赖以存在的运行平台完全不同，所以它们的运行结构也是不同的。

在此基础上，一个新的概念被引发出来。现在很多商业银行也借助了包括互联网在内的现代信息技术来改造自身，这是不是互联网金融呢？我认为它不是。因为其运行平台仍然是传统平台，包括互联网在内的这些信息技术只是作为完善传统商业银行运行过程的一种工具，其基因没有变化，盈利模式没有变化，观念没有变化，理论基础也没有变化。所以，我认为，在传统平台基础上引进某些新技术，只是手臂的延长而已，当然这也是一种巨大的进步。如果构建新的平台来完成现代金融的支付和投融资活动，我认为其基因就开始发生了变化，这可以称之为"互联网金融"。所以，我创造了一个词叫"金融互联网"，是相对于"互联网金融"而言的。有些专家不同意我的看法，他们认为，"金融互联网"与"互联网金融"是没有差别的。而我为什么强调这个差别呢？是因为现行金融如果在运行结构上不变，只是添加了一个在线系统，是不能称为互联网金融的。现行金融借助包括互联网在内的信息技术进行技术创新，当然是巨大进步，但基因似乎未变。就好比夏利车变成奔驰车仍然是汽车一样；而如果以互联网平台构建新的金融功能，包括财富管理、信贷、支付等，那就好比汽车变成了飞机——它们在基因上是不同的。所以，我们必须研究互联网金融的运行结构。

第二，要研究互联网金融的理论结构。互联网金融的理论结构与传统金融的理论结构有交叉的部分，但绝对不是传统金融理论的复制或翻版。互联网金融的理论结构除了与传统金融理论有相同的部分外，更为重要的是它的不同之处。比如互联网金融基于信息的对称性理论所构建的理论结构。互联网金融和现代金融如果有一个巨大的差别的话，那就是互联网金融进一步解决了信息的不对称性问题。因为从理论上说，传统金融（比如商业银行）从信息角度来看，存在着严重的不对称性，就如同传统的商业对消费者来说，存在着严重的信息不对称一样。比如，一个消费者到市场上买一件价值100元的商品，个别卖家可能会要价2 000元，而另一处的商店只需要200元。由于消费者不知道这个信息，他可能会花2 000元购买这个价值100元的商品。在电商模式中，就不存在这个问题。因为电商解决了信息不对称性问题，解决了时空约束的问题，它给予消费者充分的信息知情权和消费选择权。互联网使金融活动在商业银行的基础上，开始向信息的对称性方向前进了一大步，使信息基本上接近于对称。

互联网金融也在资本市场的基础上，进一步解决了信息的对称性问题，极大地改善了市场透明度。信息的对称性是合理定价的前提，而在信息不对称的条件下，定价是扭曲的，是损害效率的。所以，从这个意义上，互联网金融对传统金融来说实际上是"二次脱媒"。"二次脱媒"是互联网金融的重要特征，也是推动金融变革的重要力量，是金融的巨大进步。由于互联网金融解决了经济学中最难的问题——信息不对称性问题，所以它具备了解决金融面临的最难问题的技术性手段。金融最核心的问题是什么？是风险。在不同的金融结构下，风险的类型和形态不一样。比如，虽然商业银行面临着三种风险，但是最基础的风险仍然是信用风险。银行发放贷款之后，最担心的是借款人是否违约，是否能如期还贷。而在资本市场中，透明度则是最大的风险。对于这两种风险，如果一种新的金融业态对于风险的识别和解决有了进一步的提升，那么它在制度设计上就是一种巨大的进步。

因为互联网金融对信息流进行了整合，从而形成了一个大数据的时代。大数据时代蕴含了一个重大命题：大数据会衍生出新的金融中介，大数据是所有交易主体行为的表现。互联网金融通过大数据的挖掘，可以解决无论是商业银行，还是资本市场所面临的共同难题，就是信用风险和透明度风险，对商业银行信用风险的识别尤为重要。目前，商业银行对信用风险的识别，主要看借款人的财务报表、收入水平、资产状况、信用记录等。这些识别机制没有问题，但是它有一个潜在的逻辑，就是富人大体上具有良好的信用，穷人大体上具有不好的信用。所以，在现实生活中有钱人借钱很容易，中低水平人群借钱很难。现实经济生活中，信用的好坏，与收入高低并不一定是线性关系。有一些很小的企业、一些收入不高的人，他们的信用可能也是很好的，富人赖账的也不少。可是我们用什么技术手段甄别他们信用的好坏呢？大数据。为什么阿里小贷根本没有见过借款人，就敢发放贷款呢？因为它通过频繁的交易，去识别信用。互联网金融理论结构中还有"二次脱媒"理论、金融中介理论，互联网金融的发展可能产生新的金融中介——基于大数据平台的金融中介。

第三，要研究互联网金融的商业模式。金融和商业有一个共同点，即都是服务业，只不过金融服务业更高端一点。它们还有一个共同点，就是大多数产品可以标准化，这是互联网金融可以生存和发展的重要条件。由于互联网金融可以将金融产品成规模地标准化，所以它解决了经济活动中的一个重要问题：成本。产品的标准化和规模化可以使金融活动成本大幅降低，实际上，无论是消费市场还是投资市场，大多数消费者或投资者只需要标准化的服务。由于成本约束，他们不需要定制服务。互联网金融由于更易将金融产品标准化，其成本大幅度下降，从而使大多数人能够接受标准化的金融服务。在现行的金融结构下，有些人不需要定制式金融服务，因为受到成本和价格的约束。余额宝的出现延长了资产管理的客户端，原来资产管理是富人的事，比如私人银行只服务于资产规模达到一定数量级的高端客户，而余额宝则可以服务于收入较低的这些多数人。余额宝的商业模式是非常成功的。当然，互联网金融在定制服务方面没有优势，没有吸引力。亿万富翁很少参与互联网金融的资产管理。所以，互联网金融是大众金融、普惠金融，而金融正好需要更多地为大众服务，不能只为高端客户服务。

第四，我们要研究互联网金融的风险特点。互联网金融需要有一个道德底线和风险底线，那就是保证资金持有人或委托人财产的安全。互联网金融不能成为传统意义上的非法集资平台，不能沦落为庞氏骗局。

互联网金融客观上存在替代边界，它显然不能包打天下。金融具有六项基本功能：（1）跨期、跨区域、跨行业的资源配置；（2）提供支付、清算和结算；（3）提供管理风险的方法和机制；（4）提供价格信息；（5）储备资源和所有权分割；（6）创造激励机制。在这六大功能中，互联网金融至少可以改善前四个功能，对后两个功能亦有正向促进作用。互联网与金融在基因上是耦合的。金融领域的利润空间非常大——工商银行、农业银行、中国银行和建设银行四家商业银行的利润已经超过中国所有实体经济利润的总和。基于如此庞大的利润，在金融领域做标准化产品一定会有巨大发展空间，互联网金融一定会比互联网在传统商业领域发展得更加绚丽。当然，要看到，有很多领域互联网金融难以进入，比如需要定制和个性化特征的功能领域。传统金融如商业银行仍有相对大的发展空间，它具有客户优势、定制优势以及感知优势。在中国金融文化的背景下，很多人偏好于传统商业银行，尤其是老一辈人，他们不愿意参与到互联网金融当中。这与商业银行良好的信誉，严格的风险管控等相关。

互联网金融和现代金融是相互促进、相互竞争的关系，而不是你死我活的关系。但是，由于互联网金融的介入，中国金融的业态和结构一定会发生翻天覆地的变化，我们不能忽视这种即将到来的巨大变革。与此同时，互联网金融监管标准的制定需要新的视角。如果用监管传统商业银行的标准来监管互联网金融，那么，互联网金融永远都不可能发展起来。所以，根据互联网金融的运行结构、商业模式和风险特点，制定一个适合互联网金融成长和发展、同时又能保证人们财产安全的监管标准是非常迫切的。

附录 《中国资本市场的理论逻辑》其他各卷目录

第一卷"吴晓求论文集"目录

发达而透明的资本市场是现代金融的基石

  ——《证券投资学（第五版）》导论

现代金融体系：基本特征与功能结构

  ——《中国人民大学学报》2020 年第 1 期

改革开放四十年：中国金融的变革与发展

  ——《经济理论与经济管理》2018 年第 11 期

发展中国债券市场需要重点思考的几个问题

  ——《财贸经济》2018 年第 3 期

中国金融监管改革：逻辑与选择

  ——《财贸经济》2017 年第 7 期

股市危机：逻辑结构与多因素分析

  ——《财经智库》2016 年 5 月第 1 卷第 3 期

大国金融中的中国资本市场

  ——《金融论坛》2015 年第 5 期

互联网金融：成长的逻辑

  ——《财贸经济》2015 年第 2 期

金融理论的发展及其演变

　　——《中国人民大学学报》2014 年第 4 期

中国金融的深度变革与互联网金融

　　——《财贸经济》2014 年第 1 期

中国资本市场：从制度和规则角度的分析

　　——《财贸经济》2013 年第 1 期

经济成长、金融结构变革与证券公司的未来发展

　　——《财贸经济》2012 年第 3 期

中国资本市场未来 10 年发展的战略目标与政策重心

　　——《中国人民大学学报》2012 年第 3 期

关于发展我国金融硕士专业学位研究生教育的若干思考

　　——《学位与研究生教育》2012 年第 1 期

中国创业板市场：现状与未来

　　——《财贸经济》2011 年第 4 期

中国构建国际金融中心的基本路径分析

　　——《金融研究》2010 年第 8 期

大国经济的可持续性与大国金融模式

　　——《中国人民大学学报》2010 年第 3 期

关于金融危机的十个问题

　　——《经济理论与经济管理》2009 第 1 期

全球视野下的中国资本市场：跨越式发展与政策转型

　　——《财贸经济》2008 年第 4 期

对当前中国资本市场的若干思考

　　——《经济理论与经济管理》2007 年第 9 期

中国资本市场的战略目标与战略转型

　　——《财贸经济》2007 年第 5 期

附录　《中国资本市场的理论逻辑》其他各卷目录

后记

第二卷"吴晓求评论集"目录

奋力抵达中国资本市场的彼岸

注册制与科创板：开启中国资本市场新未来

中国金融业未来发展趋势分析

结构性改革：中国金融崛起的必经之路

中国金融风险结构正在发生悄然变化

现代经济体系的五大构成元素

金融业发展与人才培养

发审制损害了公平

关于金融风险的几点思考

不能因有风险就停止金融创新

亟须重视股票市场的财富管理功能

建立投资者适当性制度体系

大国经济与大国金融

互联网让金融体系"深"起来

建立战略新兴产业板　完善多层次资本市场

互联网金融：金融改革的战略推动者

中国经济世纪增长与金融模式的选择

如何推进中国金融体系的结构性改革

关于中国资本市场制度变革和重点问题的思考

可转债是"攻守兼备"的金融产品

理念错位误导了中国资本市场

中国资本市场近期若干改革措施分析

中国金融改革与资本市场发展

改善资本市场政策环境　推动增量资金入市

从全面紧缩转向结构性宽松

宏观经济的远虑与近忧

大国经济需要大国金融战略

中国资本市场的六大作用与五大发展背景

曲折前行二十年，扬帆已过万重山

  ——写在中国资本市场 20 周年之际

中国经济正在寻找结构均衡的增长模式

构建中国现代金融体系的基石

大国经济与人才培养

资本市场：中国金融崛起之关键

金融高杠杆：何去何从？

8% 的增长目标不轻松

关于当前股市的若干看法

全球金融危机与中国金融改革

金融改革没有回头路

关于全球金融危机产生原因的十个问题

大危机之后的大战略

如何认识当前的资本市场

资本市场，在困难和曲折中前行

维持资本市场的稳定发展是当前宏观经济政策的重要目标

控制通胀不能损害经济增长

中国资本市场论坛 12 年

资本市场，中国经济金融化的平台

历史视角：国际金融中心迁移的轨迹

明确政策预期是稳定当前市场的关键

抓住机遇　实现跨越式发展

  ——中国资本市场发展的战略思考

政策助力资本市场根本性变革

附录Ⅰ　成思危先生与中国资本市场论坛的不解之缘
　　　　——深切怀念成思危先生
附录Ⅱ　《中国资本市场的理论逻辑》其他各卷目录
后记

第三卷"吴晓求演讲集"（Ⅰ）目录

2020 年的演讲

似乎听到了全球金融危机的脚步声

　　　　——新冠病毒疫情期间网络公开课的讲座

中国金融开放：历史、现状与未来路径

　　　　——在"第二十四届（2020 年度）中国资本市场论坛"上的主题演讲

2019 年的演讲

2020 年稳定中国经济的"锚"在哪里

　　　　——在"2019 中国企业改革发展峰会暨成果发布会"上的演讲

区块链的核心价值是数字经济的确权

　　　　——在"北京中关村区块链与数字经济高峰论坛"上的主题演讲

背离竞争中性　资源配置效率就会下降

　　　　——在"2019（第十八届）中国企业领袖年会"上的闭幕演讲

进一步提升对社会主义市场经济本质的认识

　　　　——在"中国宏观经济论坛（2019—2020）"上的演讲

发展中国资本市场必须走出四个误区

　　　　——在"预见 2020·中国资本市场高峰论坛"上的演讲

世界一流大学与国家的发展

　　　　——在"中国教育发展战略学会高等教育专业委员会 2019 年年会"上的
　　　　　　主题演讲

如何发展好中国的资本市场
　　——在清华大学五道口金融学院的演讲
金融的普惠性重点在"普"不在"惠"
　　——在"2019 中国普惠金融国际论坛"上的开幕演讲
中国从贫穷到小康的经验
　　——在津巴布韦大学的演讲
这个时代更需要敢想、敢干、敢闯的改革者和实干家
　　——在中国驻埃及机构的演讲
尊重经济学常识，把握金融发展规律
　　——在"中国人民大学财政金融学院 2019 级研究生
　　新生第一堂课"上的演讲
忧虑与期待
　　——在"共享社会价值"论坛上的演讲
金融理论研究为什么重要
　　——在"2019 年广州金融发展定位与服务实体经济理论务虚会"上的
　　演讲
中国金融的历史机遇
　　——在"普惠金融乡村振兴大会"上的演讲
中国金融的变革与战略目标
　　——在中央国家机关司局级干部专题研修班上的学术讲座
继续坚持改革开放，是解决一切问题的总钥匙
　　——在"全媒体时代的智库建设与战略传播"论坛上的主题演讲
从改革、创新和技术突破理解金融供给侧结构性改革
　　——在"货币金融圆桌会议·2019 春暨金融供给侧结构性改革
　　闭门研讨会"上的演讲
中国经济稳定增长的重要因素
　　——在"2019 年国际货币基金组织（IMF）
　　《亚太区域经济展望报告》发布会"上的演讲

中国有能力跨越中等收入陷阱

    ——在"第十一届（2019）中国商界木兰年会"上的演讲

海南自贸区（港）建设需要进一步解放思想

    ——在"首届（2019）博鳌基金论坛"上的演讲

幸福的人眼神都是慈祥的

    ——在"2019 博鳌新浪财经之夜"上的演讲

金融监管要重视金融发展规律

    ——在北京大学国家发展研究院"朗润·格政"论坛上的演讲（摘要）

2018 年的演讲

中美贸易摩擦下的中欧关系

    ——在意大利博洛尼亚大学的演讲

中国金融 40 年：回归金融的常识与逻辑

    ——在"对话人大名教授之改革开放 40 周年"上的演讲

中国如何构建现代金融体系

    ——在"厦门大学南强学术讲座"上的演讲

正确理解金融与实体经济的关系

    ——在"第十届中国虚拟经济论坛"上的演讲

改革开放 40 年：中国经济发展的经验及与金融的关系

    ——在第二届"赣江金融论坛"上的演讲

1978：不可忘却的岁月

    ——在"江西财经大学复校 40 周年"上的致辞演讲

正确看待近期金融市场的波动

    ——在"《中国绿色金融发展研究报告 2018》新书发布会"上的演讲

改革开放 40 年：中国金融的变革与发展

    ——在"中国人民大学金融学科第二届年会"上的主题演讲

中国金融未来趋势

    ——在"2018 年中国银行保险业国际高峰论坛"上的演讲

如何做好学术研究，如何认识中国金融

　　——在"中国人民大学财政金融学院 2018 级研究生新生第一课"上的

　　演讲

中国资本市场的问题根源究竟在哪里

　　——在复旦大学管理学院"第四届校友上市公司领袖峰会"上的演讲

　　（摘要）

中国资本市场如何才能健康稳定发展

　　——在"央视财经中国经济大讲堂"上的演讲（摘要）

货币政策尽力了　财政政策可以做得更好一些

　　——在新浪财经"重塑内生动力——2018 上市公司

　　论坛"上的主题演讲

中国金融改革与开放：历史与未来

　　——在"2018 国际货币论坛开幕式暨

　　《人民币国际化报告》发布会"上的演讲

我不太理解最近这种近乎"运动式"的金融监管

　　——在"金融改革发展与现代金融体系"研讨会上的演讲

愿你们保持身心的健康和精神的富足

　　——在 2018 届中国人民大学教育学院学位授予仪式

　　暨毕业典礼上的演讲

坚守人生的底线

　　——在"中国人民大学财政金融学院毕业典礼"上的演讲

在改革开放中管控好金融风险

　　——在博鳌亚洲论坛"实体经济与金融力量"思客会上的演讲

中国金融发展需要理清的四个问题

　　——在"中国新供给经济学 50 人论坛"上的演讲

新时代的大国金融战略

　　——在东南卫视《中国正在说》栏目上的演讲

新时期中国资本市场的改革重点和发展目标

　　——在"第二十二届（2018 年度）中国资本市场论坛"上的主题演讲

创新引领中国金融的未来

　　——在"第二届环球人物金融科技领军人物榜发布盛典"上的演讲

附录　《中国资本市场的理论逻辑》其他各卷目录

后记

第五卷"吴晓求演讲集"（Ⅲ）目录

2013 年的演讲

中国金融变革与互联网金融

　　——在上海交通大学的演讲

中国金融体系的缺陷与改革重点

　　——在韩国首尔国际金融论坛上的演讲

中国资本市场：何去何从？

　　——在凤凰卫视《世纪大讲堂》上的演讲

中国资本市场改革的重点

　　——在"第十七届（2013 年度）中国资本市场论坛"上的演讲

2012 年的演讲

金融业是现代经济的核心而非依附

　　——在"搜狐金融德胜论坛——银行家年会"上的演讲（摘要）

2011 年的演讲

中国资本市场未来发展的战略思考

　　——在"中国高新技术论坛"上的主题演讲

关于我国金融专业学位（金融硕士）培养的若干思考

　　——在"全国金融专业学位研究生教育指导委员会"上的主题演讲

中国创业板市场：现状与未来

  ——在"第十五届（2011 年度）中国资本市场论坛"上的主题演讲

2010 年的演讲

中国资本市场二十年

  ——在凤凰卫视《世纪大讲堂》上的演讲

中国创业板的隐忧与希望

  ——在深圳"中国国际高新技术成果交易会"上的演讲

全球金融变革中的中国金融与资本市场

  ——在"中组部司局级干部选学班"上的学术讲座

2009 年的演讲

金融危机正在改变世界

  ——在"第十三届（2009 年度）中国资本市场论坛"上的演讲

2008 年的演讲

金融危机及其对中国的影响

  ——在"广州讲坛"的演讲

当前宏观经济形势与宏观经济政策

  ——在清华大学世界与中国经济研究中心举行的"宏观经济形势"

  论坛上的演讲

宏观经济、金融改革与资本市场

  ——在江西省鹰潭市领导干部学习会上的学术报告

全球视野下的中国资本市场

  ——在"第十二届（2008 年度）中国资本市场论坛"上的主题演讲

2007 年的演讲

股权分置改革的制度效应

  ——在"中国虚拟经济研讨会"上的主题演讲（摘要）

资本市场发展与上市银行发展战略

  ——在北京银行年中工作会上的演讲

股权分置改革：中国资本市场发展的新坐标

    ——2007 年在一个内部会议上的发言

战略转型是中国资本市场面临的重要任务

    ——在"第十一届（2007 年度）中国资本市场论坛"上的主题演讲

附录　《中国资本市场的理论逻辑》其他各卷目录

后记

第六卷"吴晓求访谈集"目录

2020 年的访谈

投资的真谛

    ——《观视频》记者的访谈

市场现在不要有过度悲观的预期

    ——《网易财经》记者访谈

30 年了，我们对资本市场的理解仍很肤浅

    ——《第一财经》记者的访谈

2019 年的访谈

如何理解中国资本市场的发展和变化

    ——《新京报》记者的访谈

中国不会出现全面性金融危机

    ——《经济》杂志、经济网和《搜狐财经》记者的访谈

金融改革与普惠性金融

    ——《经济参考报》记者的访谈

中国智慧与经验是对人类文明的重要贡献

    ——与亚欧基金总干事卡斯顿·沃奈克先生的对话（摘要）

中国资本市场正在寻找正确的发展方向

    ——《新京报》记者的访谈

2019，回归金融的常识与逻辑

    ——《金融时报》记者的访谈

2018 年的访谈

金融监管的核心功能不是消灭风险而是衰减风险

    ——《中国新闻周刊》记者的访谈

资本市场的发展需要观念的变革

    ——《中国金融家》记者的访谈

中国金融不要当巨婴

    ——《环球人物》记者的访谈

如何构建与全球性大国相匹配的现代金融

    ——《社会科学报》记者的访谈

2017 年的访谈

维持市场的透明度是监管者的首要责任

    ——在"2017 央视财经论坛"上的对话与访谈

人民大学是我灵魂的归处

    ——《中国金融家》记者的访谈

国际贸易中遵守共同规则十分重要

    ——《中国财富网》记者的访谈

未来金融监管改革可趋向"双峰管理"

    ——《上海证券报》记者的访谈

金融风险与金融监管改革

    ——《凤凰财经》记者的访谈

2017 年资本市场何去何从？

    ——中央电视台《市场分析室》记者的访谈

2016 年的访谈

险资举牌与市场监管

  ——《金融界》记者的访谈

互联网金融的核心是支付革命

  ——《新华网思客》记者的访谈

大国金融需要信用和透明度支撑

  ——《经济日报》记者的访谈

功利化的股市会变形

  ——在 2016 年博鳌亚洲论坛资本市场分论坛上与王波明先生的对话

2015 年的访谈

股市最黑暗时期已过去，不吸取教训会再犯错误

  ——与清华大学李稻葵教授的对话

这是第一次真正的危机

  ——《南风窗》记者的访谈

股市危机不应耽误改革，建议维稳资金划归社保

  ——《第一财经日报》记者的访谈

跟风炒股必死无疑

  ——《环球人物》记者的访谈

亚投行对韩国不会带来负面作用

  ——韩国《亚洲经济》记者的访谈

2014 年的访谈

P2P 模式不了解客户，跑路是必然

  ——《搜狐财经》记者的访谈

文章千古事，一点一滴一昆仑

  ——《鹰潭日报》记者的访谈

经济学研究需要"童子功"

  ——《经济》记者的访谈

中国金融的深度变革与互联网金融

　　——《金融时报》记者的访谈

2013 年的访谈

稳定市场、提高投资者信心仍是当前政策的重点

　　——《北京日报》记者的访谈

2012 年的访谈

求解中国股市危局，探寻资本市场曙光

　　——《新华网》记者的访谈

对三任证监会主席的评价

　　——《南方人物周刊》记者的访谈

中国银行业需要结构性改革

　　——《凤凰卫视·新闻今日谈》栏目阮次山先生的访谈

"活熊取胆"一类企业上市没有价值

　　——《证券日报》记者的访谈

2011 年的访谈

要强化资本市场投资功能而非融资功能

　　——《深圳特区报》记者的访谈

中国资本市场对美债信用下调反应过度

　　——《搜狐财经》记者的访谈

如何看待美债危机

　　——《人民网·强国论坛》上与网友的对话

中国金融崛起的标志与障碍

　　——《华夏时报》记者的访谈

政策的转向把股市吓住了？

　　——《英才》记者的访谈

2010 年的访谈

资本市场做 QE2 池子应有前提

　　——《华夏时报》记者的访谈

关于当前资本市场若干热点

——《人民网》记者的访谈

五大因素导致 A 股持续调整

——《新华网》记者的访谈

人民币如何推进国际化

——《经理人杂志》记者的访谈

对资本市场研究情有独钟的经济学家

——《经济杂志》记者的访谈

2009 年的访谈

资本市场构建金融强国梦

——《新经济导刊》记者的访谈

如何评价 2009 年 G20 峰会

——《新浪财经》记者的访谈

求解金融危机之惑（上）

——《中国财经报》记者的访谈

求解金融危机之惑（下）

——《中国财经报》记者的访谈

中国下一个 30 年

——《网易财经》记者的访谈

附录　《中国资本市场的理论逻辑》其他各卷目录

后记

后　记

在这部多卷本文集《中国资本市场的理论逻辑》（六卷）（以下简称《理论逻辑》）编辑出版之前，我曾分别出版过四部文集和一部演讲访谈录。这四部文集分别是：《经济学的沉思——我的社会经济观》（经济科学出版社，1998）、《资本市场解释》（中国金融出版社，2002）、《梦想之路——吴晓求资本市场研究文集》（中国金融出版社，2007）、《思与辩——中国资本市场论坛20年主题研究集》（中国人民大学出版社，2016），一部演讲访谈录《处在十字路口的中国资本市场——吴晓求演讲访谈录》（中国金融出版社，2002）。它们分别记录了我不同时期研究和思考资本市场、金融、宏观经济以及高等教育等问题的心路历程，也可能是这一时期中国资本市场研究的一个微小缩影。除《思与辩》与其他文集有一些交叉和重叠外，其他三部文集和《处在十字路口的中国资本市场》的演讲访谈录与这部多卷本文集《理论逻辑》则没有任何重叠，是纯粹的时间延续。

正如本文集"编选说明"所言，几经筛选，《理论逻辑》收录的是我在2007年1月至2020年3月期间发表的学术论文、评论性文章、演讲、访谈，是从400多篇原稿中选录的。未收录的文稿要么内容重复，要么不合时宜。

《理论逻辑》收入的文稿时间跨度长达13年。这13年，中国经济、金融和资本市场发生了巨大变化和一些重要事件，包括科技金融（互联网金融）的兴起、2015年股市危机、创业板和科创板推出、注册制的试点、金融监管体制改革、中美贸易摩擦、新冠疫情的暴发及对经济和市场的巨大冲击等。

全球经济金融更是经历了惊涛骇浪，如 2008 年国际金融危机、2020 年全球金融市场大动荡、新冠疫情在全球的蔓延等。《理论逻辑》中的学术论文、评论性文章、演讲、访谈对上述重要问题均有所涉及。

这 13 年，是我学术生命最为旺盛的 13 年。这期间，虽有行政管理之责（2016 年 7 月任中国人民大学副校长，之前任校长助理长达 10 年），但我仍十分重视学术研究。白天行政管理，晚上研究思考，成了一种生活状态。

这 13 年的后半段即从 2016 年 5 月开始，生活发生了一些变化，给我的学术研究带来了新的挑战。母亲得了一种罕见的肺病，长期住院，我每周至少要看望母亲两三次。最近一年病情加重，几乎每天都要去看望母亲，往返于居所、学校和医院。母亲每次看到我，都会露出发自内心的快乐和微笑。记得新冠疫情期间，我向她说，疫情防控形势严峻，母亲说，经济不能停，吃饭要保证。寥寥数句，道出了深刻道理。企盼母亲健康如初。我谨以此文集献给我的母亲。

这 13 年，是中国金融改革、开放和发展的 13 年。在 2000 年之后，我在学术论文和演讲访谈中，就中国金融改革和资本市场发展的战略目标，作过系统阐释并多次明确提出，到 2020 年，人民币应完成自由化改革，以此为基础，中国资本市场将成为全球新的国际金融中心。这个新的国际金融中心，是人民币计价资产全球交易和配置的中心，是新的具有成长性的全球财富管理中心。对这个问题的早期（2007 年之前）研究已收录在《资本市场解释》《梦想之路》《处在十字路口的中国资本市场》等文集和演讲录中，2007 年之后的研究则收进本文集。

我始终坚定地认为，中国金融必须走开放之路，人民币必须完成自由化改革，并以此为起点成为国际货币体系中的重要一员；国际金融中心即全球新的财富管理中心，是中国资本市场开放的战略目标。因为，从历史轨迹看，全球性大国的金融一定是开放性金融，核心基点是货币的国际化，资本市场成为国际金融中心。我对中国金融的这一目标从未动摇过。

然而，现实的情况与我在《理论逻辑》等文集中的论文、文章、演讲和访谈所论述的目标有相当大的差距。2020 年已经到来，但人民币并未完成自由化改革，中国资本市场并未完全开放，更没有成为全球新的国际金融中心。这或许是本文集也是我理论研究上的一大缺憾。

历史的车轮滚滚向前。我仍然坚信，中国金融和资本市场国际化的战略目标，在不久的未来仍会实现。因为，这是中国金融改革和资本市场发展的一种理论逻辑。

吴晓求

2020 年 5 月 18 日

于北京郊区